WAS IST SEX?

NEUE SUBJEKTILE

Marcus Coelen, Felix Ensslin, Johannes Kleinbeck,
Claire Nioche und Oliver Precht

ALENKA ZUPANČIČ

Was ist Sex?

Psychoanalyse und Ontologie

Aus dem amerikanischen Englisch von
Christoph Sökler und Michaela Wünsch

TURIA + KANT
WIEN – BERLIN

Bibliografische Information der Deutschen Nationalbibliothek
Die Deutsche Bibliothek verzeichnet diese Publikation in der Deutschen Nationalbibliografie; detaillierte bibliografische Daten sind im Internet über http://dnb.ddb.de abrufbar.

Bibliographic Information published by
Die Deutsche Nationalbibliothek
The Deutsche Bibliothek lists this publication in the Deutsche Nationalbibliografie;
detailed bibliographic data are available on the Internet at http://dnb.ddb.de.

ISBN 978-3-85132-962-9

Originaltitel: »What *is* Sex?«

2., überarbeitete Auflage

Cover: Bettina Kubanek, Visuelle Gestaltung, Berlin

VERLAG TURIA + KANT
A-1010 Wien, Schottengasse 3A/5/DG1
Büro Berlin: D-10827 Berlin, Crellestraße 14
info@turia.at | www.turia.at

Inhalt

Einleitung

»Im Augenblick grad vögle ich nicht, ich spreche vor Ihnen und! ich kann genau die gleiche Befriedigung empfinden, als würde ich vögeln.«[1] Mit diesem Beispiel illustriert Lacan die Behauptung, dass es sich bei der Sublimierung um eine Triebbefriedigung ohne Verdrängung handelt. Normalerweise neigen wir dazu, die Sublimlierung als eine Ersatzbefriedigung zu denken: Statt zu »vögeln«, spreche ich (oder schreibe, male, bete ... ich) – auf diese Weise komme ich zu einer anderen Art der Befriedigung, um die »fehlende« zu ersetzen. Sublimierungen sind Ersatzbefriedigungen für eine fehlende sexuelle Befriedigung. Der lacanschen Psychoanalyse geht es dagegen um etwas weit Widersprüchlicheres: Die Aktivität ist eine andere, doch die Befriedigung ist genau die gleiche. Es geht mit anderen Worten nicht darum, die Befriedigung, die im Sprechen liegt, mit dem Rückgriff auf ihren »sexuellen Ursprung« zu erklären. Die Befriedigung im Sprechen ist *selbst* »sexuell«. Und genau dies zwingt uns dazu, die Frage nach der *Natur* und dem Status der Sexualität selbst radikal zu stellen. Marx hat bekanntermaßen geschrieben, dass »in der menschlichen Anatomie ein Schlüssel zur Anatomie des Affen ist« (und nicht etwa andersherum). In ähnlicher Weise sollten wir darauf bestehen, dass in der Befriedigung im Sprechen ein Schlüssel zur sexuellen Befriedigung oder schlichtweg ein Schlüssel zur Sexualität und den ihr inhärenten Wider-

---

[1] Jacques Lacan, *Die vier Grundbegriffe der Psychoanalyse, Das Seminar, Buch XI,* Textherstellung durch Jacques-Alain Miller, übersetzt von Norbert Haas, Wien/Berlin: Turia + Kant, 2015a, S. 174.

sprüchen ist (und nicht andersherum). Daher die einfache (und doch schwierigste) Frage, an der sich dieses Buch orientiert: Was *ist* Sex? Ich schlage vor, sich der Frage nach der Sexualität zu nähern, indem man sie als *philosophisches* Problem der Psychoanalyse begreift – all das eingeschlossen, was bei diesem Ausdruck mitschwingt, angefangen bei der Ontologie, der Logik und der Theorie des Subjekts.

Die Psychoanalyse (nach Freud und Lacan) war neben einigem anderen eine sehr weitreichende Erfindung auf der Ebene des Begriffs und sie hat in der Philosophie einen direkten und bedeutsamen Widerhall gefunden. Die Begegnung zwischen Philosophie und Psychoanalyse hat sich als eine der produktivsten Baustellen der zeitgenössischen Philosophie erwiesen. Sie hat einige beeindruckende neue und originelle Lesarten klassischer Philosophen und klassischer philosophischer Begriffe (wie Subjekt, Objekt, Wahrheit, Repräsentation, das Reale) hervorgebracht und wahrhaft neue Wege des Denkens in der zeitgenössischen Philosophie eröffnet. In dem Moment, in dem die Philosophie selbst dazu bereit war, einige ihrer klassischen Vorstellungen hinter sich zu lassen, weil diese Teil ihrer eigenen, metaphysischen Vergangenheit waren und sie sich von dieser Vergangenheit befreien wollte, kam Lacan daher und erteilte uns eine unschätzbare Lektion: Nicht diese Vorstellungen selbst sind das Problem. Was in der Philosophie manchmal problematisch ist, ist die Verwerfung oder die Auslöschung des inhärenten Widerspruchs (oder Antagonismus), den alle diese Vorstellungen implizieren und von dem sie ein Teil sind. Aus diesem Grund geben wir, wenn wir diese Vorstellungen einfach hinter uns lassen, das Schlachtfeld selbst preis, anstatt auch nur eine wichtige Schlacht zu gewinnen. In ähnlicher, wenn auch nicht symmetrischer

Weise hat die Psychoanalyse (auch in ihrem klinischen Kontext) sehr viel gewonnen, indem sie sich mit philosophischen Ideen beschäftigte, mit ihnen arbeitete und sich in philosophische Debatten einschaltete. Denn so blieb sie in die allgemeine intellektuelle Landschaft und in ihre Kämpfe und Antagonismen, die sie selbst mit ans Licht gebracht hatte, involviert, anstatt sich auf einem sicher umschriebenen, spezialisierten und von Expertise und Praxis bestimmten Feld ein- und abzuschließen. Auf genau diese Spaltung hat Lacan immer wieder hingewiesen, sie bildete auch den Kern seines Streits mit (das heißt seines Ausschlusses von) der Internationalen Psychoanalytischen Vereinigung: die Spaltung zwischen der Psychoanalyse als einer anerkannten therapeutischen Praxis, die sich, so wie es ihr zukommt, auf das ihr zugewiesene Feld und die ihr zugewiesenen Kämpfe beschränkt auf der einen Seite, und dem, was sich als Lacans intellektuelle (und praktische) Extravaganzen darstellte auf der anderen Seite, die sich in der Tat überallhin ausbreiteten (in die Philosophie, in die Wissenschaft, in die Literatur ...). Hier sah Lacan die wirkliche Spaltung und nicht einfach einen Streit zwischen verschiedenen psychoanalytischen Orientierungen. Neben den berühmten Kurzsitzungen war »Intellektualisierung« das Schlüsselwort und die zentrale *Beleidigung*, die auf das abzielte, was er in seiner »Lehre« machte (die selbst außerhalb der psychoanalytischen Praxis stattfand und sich an die Allgemeinheit richtete). Lacan zögerte nicht, diejenigen, die ihn beleidigten, seinerseits zu beleidigen, indem er sie »Orthopäden des Unbewussten« und »Garanten des Bürgertraums« nannte. Die angebliche »Intellektualisierung« war nicht einfach in der Person Lacans begründet (seiner Intelligenz, seiner Gelehrsamkeit oder seinem Ehrgeiz), sondern auch in dem, was für Lacan der Kern der freudschen Entdeckung selbst war und das eigentlich Skandalöse an ihr. »Das Unbewusste *denkt*« – so formulierte Lacan gerne das Wesentliche dieser Entdeckung. Raffinierte Träume, Fehlleistungen, Witze und viele (andere) hochgeistige Formen und Produktionen: sie alle sind Manifestationen einer Arbeit des Unbewussten … Am Unbewussten ist nichts einfach irrational. Lacan hat auch gerne herausgestrichen, dass der größte Skandal, den die freudsche Vorstellung von der Sexualität in ihrer Verbindung mit dem Unbewussten provozierte, nicht ihre angebliche Schmutzigkeit gewesen ist, sondern die Tatsache, dass »sie so ›intellektuell‹ war. Darin zeigte sie sich als würdige Komparsin all jener Terroristen, deren Verschwörungen die Gesellschaft zu Grunde richten sollten.«[2] In diesem präzisen Sinne geht es, wenn man die Befriedigung beim Sprechen als »sexuell« bezeichnet, nicht einfach um eine Entwürdigung intellektueller Aktivitäten, sondern mindestens genau so sehr darum, Sexualität zu einer überraschend intellektuellen Aktivität zu erheben …

Es gibt also wenig Zweifel daran, wo Lacan die wichtigste Spaltung und den wichtigsten Kampf in der Psychoanalyse verortete: »[Ich] möchte […] denen, die mich hören, sagen, woran sie die schlechten Psychoanalytiker erkennen werden: an dem Ausdruck, dessen sie sich bedienen, um jede technische oder theoretische Forschung abzuwerten, die die freudsche Erfahrung auf ihrer echten Linie weiterführt. Es ist das Wort *Intellektualisierung.*«[3]

Wenn sich allerdings die Begegnung zwischen Psychoanalyse und Philosophie als ausgesprochen inspirie-

2 Jacques Lacan, »Das Drängen des Buchstabens im Unbewussten oder die Vernunft seit Freud«, in: Ders., *Schriften I*, übersetzt von Hans-Dieter Gondek, Wien/Berlin: Turia + Kant, 2016, S. 619.

3 Ebd.

rende und fruchtbare Baustelle für beide erwiesen hat, dann scheint es seit Kurzem mehr und mehr die Devise (oder die Mode) zu sein, diese Baustelle auf beiden Feldern zu meiden. Die Philosophen und Philosopheninnen haben die reine Philosophie wiederentdeckt, insbesondere die Ontologie. Während sie sich damit befassen, neue Ontologien hervorzubringen, haben sie wenig Interesse an einer Theorie, die bestenfalls nach einer begrenzten Theorie mit Bezug auf eine bestimmte therapeutische Praxis aussieht. Auf der anderen Seite sind (lacanianische) Psychoanalytiker und Psychoanalytikerinnen damit beschäftigt, den »experimentellen« (klinischen) Kern ihrer Begriffe wiederzuentdecken, den sie manchmal als ihren heiligen Gral präsentieren – das ultimative Reale, mit dem sie – und niemand anderes – es zu tun haben.

Dieses Buch stellt sich vor diesem Hintergrund sowohl methodisch als auch ideologisch gegen den »Zeitgeist« und lehnt es ab, diese Baustelle zugunsten von saubereren »Begriffsprodukten«, »Dienstleistungen« oder »einzigartigen Erfahrungen« zurückzulassen. Die folgenden Seiten sind aus einer doppelten Überzeugung heraus entstanden: Erstens, dass Sexualität in der Psychoanalyse vor allem ein *Begriff* ist, der eine andauernde Widersprüchlichkeit in der Realität formuliert. Und zweitens, dass diese Widersprüchlichkeit nicht auf einer anderen Ebene umschrieben werden oder auf etwas anderes zurückgeführt werden kann (auf einen Widerspruch zwischen bereits etablierten Entitäten oder Seinsformen), sondern – *als Widersprüchlichkeit* – an der Strukturierung dieser Wesenheiten selbst beteiligt ist, an ihrem Sein selbst. Genau in diesem Sinne ist Sexualität ontologisch relevant: nicht als letzte Realität, sondern als eine inhärente Verdrehung oder als Stolperstein der Realität.

Das Thema »Lacan und die Philosophie« wird hier also an der Stelle aufgenommen, wo am meisten auf dem Spiel zu stehen scheint. Die Frage der Sexualität wird in den meisten philosophischen Betrachtungen zu Lacan und seinen Ideen außen vor gelassen. Lacan wiederum ordnete die Ontologie dem Herrendiskurs zu, indem er mit der Homonymie zwischen *maître* (Herr/Meister) und *m'être* (von *être*/Sein) spielte. Ontologie impliziert »das Sein gestiefelt, das Sein zu Befehl«.[4]

Und doch, oder noch präziser: Eben *weil* das so ist, scheint es unumgänglich, die Frage nach »der Sexualität und der Ontologie« aufzuwerfen und zu behandeln. Ich behaupte, dass genau an dieser Stelle das Schicksal der Begegnung zwischen Philosophie und Psychoanalyse entschieden und ausgetragen wird.

Louis Althusser hat in seinem einflussreichen Essay »*Sur Marx et Freud*« die Position vertreten, dass es eine der Gemeinsamkeiten des Marxismus und der Psychoanalyse ist, dass beide *innerhalb des Konflikts* angesiedelt sind, den sie theoretisch bearbeiten. Sie selbst sind Teil genau der Realität, die sie als konflikthaft und antagonistisch beschreiben. In solchen Fällen ist das Kriterium wissenschaftlicher Objektivität nicht eine unterstellte Neutralität. Diese nämlich ist dann nichts anderes als eine Verstellung (und damit eine Weiterführung) des vorhandenen Antagonismus oder des Punkts der realen Ausbeutung. In jedem sozialen Konflikt ist eine »neutrale« Position notwendigerweise und immer die Position der regierenden Klasse. Sie scheint nur neutral, weil sie den Status einer dominanten Ideologie erreicht hat, die

---

4 Jacques Lacan, *Encore, Das Seminar, Buch XX,* Textherstellung durch Jacques-Alain Miller, übersetzt von Norbert Haas, Vreni Haas und Hans-Joachim Metzger, Wien: Turia + Kant, 2015b, S. 6.

uns immer selbstverständlich vorkommt. Das Objektivitätskriterium ist in einem solchen Fall also nicht Neutralität, sondern die Fähigkeit der Theorie, einen singulären, spezifischen Standpunkt innerhalb der Situation einzunehmen. In diesem Sinne ist Objektivität hier eben mit der Fähigkeit verbunden, »parteiisch« [*partial*] oder »voreingenommen« zu sein. Althusser schreibt, dass man nie alles von allen Seiten betrachten kann (*on ne peut pas tout voir de partout),* wenn man es mit einer konflikthaften Situation zu tun hat (und das ist sowohl beim Marxismus als auch bei der Psychoanalyse der Fall). Einige Positionen tragen den Konflikt in sich, andere zeigen ihn auf. Die Essenz dieser konflikthaften Realität lässt sich also nur dadurch aufdecken, dass man bestimmte Positionen innerhalb dieses Konflikts einnimmt und andere nicht.[5]

Es ist das Ziel dieses Buches, zu zeigen und zu erörtern, dass *Sexualität* in der Psychoanalyse eine ebensolche »Position« oder eine solche Perspektive ist. Nicht wegen ihrer (»schmutzigen« oder kontroversen) Inhalte, sondern wegen der singulären Form der Widersprüchlichkeit, die sie uns zu sehen und zu denken zwingt, und mit der wir uns beschäftigen müssen.

Dieses Buch ist, auch wenn das durch seine Länge nicht offensichtlich sein mag, das Ergebnis vieler Jahre konzeptueller Arbeit. Diese Arbeit war nicht linear, sondern bestand darin, vorwärts zu gehen, zu den schwierigsten Fragen aus unterschiedlichen Blickwinkeln und Perspektiven zurückzukehren und schließlich eine Menge Dinge – also Wörter – wegzulassen. Es ist unvermeidlich, dass mehrere Teile des Buches im Laufe dieser Jahre bereits als Präsentationen einer damals stattfindenden For-

[5] Louis Althusser, »Sur Marx et Freud«, in: Ders., *Écrits sur la psychanalyse,* Paris: STOCK/IMEC, 1993, S. 229.

schungsarbeit erschienen sind. Um in dieser Hinsicht jedes Missverständnis zu vermeiden, möchte ich nicht nur betonen, dass dieses Buch keine Essaysammlung ist (was ziemlich offensichtlich ist), sondern auch, dass die bereits veröffentlichten Teile ein Material konstituieren, das in diesem Buch schlicht nicht als dasselbe durchgehen kann. Und dies nicht nur, weil es an konzeptionell entscheidenden Punkten und Weggabelungen beträchtlich verändert und umgeformt worden ist, sondern auch, weil es erst in dieser vorliegenden Arbeit das wird, was es ist, nämlich Teil der Entwicklung eines zentralen, buchfüllenden Gedankengangs.

Vor kurzem sind mit Lorenzo Chiesas *The Not-Two* und Aaron Schusters *The Trouble with Pleasure* zwei Bücher erschienen, deren Themen sich mit meinen in mehr als einer Hinsicht überschneiden. Wenn diese herausragenden Arbeiten keine bedeutsame Rolle in meiner Diskussion spielen, dann ist der Grund dafür sehr einfach: Wir haben über mehrere Jahre in unseren »Paralleluniversen« an diesen Themen gearbeitet, freundschaftlich verbunden, aber doch jeder seiner eigenen »Obsession« und seinem eigenen Weg durch die Thematik folgend. Ich hielt es für das Beste, die Unabhängigkeit unserer »Paralleluniversen« aufrechtzuerhalten – eine Entscheidung, die in keiner Weise als mangelnde Würdigung dieser bedeutenden Arbeiten missverstanden werden sollte.

1. It's getting strange in here …

HAT JEMAND SEX GESAGT?

In John Hustons Film *Freud* (1962) gibt es eine äußerst eindrückliche Szene, die zeigt, wie Freud vor einem großen Publikum gebildeter Männer seine Theorie der infantilen Sexualität vorstellt. Seine kurze Präsentation erntet heftiges und laut geäußertes Missfallen. Nach fast jedem Satz wird er von lautem Gebrüll unterbrochen. Mehrere Männer verlassen das Auditorium unter Protest und spucken vor Freud aus. Irgendwann ruft der Vorsitzende, der versucht, die Ordnung wiederherzustellen: »Meine Herren, wir sind hier nicht in einer politischen Versammlung!«

Das ist eine äußerst faszinierende Bemerkung, die uns direkt in die richtige Richtung weist, indem sie auf eine merkwürdige und überraschende Koinzidenz von Politik und (der freudschen Theorie der) Sexualität hinweist. Wir werden in einigen der folgenden Kapitel darauf zurückkommen. Zunächst bleiben wir bei der Empörung, die die freudsche Auffassung von Sexualität hervorruft – insbesondere die Idee der infantilen Sexualität. Es ist aus heutiger Sicht sehr leicht, den Punkt, um den es hier geht, zu übersehen, und eine derartig heftige Reaktion der viktorianischen Moral zu Freuds Zeiten zuzuschreiben. Wir neigen dazu, zu denken, dass wir seit damals gelernt haben, sehr tolerant zu sein und ziemlich offen über Sexualität zu sprechen. Wir wissen, dass »Sexualität nichts ist, dessen man sich schämen müsste«, dass sie gar förderlich für unsere (mentale und körperliche) Gesundheit ist. Außerdem denken wir, dass Freuds Entdeckungen über die entscheidende Rolle des »Psychosexuellen« innerhalb unserer Entwicklung weitgehend in die therapeutische Praxis psychoanalytischer Provenienz integriert sind, wenn auch in einer irgendwie abgeschwächten Form. Es mag also sehr überraschend sein, zu erfahren, dass das in keiner Weise der Fall ist. Ofra Shalev und Hanoch Yerushalmi haben 2009 eine überraschende Studie veröffentlicht, in der es um den Status der Sexualität unter Therapeut/innen geht, die heutzutage psychoanalytisch arbeiten.[1] Die Ergebnisse dieser Studie haben Kaveh Zamanian dazu gebracht, einen Artikel zu veröffentlichen, in dem er einige jener Ergebnisse zusammenfasst:

> Was das erste Thema angeht, neigten die Therapeut/innen in der Shalev/Yerushalmi Studie dazu, zu glauben, dass Sexualität als Abwehr gegen tieferliegende und schwierigere Fragen wie Intimität und Selbstidentität diene. [...] In der Tat wurden Fragen der Sexualität als hinderlich dabei angesehen, den Patient/innen zu einer besseren Anpassung an die Umgebung und überhaupt zu einem besseren Funktionieren zu verhelfen. Der dritte Faktor bestand in einer Aufweichung der Grenzen und einer heillosen Verwirrung zwischen Intimität auf der einen Seite und Sexualität auf der anderen. [...] Statt sich auf die psychosexuellen Aspekte der Entwicklung zu konzentrieren, stellten sie sexuelle Begegnungen in den Mittelpunkt. Erstaunlicherweise waren zwei Therapeuten der Meinung, dass

1 Vgl. Ofra Shalev und Hanoch Yerushalmi, »Status of Sexuality in Contemporary Psychoanalytic Psychotherapy as Reported by Therapists«, in: *Psychoanalytic Psychology* 26. [A.d.Ü.: Alle Zitate, die nicht in deutscher Fassung erschienen sind, wurden von uns übersetzt.]

> »sexuelle Fragen von Sexologen behandelt werden sollten und nicht von Psychotherapeuten«. Insbesondere unterschieden die meisten Therapeut/innen in der Studie nicht zwischen Sexualität und intimen Beziehungen, und verwechselten gar Liebe und Sexualität miteinander. Ein Therapeut beispielsweise endete damit, dass seine Patient/innen »selten über sexuelle Fragen sprechen« und dass die Diskussion ihrer Liebesbeziehungen »niemals sexuelle Konnotationen« habe. Der vierte und letzte Faktor, der für mich am besorgniserregendsten ist, war die Tendenz der Therapeuten, sexuelle Fragen deshalb zu meiden, weil sie ihnen unangenehm sind. Mehrere Therapeut/innen in der Studie erlebten die Diskussion sexueller Themen als »eine Form der Feindseligkeit ihnen gegenüber« und fühlten sich gar »von ihren Patienten missbraucht«. Es ist erschreckend, wie ein Therapeut einen seiner Patienten beschreibt: »Es war, als würde er denken: Wir sind hier in der Therapie, also kann ich über alles sprechen.«[2]

Der letzte Satz wirkt vor dem Hintergrund von Freuds Formulierung der *einzigen* Regel, zu der die psychoanalytische Behandlung verpflichtet – nämlich absolut alles zu sagen, was uns in den Sinn kommt, ganz egal wie unwichtig oder wie unpassend es uns scheinen mag – wie ein ausgezeichneter psychoanalytischer Witz …

Wenn die Dinge in der »psychoanalytischen Psychotherapie« so liegen, dann sollte es uns nicht wundern, dass die allgemeine *Stimmung** in Bezug auf die Sexualität, insbesondere die infantile Sexualität, sich davon nicht groß unterscheidet. Die unverhohlene Präsenz der Sexualität in den Medien und die Tatsache, dass Sexuali-

---

2 Kaveh Zamanian, »Attachment Theory as Defense: What Happened to Infantile Sexuality?«, in: *Psychoanalytic Psychology 28 (1)*, S. 38.

tät in mannigfaltiger Weise benutzt wird, widerspricht dem überhaupt nicht, weil es dabei um eine systematische Reduktion der Auffassung von Sexualität auf (verschiedene) »sexuelle Praktiken« geht, die dann den »Geschlechtsverkehr« ausmachen, eingerahmt von den dazugehörigen sexuellen Anspielungen, von einem gewaltigen Meer sexueller *Bedeutungen.* Offensichtlich bedeutet Sexualität für die Therapeutinnen und Therapeuten in Shalevs und Yerushalmis Studie genau das: unanständige Dinge, die man tut oder lässt, und mit denen man irgendwann seinen Therapeuten oder seine Therapeutin belästigen kann. Wenn wir Sexualität in dieser Weise begreifen, dann können wir der Behauptung zustimmen, dass »die Sexualität als Abwehr gegen tiefere und schwierigere Fragen dient.« Ironisch ist daran freilich, dass Sexualität für Freud eben »die tiefere und schwierigere Frage« hinter verschiedenen sexuellen Praktiken, Anspielungen und Bedeutungen *war* – dass Sexualität Identitäten nicht konstruiert, sondern sie als deren inhärente Störung problematisiert. Sexuelle Aktivität schien Freud durch ihre inhärente Sackgasse, ihre inhärente Schwierigkeit, gedoppelt, und verlangte deshalb nach einer ernsthaften ontologischen Untersuchung. Das Verstörende an der freudschen Diskussion der Sexualität war – und ist immer noch – nicht einfach die Sexualität selbst. Diese Form des Widerstands gegen die Psychoanalyse, die sich über ihre »Obsession mit schmutzigem Zeug« entrüstete, war nie die stärkste und wurde vom voranschreitenden moralischen Liberalismus sehr schnell marginalisiert. Viel verstörender war die These vom immer problematischen und (ontologisch) unsicheren Charakter der Sexualität selbst. Den Viktorianern, die »Sex ist schmutzig« riefen, antwortete Freud nicht etwa: »Nein, er ist nicht schmutzig, er ist nur natürlich«, sondern so etwas wie: »Was ist der ›Sex‹, von dem ihr sprecht?«

Natürlich geht die Psychoanalyse von den Schicksalen der Menschen aus. Auf diese konzentriert sie ihre Untersuchungen. Was sie davon abhält, eine Art »psychologisierte« Philosophie des menschlichen Interesses zu werden, ist gerade die Entdeckung des Sexuellen als einem Moment radikaler Desorientierung und das Beharren auf dem Sexuellen als dem, das alle unsere Repräsentationen des Dings, das »Mensch« genannt wird, in Frage stellt. Aus diesem Grund wäre es auch ein großer Fehler, anzunehmen, dass das Sexuelle (im Sinne grundlegend sich auf Abwegen befindender Partialtriebe) in der freudschen Theorie der letztgültige Horizont des Tiers namens »Mensch« sei, eine Art Verankerung irreduzibler Menschlichkeit in der psychoanalytischen Theorie. Im Gegenteil: Sex ist der *Operant des Unmenschlichen*, der Operant der Entmenschlichung.

Übrigens schafft genau das die Voraussetzungen für eine Theorie des Subjekts (wie sie von Lacan entwickelt worden ist), in der das Subjekt etwas anderes ist als einfach nur ein anderer Name für ein Individuum oder eine »Person«. Darüber hinaus ist es genau Sex als Operant des Unmenschlichen, was der Psychoanalyse eine universelle Perspektive öffnet, die ihr oft gerade deshalb abgesprochen wird, *weil* sie auf dem Sexuellen (und auf der sexuellen Differenz) beharrt. Was Freud Sexualität nennt, macht uns also nicht zu Menschen in irgendeinem geläufigen Sinne des Wortes, sondern zu Subjekten oder vielleicht genauer: Es deckt sich mit dem Auftauchen des Subjekts. Dieser »unmenschliche« Aspekt der Sexualität wird von Lacan auf unterschiedliche Weise unterstrichen, unter anderem durch seine berühmte Erfindung der »Lamelle«.[3]

Die Auffassung der zeitgenössischen Psychotherapie von der Sexualität ließe sich also folgendermaßen beschreiben: In einem ersten Schritt entfernt man sich komplett von der freudschen Idee der Sexualität und reduziert sie auf eine Beschreibung empirischer Merkmale, die mit bestimmten Praktiken verbunden sind. In einem zweiten Schritt entdeckt (und missbilligt) man dann, dass Sexualität genau das ist, auf das man es im ersten Schritt reduziert hat: ein überschätztes Epiphänomen. Wenn man beispielsweise annimmt, dass die Psychoanalyse behauptet, alle unsere (neurotischen) Probleme rührten von schlechtem, ungenügendem Sex her, dann gibt es keinen Platz mehr für – was? Eben für die Psychoanalyse. Das ist das vielleicht überraschende Argument Freuds in seinem Essay »Wilde Psychoanalyse«. Und genau das haben die beiden scheinbar gegensätzlichen therapeutischen Sichtweisen, von denen die eine behauptet, dass »Sex« die Antwort auf alles sei, während die andere es als überschätzt ablehnt, gemein: Beide lassen keinen Raum für die Psychoanalyse, weil die Psychoanalyse die Unmöglichkeit vollständiger sexueller Befriedigung – und zwar in der Abwesenheit aller äußeren Hindernisse – als konstitutiven und integralen *Teil* der unbewussten Sexualität als solcher betrachtet.

Das Gleiche gilt für die Vorstellung, dass für die Psychoanalyse (fast) alles sexuelle Bedeutung habe und dass das Verstehen dieser Bedeutung entscheidend für den psychologischen Heilungsprozess sei. Wir müssen

---

3 Vgl. dazu Alenka Zupančič, *Warum Psychoanalyse?*, übersetzt von Luisa Banki und Felix Ensslin, Berlin/Zürich: diaphanes »subjektile«, 2009, S. 17-22.

uns nur ins Gedächtnis rufen, wie Freud zu seiner Theorie der Sexualität als etwas grundlegend Problematischem gelangt ist, um daran zu erkennen, wie diese Vorstellung an der Sache vorbeigeht. Freud hat seine Theorie nicht einfach durch die Entdeckung und die Entschlüsselung der sexuellen Bedeutung »hinter« den Symptomen und den verschiedenen Bildungen des Unbewussten entwickelt, sondern dadurch, dass er über das »therapeutische Scheitern« der letztgültigen Enthüllung sexueller Bedeutung gestolpert ist. Sexuelle Bedeutungen wurden aufgedeckt, ihre Verbindungen wurden deutlich gemacht und rekonstruiert, das Problem oder das Symptom aber *dauerte an*.

Dies wiederum bereitet den Weg für eine andere Hypothese: Es ist, als ob sexuelle Bedeutung, die vom Unbewussten so großzügig produziert wird, da wäre, um eine grundlegendere Negativität, die in der Sexualität am Werk ist, zu verdecken und uns von dieser Negativität mithilfe einer Leinwand zu trennen, die dadurch wirkt, dass sie selbst ein Mittel zur Befriedigung ist – Befriedigung durch Bedeutung, Befriedigung durch die Produktion von sexueller Bedeutung und (als Kehrseite davon) durch die Produktion der Bedeutung des Sexuellen. So paradox es klingen mag: Eine der Hauptaufgaben der Psychoanalyse ist es, langsam, aber gründlich, den Weg dieser Befriedigung zu deaktivieren, ihn nutzlos zu machen und so das Sexuelle als etwas absolut und intrinsisch Bedeutungsloses zu produzieren und nicht als letzten Horizont jeder von Menschen produzierten Bedeutung – das Sexuelle also in seiner realen Dimension wiederherzustellen.

Wenn wir freilich Zamanians These akzeptieren, dass es in der zeitgenössischen psychotherapeutischen Praxis um eine »Abwehr« gegen einen Teil der freudschen Theorie der Sexualität geht, um was handelt es sich dabei genau? Denn eines ist sicher: Wir müssen der Versuchung widerstehen, diese Abwehr der Sexualität als selbstverständlich hinzunehmen. »Das Sexuelle« kann diese Abwehr nicht erklären, eher kann die Abwehr ein Licht auf etwas inhärent Problematisches in der Natur der Sexualität werfen – etwas, das uns immer wieder und scheinbar unausweichlich in die Richtung tiefgründiger metaphysischer Probleme weist.

WOHER KOMMEN DIE ERWACHSENEN?

Eine Erklärung – nennen wir sie die »progressive psychoanalytische Erklärung« – führt das Unbehagen in der Sexualität weniger auf den Unterschied zwischen infantiler und erwachsener Sexualität zurück, sondern vielmehr auf eine irreduzible Nähe und Kontinuität zwischen beiden.

Der widersprüchliche Status der infantilen Sexualität, wie sie Freud entdeckt hat, ließe sich in zwei kurzen Sätzen zusammenfassen. Erstens: Sie existiert. Kinder sind sexuelle Wesen. Gleichzeitig gilt allerdings zweitens: Sie existiert in der Abwesenheit jeglicher biologischen oder symbolischen Rahmenbedingungen für ihre Existenz. Sie existiert in der Abwesenheit jeglicher natürlicher und jeglicher kultureller Parameter. Auf der Ebene der Biologie lassen sich die Sexualorgane nicht ihrer Funktion gemäß verwenden und auf der Ebene des Symbolischen fehlt den Kindern jedes Mittel, um das, was ihnen (sexuell) passiert, richtig zu verstehen und einzuordnen. Man kann verstehen, dass ein solchermaßen undefinierter, frei flottierender Bereich, durch keine symbolische Kette gebunden, besonders heikel ist – sowohl an sich als auch in der Vorstellung der Erwachsenen. Aber es gibt noch einen anderen, wichtigeren Grund. Wenn die infantile Sexualität solch einen gefährlichen und heiklen »Bereich« darstellt, dann nicht einfach, weil sie sich von der erwachsenen Sexualität so sehr unterscheidet, sondern ganz im Gegenteil wegen der Nähe zwischen beiden. Wenn die infantile Sexualität weder von der Biologie noch vom Symbolischen (der Kultur) eingebunden werden kann, dann besteht der nächste und vielleicht größte Skandal der freudschen Theorie darin, dass sie nahelegt, dass sich daran im Großen und Ganzen *nicht sehr viel ändert*, wenn wir erwachsen werden. Die »Reife« der Sexualorgane scheitert auf dramatische Weise daran, diese Organe zum exklusiven Schauplatz der Sexualität zu machen oder eine solide Grundlage dafür zu schaffen, unsere Sexualität genau zu verstehen und ihr einen Sinn zu geben.

Jean Laplanche ist wohl am weitesten dabei gegangen, diesen Konflikt und diese Dualität der Sexualität offenzulegen, indem er den Unterschied zwischen der Triebsexualität (die er *le sexual* nennt) und der instinktiven Sexualität *(le sexuel)* eingeführt hat. Kurz gesagt ist *le sexual* mit verschiedenen Partialtrieben und ihrer Befriedigung verbunden. Es ist nicht angeboren, nicht objektgebunden und dient nicht der Fortpflanzung, sondern verweist auf eine autoerotische, polymorph-perverse, nicht auf das Geschlecht eingeengte, proteische Sexualität. Instinktive Sexualität dagegen basiert auf Hormonen und ist mehr oder weniger vorprogrammiert. Diese Art Sexualität stellt sich nach der Präpubertät ein, das heißt *nach* der Triebsexualität oder der infantilen Sexualität, so dass

> der Mensch unserer Ansicht nach in seiner Sexualität dem größtmöglichen Paradoxon unterworfen [ist]: Das trieb-

> hafte *Erworbene* geht bei ihm dem instinkthaften *Angeborenen* voraus: sodass die instinkthafte, anpassungsfähige Sexualität in dem Moment, in dem sie auftaucht, den Platz sozusagen ›besetzt‹ vorfindet, und zwar durch das infantile Triebhafte, das schon und immer schon im Unbewussten gegenwärtig ist.[4]

Man kann diese Fragen auf der Grundlage von Freuds »Drei Abhandlungen zur Sexualtheorie« auch mit folgendem Narrativ zusammenfassen: Die sogenannte »genitale sexuelle Organisation« ist weit davon entfernt, ursprünglich zu sein. Sie bringt eine Vereinheitlichung ursprünglich heterogener, verstreuter, immer schon *zusammengesetzter* Partialtriebe wie Sehen, Berühren, Saugen usw. mit sich. Diese Vereinheitlichung ist durch zwei wesentliche Merkmale gekennzeichnet. Erstens handelt es sich bei ihr immer um eine irgendwie erzwungene und künstliche Vereinheitlichung (man kann sie nicht einfach als natürliches, teleologisches Ergebnis der Reifung im Hinblick auf die Reproduktion betrachten). Zweitens ist sie nie vollständig erreicht oder abgeschlossen, das heißt, dass sie den Sexualtrieb nie in eine organische Einheit umwandelt, bei der alle Bestandteile letztlich ein und demselben Zweck dienen. »Normale«, »gesunde« menschliche Sexualität ist also eine paradoxe, künstliche Naturalisierung der ursprünglich denaturierten Triebe (denaturiert im Sinne einer Abweichung von den »natürlichen« Zwecken der Selbsterhaltung und/oder der Logik des reinen Bedürfnisses, das nicht von einer anderen supplementären Befriedigung affiziert ist). Man könnte sogar sagen, dass die menschliche Sexuali-

---

4 Jean Laplanche, *Sexual. Eine im Freud'schen Sinne erweiterte Sexualtheorie*, übersetzt von Udo Hock, Anna Koellreuter u.a., Gießen: Psychosozial Verlag, 2017, S. 46.

tät genau insoweit »sexuell« ist (und nicht einfach »reproduktiv«), als die Vereinheitlichung, um die es hier geht, nämlich alle Triebe an einen einzelnen Zweck zu binden, niemals wirklich funktioniert, sondern es verschiedenen Partialtrieben erlaubt, ihre zirkuläre, sich selbst erhaltende Aktivität aufrechtzuerhalten.

Vielleicht ist allerdings auch an diesem Narrativ etwas nicht ganz richtig, und zwar in zweierlei Hinsicht. Zum einen, weil es von einer angenommenen ursprünglichen, freien und chaotischen Mannigfaltigkeit der Triebe zu einer (immer) forcierten sexuellen Vereinheitlichung fortschreitet, und zweitens in der Art und Weise, wie es (analog zu Laplanche und seiner Idee des *»le sexual«*) das tatsächliche (oder »menschliche«) Sexuelle der Sexualität einfach auf der Seite der Triebe und ihrer Befriedigung (im Gegensatz zur instinktiv-reproduktiven Sexualität) verortet. Das ist nicht ganz falsch, die Dinge liegen nur ein wenig komplizierter und in dieser Darstellung fehlt etwas Entscheidendes. Dieses Etwas hat mit dem *Ort der Begegnung* zwischen dem triebhaften Genießen (das Mehr-Genießen oder die »andere Befriedigung«, die tendenziell im Prozess der Befriedigung vitaler Bedürfnisse produziert wird) und der Sexualität zu tun. Genau an diesem Punkt ist der stärkste Widerstand gegen die Idee der infantilen Sexualität am Werk: Was macht beispielsweise das Daumennuckeln (oder irgendeine andere nach Lust strebende Aktivität) des Kindes *sexuell*? Können wir das einfach retroaktiv aus der Tatsache schließen, dass diese zusätzlichen Befriedigungen, die von den Trieben befördert werden, in der erwachsenen Sexualität eine offensichtliche und wichtige Rolle spielen? Das scheint die Antwort der – wie ich sie weiter oben genannt habe – »progressiven psychoanalytischen Erklärung« zu sein: Wenn wir uns die erwachsene Sexualität anschauen, dann können wir sehen, dass viele ihrer Elemente (das heißt viele Arten und Weisen, Befriedigung zu finden) auch von Kindern »praktiziert« werden, was deutlich auf die Existenz einer irgendwie gearteten Kontinuität hinweist.

Ein wesentlicher Nachteil dieser linearen Darstellung der Sexualität und ihrer Entwicklung ist es, dass in ihr der zentrale Begriff der Psychoanalyse ganz und gar fehlt, nämlich das Unbewusste. Verdrängung, so scheint es, kann in dieser Darstellung nur als Verdrängung *des* Sexuellen (auf der Ebene des Inhalts oder der Aktivität) auftauchen, nicht als an sich und grundlegend mit dem Sexuellen verbunden. Von daher ist Laplanches Anpassung dieser Theorie wichtig, die sich kurz so zusammenfassen lässt: (Infantile) Befriedigung ist *sexuell* im Sinne der Triebsexualität, weil sie von Anfang an dadurch kontaminiert ist, dass andauernd »rätselhafte Signifikanten« in das Universum des Kindes eindringen, das heißt unbewusste Botschaften der Erwachsenen, die sexuell aufgeladen sind.[5] Mit anderen Worten: Nicht Lust und Befriedigung als solche machen eine Lust »sexuell«, sondern *das Unbewusste*. Der zweite wichtige Punkt ist, dass diese Botschaften nicht nur für die Kinder rätselhaft sind, sondern auch für die Erwachsenen, die sie aussenden. Das ist vielleicht das grundlegendste Beispiel für Hegels berühmtes Diktum, nach dem die Geheimnisse der Ägypter auch für die Ägypter selbst Geheimnisse waren. Was die Lust, die Kinder empfinden, sexualisiert, ist also zuerst und vor allem die *Begegnung mit dem Unbewussten* der Erwachsenen – nicht eine Begegnung mit ei-

---

[5] Vgl. z.B. Jean Laplanche, »La psychoanalyse comme anti-herméneutique«, in: Ders., *Entre seduction et inspiration*, Paris: Presses Universitaires de France, 1999, S. 258.

nem zusätzlichen (»erwachsenen«) Wissen (das die Kinder nicht verstehen können und das deshalb »rätselhaft« ist), sondern mit einem *Minus*, mit etwas, das zuerst als etwas zu ihnen kommt, das im Anderen fehlt. Infantile Aktivitäten, die nach Lust um der Lust willen streben, sind »triebsexuell«, weil sie mit *Signifikanten* verwoben sind, die von vorneherein das Unbewusste des Anderen involvieren und stützen. Um es noch einmal zu sagen: Was triebhaftes Genießen *sexuell* macht, ist die Verbindung zum Unbewussten (in seiner ganzen ontologischen Negativität) und nicht etwa die Verschränkung und die Kontamination mit der Sexualität im engeren Sinne (die mit Sexualorganen und Geschlechtsverkehr zu tun hat).

Das Unbewusste taucht bei uns also als das Unbewusste des Anderen auf. Es beginnt nicht mit dem ersten Ding, das *wir* verdrängen, sondern es beginnt (für uns) mit der Verdrängung als *der signifikanten Form*, die zur Diskursivität als solcher gehört. (Im Folgenden werden wir dieses Argument mit dem Konzept des »Minus Eins« verbinden, das in Lacans Spätwerk eine grundlegende Rolle spielt.) Das Unbewusste kommt von außen zu uns. Das ist außerdem eine starke (lacansche) Lesart der freudschen (Hypo-)These der *Urverdrängung** als Grundlage und Bedingung jeder Verdrängung. In seinen Konzeptualisierungen des Unbewussten und der Verdrängung kam Freud zu der Hypothese, dass das, was wir gewöhnlich als Verdrängung bezeichnen, eigentlich bereits ein *Nachdrängen** ist. Die eigentliche Verdrängung gründet sich bereits auf Verdrängung, Verdrängung ist konstitutiv gedoppelt.[6] Freud betont darüber hinaus, dass »man übrigens unrecht [tut], wenn man nur die Abstoßung hervor-

---

[6] Vgl. Sigmund Freud, »Die Verdrängung«, in: Ders., *Studienausgabe, Bd. III*, Frankfurt a.M.: S. Fischer, 1975, S.109f., S. 114.

hebt, die vom Bewussten her auf das zu Verdrängende wirkt. Es kommt ebenso sehr die Anziehung in Betracht, welche das Urverdrängte auf alles ausübt, womit es sich in Verbindung setzen kann.«[7] Schon im *Seminar XI* wird Lacan diese freudsche Hypothese radikalisieren, indem er sie direkt mit der Signifikantenstruktur und einem »notwendigen Sturz jenes ersten Signifikanten«[8] verbindet. Dieser »Fall« fällt mit der Konstituierung des Subjekts zusammen: »Es [das Subjekt] konstituiert sich um die Urverdrängung*.«[9] Mit anderen Worten: Die *Urverdrängung** ist keine Verdrängung, die *vom* Subjekt »durchgeführt« wird, sondern sie fällt mit seinem Auftauchen zusammen. Bereits hier führt Lacan kurz ein Thema ein, das in seinen späteren Seminaren viel an Bedeutung gewinnt, indem er diese Instanz mit der Kant'schen Vorstellung von »negativen Quantitäten« verbindet und herausstreicht, dass »minus eins (-1) nicht gleich null«[10] ist.

Wir sollten eines der zentralen Anliegen dieses Buches vor diesem Hintergrund verstehen: Etwas an der Sexualität ist *konstitutiv* unbewusst. Das heißt, es ist schon dann unbewusst, wenn es zum ersten Mal auftaucht und nicht einfach aufgrund einer Verdrängung. Es gibt etwas an der Sexualität, das nur als Verdrängtes erscheint, etwas, das sich in die Realität nur in der Form der Verdrängung einschreiben kann (und nicht als etwas, das zuerst *ist* und dann verdrängt wird). Und es ist genau dieses Etwas (und nicht eine positive Eigenschaft), was die Sexualität im starken Sinne des Wortes »sexuell« macht. Das heißt, dass das Verhältnis zwischen dem Un-

7 Ebd., S. 109.
8 Lacan 2015a, S. 264.
9 Ebd.
10 Ebd., S. 265.

bewussten und der Sexualität nicht das Verhältnis zwischen irgendeinem Inhalt und seiner Form oder seinem Behälter ist. *Sexualität betrifft das bloße Da-Sein des Unbewussten in seiner ontologischen Unsicherheit.*

Bevor wir das genauer untersuchen, werden wir kurz innehalten, um über eine andere problematische Vorstellung im Zusammenhang mit der Sexualität nachzudenken, nämlich über den viel zu einfachen Gegensatz zwischen der »subversiven«, chaotischen Mannigfaltigkeit der Triebe und der »normativen Sexualität«. Es steht außer Frage, dass im Namen der vermeintlichen Norm zu allen Zeiten viel Gewalt ausgeübt worden ist, aber es bleibt die Frage, was diese Norm an eine solche Gewalt bindet. Ist es einfach die Angst vor der »ungezähmten« Mannigfaltigkeit der Triebe oder ist es etwas anderes?

DAS CHRISTENTUM UND DIE POLYMORPHE PERVERSION

Die kulturelle (soziale, moralische, religiöse) Normativität macht sich nach allgemeiner Auffassung für die angeblich natürliche Sexualität stark, also für den heterosexuellen Geschlechtsverkehr, und versucht, die Triebsexualität zu verbieten, zu unterdrücken oder zu verdrängen. Diese wird als pervers und asozial angesehen, weil sie keinem anderen Zweck als sich selbst dient und sich damit jeder sozialen oder individuellen Kontrollmöglichkeit entzieht ... Aber ist das wirklich so? Ist es nicht möglich, dass diese Auffassung – jenseits einer oberflächlichen Betrachtung – auf dramatische Weise falsch liegt? Das Christentum gilt normalerweise als Paradebeispiel für das Verbot der Triebsexualität und für eine Haltung, die ausschließlich »zweckdienliche«, auf Reproduktion ausgerichtete Verbindungen zulässt. Man braucht den Blickwinkel allerdings – so wie Lacan in der folgenden Passage – nur ein klein wenig (und an der richtigen Stelle) zu verändern, um ein ganz anderes Bild zu erhalten:

> Christus, selbst der wiederauferstandene, gilt durch seinen Körper, und sein Körper ist der Dolmetsch, durch den die Kommunion mit seiner Gegenwart Einverleibung ist – Oraltrieb – womit die Braut Christi, Kirche, wie man sie nennt, sich recht wohl begnügt, da sie nichts zu erwarten hat von einer Kopulation.
>
> In allem, was aufwallte aus den Wirkungen des Christentums, in der Kunst insbesondere – eben darin treffe ich mich mit diesem Barockismus, von dem bekleidet zu sein ich akzeptiere – ist alles Ausstellung des Körpers, evozierend den Genuss – glauben Sie da dem Zeugnis von jemand, der eben zurückkommt von einer Kirchenorgie in Italien. Bis auf die Kopulation. Wenn sie nicht gegenwärtig ist, so ist dies nicht einfach so. Sie bleibt so draußen, wie sie es in der menschlichen Realität ist, die sie gleichwohl aus den Phantasmen unterhält, aus denen sie konstituiert ist.[11]

Um was geht es in dieser Passage, die so wahr klingt? Einerseits ist an den Trieben nicht notwendigerweise etwas Asoziales. So selbstzentriert sie auch sein mögen, sie können doch immer noch als sozialer Kitt dienen, als das, woraus sich Gemeinschaft – Kommunion – erzeugt. Sie sind das *Material der Kommunion.* Andererseits geht es bei der »Kopulation« um etwas zutiefst Störendes. Für die Art sozialer Verbindung, wie sie das Christentum vorschlägt, braucht es keine Kopulation. Diese gilt als entbehrliches Element, das zu dem, was (idealerweise) benötigt wird, hinzukommt und daher stört. Aus diesem

---

[11] Lacan 2015b, S. 122f.

Grund ist sogar die »reinste« Form sexueller Kopulation, nämlich die, die der Fortpflanzung dient, sündhaft. Oder, wie es Augustinus berühmterweise formuliert hat: Sexualität ist nicht die Ursünde.[12] Diese bezieht sich auf den Ungehorsam des ersten Paares, als es vom Baum der Erkenntnis aß. Sexualität ist die *Strafe* für diese Ursünde und der Ort, an dem sie weiter begangen wird. Sie wurde der ursprünglichen Schöpfung erst später hinzugefügt. Für Augustinus ist die Sexualität also problematisch genug, um sie als Strafe oder als Fluch zu sehen.

Tatsächlich ist der »natürliche, der Reproduktion dienende Geschlechtsverkehr« aus dem Imaginären oder der Bildwelt der Religion vollkommen ausgeschlossen, obwohl er doch innerhalb der religiösen Doxa favorisiert wird. Gleichzeitig schreckt dasselbe Imaginäre nicht davor zurück, Bilder von kanonisierten Heiligen zu zeigen, die den Kot einer anderen Person essen[13] – was normalerweise als Gipfel der Perversion betrachtet wird. Die Geschichten und Bilder berühmter christlicher Märtyrer sind voll von Partialobjekten in der strengen freudschen Bedeutung des Wortes – ein wahrer Schatz an Bildern von Objekten, die mit verschiedenen Partialtrieben in Verbindung stehen. Die abgeschnittene Brust der heiligen Agatha und die herausgedrückten Augen der heiligen Lucia sind zwei der bekanntesten Bilder. Beide sind hunderte Male von verschiedenen Künstlern dargestellt worden.[14] Zwei Beispiele sollen genügen.

---

[12] In *De nuptiis et concupiscentia,* Kapitel 7.

[13] Vgl. z. B. Margaret Mary Alacoque, *The Autobiography of Saint Margaret Mary,* Charlotte: TAN Books, 1995.

[14] Für eine wirklich beeindruckende Sammlung dieser Bilder reicht es, im Internet nach Bildern der Hl. Agatha und der Hl. Lucia zu suchen.

Heilige Agatha von Lorenzo Lippi (1638/1644)

WIKIMEDIA COMMONS

Heilige Lucia von Domenico Beccafumi (1521)

WIKIMEDIA COMMONS

Es kann aus diesem Blickwinkel tatsächlich so scheinen, dass sich das Christentum um das »*Genießen* des Körpers«[15] herum organisiert. Partialtriebe und die Leidenschaften, Passionen und Befriedigungen, die sie hervorbringen, sind in zahlreichen Aspekten des Christentums präsent. Sie sind konstitutiver Bestandteil seines *offiziellen* Imaginären. In diesem präzisen Sinn könnte man sogar so weit gehen, zu sagen, dass die christliche Religion in libidinöser Hinsicht massiv von etwas abhängt, das zum Register der »infantilen Sexualität« ge-

---

[15] Die »Lehre spricht nur von der Fleischwerdung Gottes in einem Körper und nimmt eben an, dass die in dieser Person erlittene Passion den *Genuss* einer anderen gemacht habe.« (Lacan 2015b, S. 122.)

hört, die von Freud als polymorph-pervers bestimmt worden ist, weil es bei ihr um die Befriedigung und die Bindungen geht, die von Partialobjekten abgeleitet sind und bei denen die sexuelle Paarung ausgeschlossen ist. Um genau zu sein, wird hier nicht das reine Genießen oder das »Genießen um des Genießens willen« verboten. Was verboten oder verdrängt wird, ist die *Verbindung* dieses Genießens mit der Sexualität.

Es ist mit anderen Worten von höchster Wichtigkeit für die christliche Religion, diese polymorph-perversen Triebbefriedigungen *nicht als sexuell* anzuerkennen, sie als solche aber auch nicht zu verbieten. Aber warum genau? Woher kommt diese Notwendigkeit, nicht einfach jedes Genießen zu bekämpfen – wie häufig irrtümlicherweise geglaubt wird –, sondern *das Genießen von der Sexualität so sauber wie möglich zu trennen,* das heißt sich zu weigern, das Genießen als sexuell zu konzipieren. Es ist, als ob der starke soziale Druck auf die »natürliche Sexualität« – also die Kopulation –, als Norm zu fungieren, da wäre, um eine abgründige Negativität der natürlichen Sexualität selbst zu verbergen, und weniger um die angeblich störenden Partialtriebe fernzuhalten.

Diese Fragestellung bringt uns also weniger zum kulturellen als zum »natürlichen« Aspekt der Sexualität. Es ist, als ob dieser »natürliche« Aspekt in der Tat der problematischste und unsicherste wäre. Es scheint an dieser Stelle etwas in der Natur selbst auf dramatische Weise nicht zu stimmen. Das Problem ist nicht einfach, dass Natur »immer schon kulturell« ist, sondern vielmehr, dass der Natur etwas dafür fehlt, überhaupt »die Natur« (unser Anderer) zu sein. Kultur ist nicht etwas, das die natürliche Sexualität (wie es sie angeblich etwa bei Tieren gibt) vermittelt, spaltet oder denaturiert. Sie bildet sich vielmehr genau an dem Ort, an dem in der Natur (als »sexueller« Natur) etwas mangelt.

Man könnte dies auch so formulieren: Es gibt keinen sexuellen Instinkt, kein der Sexualität inhärentes Wissen (»Gesetz«), das sie auf verlässliche Weise lenken könnte. Aber auch diese Behauptung lässt sich auf zwei verschiedene Weisen verstehen. Normalerweise wird dieser Mangel an sexuellem Instinkt (im Sinne eines verlässlichen Autopiloten) als etwas spezifisch Menschliches gesehen, das durch die menschliche Konstitution (und durch die Kultur, die aus ihr folgt) herbeigeführt wird. Nach dieser Argumentation sagen wir üblicherweise, dass es in der Natur zwar einen sexuellen Instinkt gibt (bei Tieren), nicht aber beim Menschen, der somit die Stelle einer Ausnahme in der Natur markiert. Die Menschen werden damit grundlegend als eine Abweichung von der Natur gesehen, vor allem als Abweichung vom Tier. Mit den Menschen passiert etwas Besonderes, das sie von der Natur abfallen lässt und die Art und Weise, wie die Gesetze der Natur funktionieren, auf dem Gebiet des Menschseins verkompliziert. Wir werden den Unterschied zwischen Mensch und Tier in Kapitel 4 eingehender diskutieren, lassen Sie uns an dieser Stelle eine mögliche andere Perspektive lediglich kurz skizzieren: die Menschen nicht als Ausnahme der Natur zu sehen, sondern als die Stelle in der Natur, an der *ihr* Mangel an »Wissen« (vom sexuellen Gesetz) eine singuläre epistemische Form annimmt. So gesehen sind die Menschen keine Ausnahme oder Abweichung von der Natur, sondern die Stelle einer spezifischen Artikulation der der Natur *selbst* inhärenten Negativität. Es gibt in der Tat Wissen in der Natur (»Wissen im Realen«, wie Lacan es nennt), aber dieses Wissen mangelt am Punkt der Sexuierung und das gilt für alle sexuierten Tiere.

Was wäre dann der Unterschied zwischen dem menschlichen Tier und anderen (geschlechtlichen) Tieren? Ein Unterschied, der sich nicht auf den Menschen als Ausnahme der Natur gründet, sondern auf eine andere Artikulation einer bestimmten Sackgasse der *sexuierten Natur* als solcher? Unsere Antwort wird folgende Richtung einschlagen: Die menschliche Sexualität ist die Stelle, an der die Unmöglichkeit (die ontologische Negativität), die dem sexuellen Verhältnis[16] eignet, als solche auftaucht, sich als solche in die Realität als deren Teil »einschreibt«. Sie schreibt sich in der singulären Form ein, die von Freud als die des Unbewussten entdeckt worden ist.

Wenn wir von einem fundamentalen Mangel an Wissen (an Instinkt) in der Natur an der Stelle der Sexuierung ausgehen (die Natur weiß nicht, wie sie im sexuellen Sinne sein kann, und das haben wir mit anderen geschlechtlichen Tieren gemeinsam), dann ist der Unterschied ein Unterschied zwischen zwei Weisen, nicht zu wissen: eine einfache Weise und eine, die in der Tat eine singuläre Art des Wissens beinhaltet: das Unbewusste. Tiere wissen nicht (dass sie nicht wissen). Wir könnten sagen, ohne das nur witzig zu meinen, dass Sexualität für Tiere kein Problem ist, weil sie nicht wissen, dass sie in der Tat problematisch ist.[17] Was das menschliche Tier davon unterscheidet, ist, dass es weiß (dass es nicht

[16] A.d.Ü.: Das englische »sexual relation« ist die Übersetzung des französischen »rapport sexuel« bei Lacan. »Rapport sexuel« kann als »Geschlechtsverkehr«, als »Geschlechtsbeziehung«, als »sexuelle Beziehung« oder als »sexuelles Verhältnis« übersetzt werden. Wir haben uns meist für »sexuelles Verhältnis« entschieden, um den Bezug zum (deutschen) Titel des Buches aufrechtzuerhalten.

[17] Tiere machen als Teil ihrer Paarungsrituale manchmal sehr »seltsame« Dinge, aber sie scheinen daran nichts »seltsam« zu finden, es scheint sie nicht im mindesten zu beunruhigen.

weiß). Es geht aber nicht einfach darum, dass sich die Menschen dieses Mangels an sexuellem Wissen bewusst sind. Es wäre vielmehr richtig, es so zu formulieren: *Sie sind sich dieses Mangels »unbewusst«*. Das Unbewusste als Form ist die »positive« Art, wie sich die ontologische Negativität einer gegebenen Realität in diese Realität selbst einschreibt, und zwar auf eine Weise, die nicht einfach auf dem Gegensatz zwischen Wissen und Nicht-Wissen oder zwischen Sich-etwas-bewusst-Sein oder nicht beruht. Der Grund dafür ist, dass es eben nicht um »etwas« geht (also ein *Ding,* ein Faktum, dessen wir uns bewusst sein können oder nicht), sondern um eine Negativität, die nur durch ihre eigene Negation wahrnehmbar ist. Sich etwas »unbewusst sein«, heißt nicht einfach, dass man nicht weiß. Es impliziert vielmehr eine paradoxe Verdoppelung und ist selbst gespalten oder zweifach: Es geht darum, *nicht zu wissen, dass wir wissen* (... dass wir nicht wissen). Es ist dies eine der besten Definitionen des Unbewussten.[18] Lacan formuliert es so: Unbewusstes Wissen ist ein Wissen, dass sich selbst nicht weiß.

Das Einzigartige und Revolutionäre an der freudschen Idee des Unbewussten liegt also nicht einfach im Gegensatz zwischen Wissen und Nicht-Wissen. Es geht um eine singuläre Form des Nicht-Wissens als einer Form des Wissens. Es gibt eine bestimmte Art des Nicht-Wissens, die nur in der und *als die* Form des Unbewussten, seiner Arbeit und seiner Bildungen existiert. Ich spreche nicht von einer vorreflexiven Intuition – eine solche mag es durchaus geben, aber sie hat mit dem Unbewussten und seiner Struktur nichts zu tun. Das Unbewusste ist die Existenzform einer ontologischen Negativität, die zur

---

18 Vgl. Slavoj Žižek, *Auf verlorenem Posten,* übersetzt von Frank Born, Frankfurt a.M.: Suhrkamp, 2009, S. 313.

Sexualität gehört (»Es gibt kein sexuelles Verhältnis«). Und weil diese Form mit einem singulären Modus des Wissens, einer Spaltung des Wissens (ich weiß, dass ich nicht weiß) verbunden ist, ist sie in der Tat eine *epistemische* Form.

Lassen Sie uns dies mit unserer vorangegangenen Untersuchung verbinden. Was kann sie uns über die Funktionsweise der Norm (der rein auf Reproduktion ausgerichteten Verbindung) in der christlichen Tradition sagen? Was genau wird von dieser Norm ausgeschlossen oder verschleiert? Es scheint dabei eben um die *ontologische Negativität* der Sexuierung und der Sexualität als solcher zu gehen. Indem man die Norm (der rein auf Reproduktion ausgerichteten Verbindung) einsetzt, versucht man nicht einfach, irgendetwas anderes zu verdrängen oder zu verstecken (zum Beispiel eine perverse Ausschweifung oder reines, sich selbst erhaltendes Genießen), sondern vielmehr *das, was nicht da ist* (etwas, das fehlt). Mit anderen Worten: Was ausgeschlossen wird, ist nicht der Signifikant des Sexuellen (oder sein Bild), sondern vielmehr das (unbewusste) Wissen von der Nicht-Existenz eines solchen Signifikanten. Sexualität wird nicht wegen ihrer Überschüssigkeit auf alle möglichen Weisen reguliert, sondern insoweit sie das Wissen von dieser ontologischen Negativität impliziert (und »übermittelt«).

Die zentrale biblische Geschichte, die Sexualität und Wissen als untrennbar mit der Szene der Ursünde verbunden zeigt, deutet also in die richtige Richtung. Welches Wissen konnten Adam und Eva erlangen, als sie vom Baum der Erkenntnis aßen? Das ist in der Bibel alles andere als deutlich. Klar ist allerdings, dass sich der Ausdruck »Gut und Böse« (*tov wa- ra*) – in der Formulierung »Baum der Erkenntnis von Gut und Böse« – nicht auf ein

Wissen um oder auf die Unterscheidung zwischen Gut und Böse bezieht (das wäre schon eine äußerst tendenziöse Lesart), sondern eigentlich eine feststehende Ausdrucksweise ist, die soviel bedeutet wie »alles« (so wie wenn wir sagen »dies und jenes«). Die Bibel sagt uns also nur, dass Adam und Eva, als sie vom Baum der Erkenntnis aßen, Wissen zuteil wurde. Wenn wir uns an eine lacanianische Lesart wagen, könnten wir hinzufügen: Es handelt sich dabei nicht um Wissen von diesem oder jenem einzelnen Ding, sondern um die (signifikante) Struktur des Wissens als solchem. Und diese »(signifikante) Struktur des Wissens als solchem« bringt die Lücke des Unbewussten mit sich. Diese ist genau das, was Wissen von Daten oder Informationen unterscheidet. Adam und Eva wurde also mit anderen Worten exakt diese Lücke der *Urverdrängung** als grundlegend für jedes Wissen übermittelt. Aus diesem Grund war die unmittelbare Reaktion, nachdem sie vom Baum der *Erkenntnis* gegessen hatten, ein Affekt, nämlich, dass sie den Anblick ihrer nackten Körper beschämend fanden. Diese Scham ist tatsächlich ontologisch: sie erscheint am Ort eines mangelnden Signifikanten (-1), wegen des signifikanten Mangels, der in die Struktur des Wissens eingebaut ist. Sie erscheint, weil dort kein Signifikant erscheint …

Die signifikante Verbindung zwischen Wissen und dem Sexuellen beschränkt sich in der Bibel nicht auf die Szene der Ursünde, sondern taucht darüber hinaus immer wieder auf – von daher der Ausdruck »Erkennen im biblischen Sinne«. Diese besondere Ausdrucksweise für Geschlechtsverkehr in der Bibel (als »den anderen erkennen«) unterscheidet sich offensichtlich von den anderen gebräuchlichsten Euphemismen, die wir in der Bibel finden können: »eintreten«, »mit jemandem liegen«, »hineingehen«. Das sind einfach beschreibende Euphemismen. Können wir andererseits nicht in der Art und Weise, wie Erkenntnis benutzt wird, um auf den Geschlechtsverkehr zu verweisen, eine signifikante Spur des sexuellen Verhältnisses finden, das in seine eigene ontologische Leere fällt, die sich wiederum nur als ein eigenartiges (negatives) Epistemologisches einschreibt? »Den anderen im biblischen Sinne erkennen«, hieße dann, sich mit der Stelle im Anderen auseinanderzusetzen, an der das Wissen mangelt. Und aus der Perspektive der Religion ist dieser Mangel an Wissen im Anderen (der fehlende Signifikant des sexuellen Verhältnisses) keine Bagatelle. Deshalb die Scham. Der Anblick nackter Körper ist nicht »beschämend« wegen dieser Körper als solchen, sondern weil diese nackten Körper etwas nicht vermitteln können: das sexuelle Verhältnis.

Wenn wir die Sexualität auf der Ebene des Imaginären nehmen, treffen wir auf eine ähnliche Konstellation. Alles, was wir in den Repräsentationen der Sexualität sehen können, sind Körper, die Teile von anderen Körpern genießen. Mit Lacans Worten:

> Wie es auf bewundernswerte Weise jene Art Kantianer, der Sade war, unterstreicht, kann man nur eines Teils des Körpers des Anderen genießen, aus dem einfachen Grund, dass man nie einen Körper vollständig, bis hin, ihn einzuschließen und zu phagozytieren, sich um den Körper des Anderen wickeln gesehen hat. Deswegen ist man reduziert einfach auf eine kleine Umarmung, eben so, indem man einen Unterarm nimmt oder irgendwas anderes – tjaa![19]

Die Norm (also die normativen Vorschriften der Sexualität) taucht genau an der Stelle dieses Mangels in der Re-

---

[19] Lacan 2015b, S. 27.

präsentation auf. Genauer: Man könnte die Norm als das sehen, was *den Platz eines Bildes einnimmt,* das »man nie gesehen hat«, nämlich das Bild eines Körpers, der sich vollständig um den Körper des Anderen gewickelt hat. Dieses Bild ist in seiner schieren Unmöglichkeit die Kehrseite der Norm, ihr phantasmatischer Unterbau. Es hilft, die Norm und unser Verwickelt-Sein mit ihr aufrechtzuerhalten. Es ist die Fantasie, die von der Auferlegung der Norm aufrechterhalten wird und ihrerseits die Norm aufrechterhält: die Fantasie des sexuellen Verhältnisses.

Es ist allerdings entscheidend, darüber hinaus an dieser Stelle herauszustreichen, dass das Nicht-Verhältnis nicht einfach eine Abwesenheit von Verhältnis ist. Es ist selbst real, oder sogar das Reale. Was heißt das? Wir dürfen nicht den Fehler machen, die Existenz des Verhältnisses als eine Fantasie zu sehen, die die Psychoanalyse uns loszuwerden einlädt, um stattdessen die Realität der Partialtriebe und der frei flottierenden Lüste (»mal hier und mal da ›herumzudrücken‹«) als letzte, rohe Realität und damit als *alles,* was es gibt, zu akzeptieren. Das sexuelle Verhältnis ist nicht einfach die Fantasie von etwas, das es nicht gibt, aber von dem wir aus irgendeinem Grund gerne hätten, dass es da wäre (warum genau wir unbedingt wollen, dass es existiert, wird in einem solchen Argument nicht deutlich). Warum sollte etwas wie die Nicht-Existenz des sexuellen Verhältnisses »unerträglich« sein, wenn wir doch zu einer tatsächlichen Befriedigung kommen können, indem wir hier und da »herumdrücken« und indem wir Teile des Körpers des Anderen genießen (und im Übrigen auch unseres eigenen Körpers)? Der Mangel des sexuellen Verhältnisses ist in dem Sinne real, dass er als Mangel oder als Negativität in *das, was da ist,* eingebaut ist und so dessen Logik und

Struktur auf wichtige Art und Weise bestimmt.[20] Dies bringt uns zurück zum irrigen Gegensatz zwischen etwas, das wie eine vollkommene Positivität der Triebe (genau in ihrem Charakter als partial) aussieht, und der Negativität, die in der Sexualität (als Verhältnis) am Werk ist. Die Psychoanalyse lehrt uns nicht, dass wir wegen dieses Nicht-Verhältnisses nur zu partialen und flottierenden Lüsten und Befriedigungen Zugang haben (hier und da »herumdrücken«). Die Behauptung ist stärker: Diese partialen Lüste und Befriedigungen sind *bereits durch die Negativität, die das Nicht-Verhältnis impliziert, in-formiert.* Sie existieren nicht unabhängig von ihr, so dass wir zu ihnen mangels etwas Besserem Zuflucht nehmen. Sie sind wesentlich und intrinsisch konstituiert durch »den Mangel an etwas Besserem«, sie sind die Art und Weise, wie der Mangel an etwas Besserem (der Mangel an sexueller Substanz oder der Mangel eines sexuellen Signifikanten) *in der Realität existiert.* Um es einfach zu sagen: Es ist nicht so, dass wir auf der einen Seite die reine Positivität der Triebe und ihre Befriedigungen haben und auf der anderen Seite diese (katastrophische) Idee, dass wir etwas anderes oder mehr benötigen, nämlich dass die Triebe ein Verhältnis bilden oder repräsentieren. Und weil das nicht passiert, fühlen wir uns schlecht und richten die Fantasie des Verhältnisses auf. Die Fantasie (und der Imperativ) des Verhältnisses stammt aus dem Inneren der Struktur der Triebe selbst. Nun wollen wir ein wenig genauer betrachten, was das heißen könnte.

---

[20] Žižek argumentiert so, indem er vorschlägt, dass man »es gibt kein sexuelles Verhältnis« durch »es gibt sexuelles Nicht-Verhältnis« ersetzen sollte. Vgl. Slavoj Žižek, *Weniger als Nichts. Hegel und der Schatten des dialektischen Materialismus*, übersetzt von Frank Born, Frankfurt a.M.: Suhrkamp, 2016, S. 1083.

2. … and even stranger out there

DIE VERZWICKTHEIT DES VERHÄLTNISSES

Kehren wir noch einmal zu John Hustons Film *Freud* zurück. Die Bemerkung des Vorsitzenden, der angesichts der leidenschaftlichen Empörung, die Freuds Vorlesung über die infantile Sexualität hervorgerufen hat, versucht, wieder Ordnung herzustellen (»Meine Herren, wir sind hier nicht in einer politischen Versammlung!«), weist uns in der Tat in eine äußerst interessante Richtung, indem sie auf eine überraschende Koinzidenz von Politik und der (freudschen) Theorie der Sexualität deutet. Es ist, als ob sich etwas von der Ordnung des Politischen entscheidet, wann immer die Frage der Sexualität neu gestellt wird. Ganz sicher galt das für die Politik der psychoanalytischen Bewegung selbst und für die Brüche, die diese Frage innerhalb der Bewegung produziert hat. Aber möglicherweise stimmt das auch für das Politische in einem spezifischeren Sinn, also für das, was um irgendeinen oder mehrere politische Antagonismen herum artikuliert werden kann.[1]

Wer heutzutage über Psychoanalyse und Politik spricht, nimmt normalerweise eine von zwei Haltungen ein. Entweder man lässt die Sexualität außen vor, schiebt sie zur Seite und beschäftigt sich mit anderen Begriffen, etwa dem (gebarrten) Anderen, dem Mehr-Genießen, der

---

[1] Für einen ausführlichen Kommentar zu diesen Fragen vgl. Mladen Dolar, »Freud und das Politische«, in: *Texte. Psychoanalyse. Kulturkritik,* Nr. 4, Wien: Passagen, 2007, S.14-38.

lacanschen Theorie der vier Diskurse oder dem lacanschen Beitrag zur Ideologiekritik ... Natürlich sind alle diese Begriffe äußerst wichtig, aber sie können nicht vom Problem der Sexualität gelöst werden, ohne dass etwas Zentrales verlorengeht, nämlich die Artikulation einer Negativität, die im Kern dieser Begriffe am Werk ist und sie ebenso stützt wie miteinander verbindet. Die zweite Haltung verbindet – in Übereinstimmung mit der vorherrschenden (westlichen) Ideologie unserer Zeit – moralischen Liberalismus (alles ist möglich und sollte toleriert werden, so lange es keinen Missbrauch gibt) und politischen Konservatismus (des Status quo, in dem jedes übereifrige politische Engagement per Definition »pathologisch« ist und nicht zu den »normalen«, »nicht-neurotischen« Menschen passt). Beide Haltungen haben auf symmetrische (wenn auch nicht identische) Weise einen Fehler gemeinsam. Die philosophisch und politisch radikalere Lesart von Lacan tut die Sexualität als *etwas* ab, das nur in zweiter Linie wichtig ist und nur anekdotische oder »regionale« Bedeutung hat. Die liberale psychoanalytische Lesart tut Politik *als etwas* ab, das notwendigerweise pathologisch ist (und damit blind für die Unmöglichkeit, die in ihr am Werk ist). Der Fehler der ersten Lesart ist nicht, dass sie die Relevanz der Sexualität missversteht, sondern dass sie sie *als etwas* betrachtet (also als etwas, das einfach *ist* und dem man eine größere oder weniger große Wichtigkeit zuschreiben kann). In gleicher Weise besteht der Fehler der zweiten Lesart nicht darin, dass sie es nicht schafft, die Möglichkeit einer grundlegend anderen Politik zu sehen, sondern dass sie ihrerseits Politik *als etwas* nimmt, also als eine voll ausgebildete Wesenheit mit bestimmten Charakteristika. Was sie mit anderen Worten nicht begreifen kann, ist die Tatsache, dass Politik per Definition die Politik des Unmöglichen oder die Politik des unmöglichen Verhältnisses ist. Zwischen Sexualität und Politik gibt es einen Zusammenhang, weil beide nicht einfache ontologische Kategorien sind, sondern wesentlich etwas implizieren, von etwas abhängen und etwas bereitstellen, das nicht von der Ordnung des Seins ist und das Lacan als *das Reale* bezeichnet. Das Reale ist gerade nicht das Sein, sondern dessen inhärente Sackgasse.

Der lacansche Begriff des Sexuellen liefert nicht die bisher beste Beschreibung einer bestimmten Realität (nämlich der Sexualität). Vielmehr entwickelt er ein einzigartiges Denkmodell, das es erlaubt, ein fundamentales Nicht-Verhältnis so zu denken, dass es die Bedingungen unterschiedlicher Bindungen, auch sozialer Bindungen oder »Diskurse«, bestimmt. Denn das ist es, worum es beim lacanschen Begriff der Sexualität vor allem geht. Er konzeptualisiert die Art und Weise, auf die eine fundamentale Sackgasse im Sein selbst, in dessen Strukturierung (als Sein) am Werk ist. Es ist allerdings wichtig, Folgendes zu betonen: Wenn wir darauf bestehen, dass es bei der lacanschen Vorstellung des Sexuellen nicht einfach um irgendeinen sexuellen *Inhalt* (oder eine sexuelle Praktik) geht, dann geht es uns in keiner Weise um eine »Säuberung« des Sexuellen, indem wir seine reine Form oder seine reine (philosophische) Idee hervorzubringen und sie damit philosophisch akzeptabler zu machen versuchen. Es geht darum, dass Sexualität jenseits jedes sexuellen Inhalts und jenseits jeder sexuellen Praktik keine reine Form ist, sondern stattdessen auf die *Abwesenheit dieser Form* als dem verweist, was den Raum der Sexualität sich krümmen lässt und definiert. Es handelt sich mit anderen Worten um eine »Abwesenheit« oder eine Negativität, die wichtige Konsequenzen für das Feld hat, das sich um es herum strukturiert. Wie verstehen wir das?

Der paradoxe Status des Sex ist das Gegenteil des, sagen wir, Status von Einhörnern: Es geht nicht um etwas, das empirisch nirgendwo zu finden ist, von dem wir aber genau wissen, wie es aussehen würde, wenn es empirisch zu finden wäre. Ganz im Gegenteil: Es gibt empirisch keinen Zweifel daran, dass Sex existiert (und wir sind ziemlich gut dazu in der Lage, ihn zu erkennen oder zu »identifizieren«). Was fehlt, ist – um es in der Sprache Platons zu sagen – die Idee des Sex, sein Wesen. Was erkennen wir, wenn wir »das ist Sex« sagen? Platon ging so weit zu sagen, dass selbst die niedrigsten Dinge, wie Schlamm und Dreck, korrespondierende Ideen aufweisen (also ideale Wesenheiten), aber wie ist das mit Sex? Gibt es eine Idee, eine reine Form, des Sex? Die Antwort darauf scheint eher negativ zu sein. Der Grund dafür ist nicht, dass Sex auf der Stufenleiter der Wesen noch weiter »unten« steht als Schlamm oder Dreck. Sex als niedrig und »dreckig« darzustellen ist bereits eine Antwort, eine »Lösung« für den fundamentaleren Skandal – nämlich, dass wir nicht wissen, was er *ist*. Ich habe auf diesen Punkt bereits hingewiesen: Die Scham, die wir im Zusammenhang mit Sexualität empfinden, ihr Verstecken und Verdecken, sollte genauso wenig als selbsterklärend hingenommen werden wie die Kontrolle und die Regulierung, die in Bezug auf die Sexualität ausgeübt wird. Man sollte beides nicht durch das »traditionelle«, kulturelle Verbot der Sexualität erklären. Andersherum: Dieses Verbot sollte durch einen ontologischen Fehler erklärt werden, der mit dem Sexuellen als Sexuellem zu tun hat. Der Grund für die Scham im Zusammenhang mit der Sexualität ist nicht einfach etwas, was da ist und was sich in ihr zeigt. Im Gegenteil: Die Scham ist in etwas begründet, das nicht da ist – etwas, das, würde es existieren, bestimmen würde, was Sex tatsächlich ist, und das benennen könnte, was am Sex »sexuell« ist. Sex ist allgegenwärtig, aber es scheint so, als wüssten wir nicht, was genau er ist. Wir könnten vielleicht so weit gehen zu sagen, dass wir immer dann, wenn wir – soweit es um Menschen geht – auf etwas stoßen und keine Ahnung haben, was es ist, ziemlich sicher sein können, dass es »etwas mit Sex zu tun hat«. Diese Formulierung ist nicht ironisch gemeint. *Il n'y a de sexe que de ce qui cloche* – Sex gibt's nur von dem, was nicht rund läuft.

Präzise in diesem Sinn ist Kultur nicht einfach eine Maske oder ein Schleier für das Sexuelle, sie ist die Maske oder vielmehr die Vertretung für etwas im Sexuellen, das »nicht ist«. Und in diesem präzisen (indirekten) Sinn ist Kultur oder Zivilisation – nach der klassischen freudianischen Haltung – vom Sexuellen getrieben oder »motiviert«. Sie ist nicht von dem im Sexuellen getrieben, das ist, sondern von dem, was nicht ist.

Was nicht ist am Sex, das ist das Verhältnis: *Es gibt kein Geschlechtsverhältnis*. Diese berühmte Aussage von Lacan wird häufig zu schnell als eine gelehrte und schlau klingende Formulierung für das verstanden, was immer schon sowohl von Menschen als auch von Gedichten, der Literatur oder Filmen gewusst und auf unterschiedliche Art und Weise immer wieder wiederholt worden ist: »(dauerhafte) Liebe ist unmöglich«, »die Liebe ist meist unglücklich«, »Männer sind vom Mars, Frauen sind von der Venus«, »Beziehungen funktionieren nicht«, »es gibt nur eine Reihe von (verfehlten) Begegnungen«, »es gibt nur Elementarteilchen« ... Es ist einfach zu zeigen, an welcher Stelle ein solches Verständnis zu schnell voranschreitet und das Reale, das von Lacans Formulierung ausgedrückt wird, überschreibt und verdeckt. Es ontologisiert das Nicht-Verhältnis sofort. So rufen wir also aus: »Aber natürlich, es gibt kein sexuelles Verhältnis! Das erklärt alles (und besonders die Geschichte unseres Liebeslebens).« Die fundamentale ontologische Kategorie, »das Sein als Sein«, ist das Nicht-Verhältnis, und deshalb stehen wir da, wo wir sind!

So wird das Nicht-Verhältnis also (fälschlicherweise) als letzte Wahrheit verstanden, als letztgültiger Code oder als grundlegende Formel der Realität. Diese Wahrheit ist zugegebenermaßen nicht sehr angenehm, aber so ist es eben und wir können wenigstens verstehen, warum die Dinge so liegen, wie sie liegen. Und es scheint Sinn zu ergeben – verglichen etwa mit der Formel, die der Supercomputer in Douglas Adams' berühmtem Roman *Per Anhalter durch die Galaxis* hervorbringt. Nach Tausenden und Abertausenden Jahren des Rechnens, spuckt der Computer endlich die Antwort auf die Frage nach dem Sinn des Lebens aus: sie lautet 42. Verglichen damit platzt Lacans Formel wirklich vor lauter Sinn oder genauer: Sie ist voll mit der Fähigkeit, unseren Leiden einen Sinn zu verleihen.

Dieses »Verständnis« führt uns also zu der Schlussfolgerung, dass das Nicht-Verhältnis der *Grund* für die Merkwürdigkeiten und Schwierigkeiten in allen unseren konkreten Beziehungen ist. Oder genauer: Das Nicht-Verhältnis, das auf der Ebene der Ontologie angesiedelt wird, wird in dieser Perspektive zum Hindernis für die Formierung jeder »erfolgreichen« konkreten, empirischen Beziehung. Lacan geht es dagegen paradoxerweise fast um das Gegenteil: Erst die Nicht-Existenz des Verhältnisses öffnet den Raum für die Beziehungen und Bindungen, die wir kennen. In Lacans eigenen Worten: »Die Abwesenheit des Verhältnisses verhindert natürlich nicht die Verbindung *(la liaison)*, weit gefehlt – sie diktiert ihre

Bedingungen«[2]. Das Nicht-Verhältnis gibt oder diktiert die Bedingungen dessen, was uns verbindet. Es ist also keine einfache und indifferente Abwesenheit, sondern eine Abwesenheit, die die Struktur, mit der sie auftaucht, krümmt und bestimmt. Das Nicht-Verhältnis ist nicht das Gegenteil des Verhältnisses, es ist *die inhärente (Un-) Logik (ein fundamentaler »Antagonismus«) der Beziehungen*, die möglich sind und existieren.[3]

Das stellt ein neues und originelles Denkmodell des diskursiven Raumes dar, der demnach aus einem fehlenden Glied in der ontologischen Kette seiner eigenen Realität (und um dieses fehlende Glied herum) generiert wird. Diese Struktur wird von der sie konstituierenden Negativität aus dem Gleichgewicht gebracht und ist immer mehr oder weniger als sie ist, das heißt mehr oder weniger als die Summer ihrer Teile. Zudem ist die kausale Verknüpfung zwischen diesen (signifikanten) Elementen durch das bestimmt, was am Ort dieser Negativität als der signifikanten Ordnung sowohl heterogen als auch untrennbar von ihr auftaucht: die unmögliche Substanz des Genießens, die Lacan mit dem Begriff des (Partial-)Objekts *a* bezeichnet. Das Objekt *a* ist kein Sexualobjekt, es ist vielmehr *a*-sexuell. Es ist das objektive Gegenstück des Nicht-Verhältnisses. Wir könnten sagen, dass es das Nicht-Verhältnis als Objekt ist. Und es ist ebenso am Werk, wann immer sich Bindungen bilden; es

---

2 Jacques Lacan, *Le séminaire, livre XIX. ... ou pire,* texte établi par Jacques-Alain Miller, Paris, Éditions du Seuil, 2011, S. 19.

3 Aus diesem Grund besteht der einzige Weg, sich dem Sexuellen anzunähern oder über es zu sprechen, darin, es als logisches (oder als onto-logisches) Problem zu behandeln. So haben wir vielleicht eine Chance, auf eine Art Reales zu treffen. Wenn wir uns dem Sexuellen als einem Problem des Körpers und als Problem der Empfindungen nähern, werden wir notwendigerweise im Imaginären (oder bei der Metaphysik) landen.

ist am Werk in der Strukturierung des diskursiven Seins *qua* Sein selbst. Damit ist es mehr als ein Wortspiel, wenn wir vorschlagen, dass aus dieser Konzeptualisierung Lacans eine »*object-disoriented ontology*« folgt. Wenn es eine Ontologie gibt, die aus der psychoanalytischen (lacanschen) Theorie folgt, dann kann das nur eine Ontologie sein, die durch das, was er Objekt *a* nennt, desorientiert ist.

Um es noch einmal zu sagen: Das Bedeutsamste an der freudianisch-lacanianischen Vorstellung der Sexualität ist, dass sie ein begriffliches Modell einführt, welches das Nicht-Verhältnis als etwas denkt, das die Bedingungen unterschiedlicher Arten von Bindungen, auch sozialen Bindungen (oder Diskursen), bestimmt.[4]

In diesem genauen Sinn kann der Slogan »Sex ist politisch« wieder affirmiert und mit neuer, radikalerer Bedeutung versehen werden. »Sex ist politisch« nicht in dem Sinn, dass die Sexualität ein Bereich des Seins wäre, in dem sich politische Kämpfe auch abspielen, sondern in dem Sinne, dass eine wirklich emanzipatorische Politik nur auf der Basis einer »Objekt-desorientierten-Ontologie« (»*object-disoriented ontology*«) gedacht werden kann, wie ich sie weiter oben skizziert habe; einer Ontologie also, die nicht einfach das Sein *qua* Sein untersucht, sondern den Riss (das Reale, den Antagonismus), der das Sein von innen heraus heimsucht und bestimmt.

Im Folgenden werde ich dies unter Bezug auf ein Beispiel weiter entwickeln, das uns dabei helfen wird, zu erforschen und näher zu artikulieren, was bei diesen Aussagen auf dem Spiel steht. Dabei geht es um eine äußerst merkwürdige Begegnung zwischen Sexualität und

---

4 Vgl. auch Slavoj Žižeks eindrückliche Erörterung der Nicht-Beziehung in Žižek 2016, S. 1081–1092.

Politik, die der russische Marxist Andrej Platonov in einem raffinierten Text inszeniert, der mitten im Herz der Diskussionen über eine mögliche emanzipatorische Politik im zwanzigsten Jahrhundert verortet ist: »Der Anti-Sexus«.

DER ANTI-SEXUS

In der Einleitung zum kürzlich in einer neuen englischen Ausgabe erschienenen »Der Anti-Sexus« von Andrej Platonov macht Aaron Schuster folgende Beobachtung:

> Wenn die Befreiung der Sexualität ein Teil des revolutionären Programms im zwanzigsten Jahrhundert war, mit dem eine radikal neue soziale Beziehung und ein Neuer Mensch geschaffen werden sollten, dann war dieser Anspruch von einer fundamentalen Ambiguität gekennzeichnet: Muss die Sexualität befreit, also von moralischen Vorurteilen und gesetzlichen Verboten entbunden werden, so dass den Trieben ein flüssigerer und offener Ausdruck erlaubt ist? Oder muss die Menschheit von der Sexualität befreit werden und endlich deren obskure Abhängigkeiten und tyrannische Einschränkungen hinter sich lassen? Wird die Revolution eine Blüte libidinöser Energie mit sich bringen oder wird diese Energie als eine gefährliche Ablenkung von der mühevollen Aufgabe, eine neue Welt zu bauen, betrachtet werden, so dass man ihre Unterdrückung verlangt? Mit einem Wort: Ist die Sexualität das Objekt der Emanzipation oder ihr Hindernis?[5]

Schuster hat Recht, wenn er meint, dass dies möglicherweise eine falsch gestellte Alternative ist, und zwar in

---

[5] Aaron Schuster, »Sex and Anti-Sex«, in: *Cabinet Magazine*, Nr. 51, 2013, S. 42.

dem Sinne, dass sie etwas Entscheidendes in der psychoanalytischen Vorstellung von Sexualität verfehlt. Man könnte hinzufügen: Genauso verfehlt sie etwas in der psychoanalytischen Vorstellung von Emanzipation. Während Emanzipation meist als Befreiung vom (sozialen) Nicht-Verhältnis gesehen wird – oder als die Annäherung an das Ideal des Verhältnisses als solchem, auch wenn es unerreichbar sein mag – eröffnet uns Lacan eine andere Perspektive. Das Ziel, das Nicht-Verhältnis abzuschaffen (und es durch ein Verhältnis zu ersetzen), ist vielmehr das Markenzeichen jeder sozialen Unterdrückung. Sexuelle Differenz und die Unterdrückung von Frauen sind dafür sehr gute Beispiele. Die repressivsten Gesellschaften waren immer die Gesellschaften, die axiomatisch die Existenz des sexuellen Verhältnisses verkündet (und durchgesetzt) haben: ein »harmonisches« Verhältnis setzt eine genaue Definition der (in ein Verhältnis gesetzten) Wesenheiten und der ihnen jeweils zugeschriebenen Rollen voraus. Wenn es ein Verhältnis geben soll, dann müssen Frauen so und so sein. Eine Frau, die *nicht weiß, wo sie hingehört,* bedroht dieses Bild des Verhältnisses (zum Beispiel als einer Totalität von zwei Elementen, die sich gegenseitig ergänzen, oder als irgendeine andere Art »kosmischer Ordnung«). Darauf antwortet die Psychoanalyse nicht, dass die Frau in Wirklichkeit etwas anderes ist, als das, was diese repressiven Ordnungen aus ihr machen, sondern sie antwortet mit einer anderen, weitaus stärkeren Aussage: Die Frau existiert nicht (wir werden darauf später in unserer Diskussion der sexuellen Differenz oder der sexuellen Kluft zurückkommen).

Wenn wir uns die Geschichte politischer Unterdrückung oder der Unterdrückung von Klassen vor Augen führen, dann können wir auch sehen, wie die Durchsetzung der Idee eines »harmonischen« Systems oder eines sozialen Organismus immer von den brutalsten Formen des Ausschlusses und der Unterdrückung begleitet gewesen ist. Für Lacan geht es aber nicht darum, einfach etwas zu sagen wie: »Lasst uns die Unmöglichkeit (das Nicht-Verhältnis) anerkennen und statt dass wir sie irgendwie ›erzwingen‹, sollten wir uns mit ihr abfinden.« Das ist in der Tat die offizielle Ideologie der zeitgenössischen, »säkularen« Form sozialer Ordnung und sozialer Herrschaftsverhältnisse, die sich von der Idee einer (harmonischen) *Totalität* verabschiedet hat und sich stattdessen auf die Idee einer nicht totalisierbaren Mannigfaltigkeit von Singularitäten beruft, die ein »demokratisches« Netzwerk bilden. In diesem Sinne könnte es sogar so aussehen, als wäre das Nicht-Verhältnis die bestimmende Ideologie »kapitalistischer Demokratien«. Wir werden alle als (mehr oder weniger wertvolle) Singularitäten betrachtet, als »Elementarteilchen«, die versuchen, ihre Stimme in einem komplexen, nicht totalisierbaren sozialen Netzwerk hörbar zu machen. Es gibt kein vorbestimmtes (soziales) Verhältnis, alles ist verhandelbar und hängt von uns und von den konkreten Umständen ab. Dies unterscheidet sich allerdings sehr von dem, auf das Lacan mit dem Nicht-Verhältnis abzielt. Die (anerkannte) Abwesenheit des Verhältnisses lässt uns nämlich nicht zu einer reinen, pluralistischen Neutralität (sozialen) Seins kommen. Eine derartige Anerkennung des Nicht-Verhältnisses erkennt dieses nicht wirklich an. Das Nicht-Verhältnis, das Lacan meint, bedeutet, dass es präzise keine Neutralität (sozialen) Seins gibt. Auf der fundamentalsten Ebene ist das (soziale) Sein bereits verzerrt und parteiisch. Das Nicht-Verhältnis ist nicht einfach die Abwesenheit des Verhältnisses, sondern es bezieht sich auf eine grundsätzliche Verzerrung oder Krümmung des diskursiven Raums. Dieser ist durch das fehlende Element des

Verhältnisses »verzerrt«. In diesem Sinne übersehen, ja *verdrängen* diejenigen, die die Demokratie beispielsweise als eine mehr oder weniger erfolgreiche Verhandlung zwischen grundsätzlich neutralen sozialen Wesen betrachten, diese folgenreiche Negativität, die im Kern der sozialen Ordnung am Werk ist. Das ist tatsächlich nur eine andere Form des *Narrativs des Verhältnisses*. Dies wird ziemlich deutlich, wenn wir daran denken, dass die politische und ökonomische Ontologie einer nicht totalisierbaren Mannigfaltigkeit neutraler Singularitäten normalerweise von irgendeiner Idee der *Selbstregulierung* begleitet wird. »Die unsichtbare Hand des Markts« ist das offenkundigste Beispiel dafür.

Für Lacan ist das Nicht-Verhältnis a priori in dem präzisen Sinne, dass es *mit* jeder empirischen Beziehung als ihrer inhärenten Struktur – und nicht als ihr Anderes auftaucht. Es gibt niemals die Wahl zwischen Beziehung und Nicht-Verhältnis, sondern immer nur die Wahl zwischen unterschiedlichen Arten von Beziehungen (oder Bändern), die im diskursiven Raum gebildet werden, der seinerseits vom Nicht-Verhältnis gekrümmt ist. Das Nicht-Verhältnis heißt nicht, dass es keine (festen, vorbestimmten) Beziehungen *zwischen* einzelnen Elementen gibt. Es bezieht sich auf eine Deklination, eine Verdrehung *in diesen Elementen an sich*. »An sich« tragen diese Elemente bereits das Zeichen des Nicht-Verhältnisses (und dieses Zeichen ist das Mehr-Genießen, das an ihnen haftet). Das Nicht-Verhältnis anzuerkennen heißt nicht, dass man »das Unmögliche« akzeptiert (als etwas, das nicht getan werden kann), sondern zu sehen, dass es an allen möglichen Dingen haftet und wie es sie bestimmt, welchen Antagonismus es in jedem einzelnen konkreten Fall aufrechterhält und wie es das tut. Eine solche Anerkennung ist weit davon entfernt, den Raum für politische Invention und Intervention zu verschließen – sie erst öffnet ihn.

Aber kehren wir zum »Anti-Sexus« zurück und schauen wir, wie er uns dabei helfen kann, den Kern des Problems zu sehen und zu bestimmen. Was ist das für ein Text? Ich werde mich noch einmal auf Schusters Vorwort verlassen, um ihn zusammenzufassen:

> 1926 verfasste der russische marxistische Autor Andrej Platonov den Anti-Sexus, einen bemerkenswerten Text, der, wie so viele seiner anderen Schriften, zu seinen Lebzeiten unveröffentlicht blieb. Das Werk ist eine fiktive Werbebroschüre der Firma Berkman, Chateloy and Son Ltd. und wurde von Platonov aus dem Französischen ›übersetzt‹. In ihr wird für ein elektromagnetisches Instrument geworben, das verspricht, sexuelles Verlangen auf eine effiziente und hygienische Art und Weise zu stillen. Das Gerät ist sowohl in einer männlichen als auch in einer weiblichen Ausführung erhältlich und hat einen speziellen Regler, mit dem die Dauer der Lust eingestellt werden kann. Es kann entweder für den individuellen oder für den kollektiven Gebrauch geliefert werden. Der vorgebliche Anlass für das Pamphlet war die Einführung des Geräts in den sowjetischen Markt, nachdem es in anderen Teilen der Welt erfolgreich gewesen war. Die Broschüre preist die Vorzüge des ›Anti-Sexus‹ an und sieht die Mission der Firma darin, die ›sexuelle Barbarei der Menschheit abzuschaffen‹. Sie enthält außerdem Erfahrungsberichte illustrer Persönlichkeiten: von Henry Ford und Oswald Spengler bis zu Gandhi und Mussolini. Der Anti-Sexus, so erfahren wir, bringt viele Vorteile mit sich und ist vielseitig in der Anwendung. Er eignet sich perfekt dazu, in Kriegszeiten die Moral unter den Soldaten hochzuhalten, die Effizienz von Fabrikarbeitern zu steigern oder aufmüpfige Ureinwohner in den Kolonien ruhigzu-

> stellen. Gleichzeitig fördert er wahre Freundschaften und das Verständnis der Menschen untereinander, weil er sie von den Verrücktheiten der Sexualität befreit. Der ›Übersetzer‹ hat ein kritisches Vorwort angefügt, in dem er den Zynismus und die Vulgarität des Unternehmens geißelt, auch wenn er die literarischen Meriten des Pamphlets lobt. Er erklärt, dass er den Text veröffentlicht, weil er die moralische Bankrotterklärung des Bürgertums öffentlich machen will. Kein Bolschewik kann dieses kapitalistische Gefasel lesen, ohne herzhaft zu lachen. Der Anti-Sexus preist sich demnach als die sicherste Form des ›kontra-›antisexuellen‹ Agitprop‹ an.[6]

Wir werden uns nicht mit der (sehr interessanten) Frage beschäftigen, wo Platonov in dieser Debatte steht, einer Debatte, die er selbst in einer vielschichtigen und genreübergreifenden Weise in Szene setzt, indem ein literarischer Text für die *Übersetzung* eines Werbe*pamphlets* ausgegeben wird, das von *Kommentaren* prominenter Männer (ja, es sind nur Männer) begleitet und von einer kritischen *Einleitung* des angeblichen »Übersetzers« begleitet wird. Wir werden den Text einfach für bare Münze nehmen und damit beginnen, dass wir die Vorannahmen und die Paradoxien des Geräts (namens Anti-Sexus) untersuchen, das in dem angeblichen Pamphlet beworben und diskutiert wird.

Zunächst die Vorannahmen des Anti-Sexus-Geräts: Sexualität ist problematisch, weil sie den Anderen impliziert, der, wie jeder weiß, hoffnungslos unvorhersehbar, unverlässlich (er hat seinen eigenen Willen, seine Launen, seine Abneigungen …) oder nicht verfügbar ist. Auf der anderen Seite und *gleichzeitig* sind unsere Beziehungen

---

6 Ebd., S. 42–45.

mit anderen kompliziert und konfliktbeladen, weil sexuelle Erwartungen oder Ansprüche immer in der Luft liegen und so die Dinge kompliziert machen. Sex steht guten sozialen Beziehungen im Weg. Das ist die doppelte Verzwicktheit, die das Gerät mutmaßlich auflöst, weil es, wie behauptet wird, dazu in der Lage ist, das Sexuelle am Genießen von allen anderen Lustempfindungen und den Beziehungen, in denen es auftaucht, zu isolieren oder es in ihnen auszurotten – sozusagen die reine Essenz der Sexualität zu destillieren (und sie dann in der genau richtigen Dosis wieder zu verabreichen). So stellt der Anti-Sexus ein »andererfreies« Genießen (also ein Genießen frei vom Anderen) zur Verfügung und ermöglicht es uns, wirklich bedeutsame Beziehungen zu anderen aufzunehmen und wirkliche, dauerhafte Bindungen zu schaffen (reine geistige Freundschaft).

Es ist klar, dass es hier um *zwei* Operationen geht oder um zwei Ziele. Auf der einen Seite geht es darum, den Sex aus dem Anderen zu extrahieren, auf der anderen Seite geht es darum, den Anderen vom Sex zu befreien. So erhalten wir zwei getrennte Dinge: als Ergebnis der zweiten Operation einen Anderen ohne Sex (zu dem wir dann freundliche und unproblematische Beziehungen aufnehmen können) und als Ergebnis der ersten Operation eine reine Substanz des Sex, die wir direkt genießen können, wann immer wir das wollen.

Der Anti-Sexus ist angeblich zu beidem in der Lage:

> ... [wir] sind [...] berufen, das weltweite Problem von Geschlecht und Seele des Menschen zu lösen. Unsere Firma hat die Wollust aus etwas grob Elementarem zu einem edlen Mechanismus kultiviert und der Welt sittliches Verhalten geschenkt. Wir haben das Element des Sexuellen aus den menschlichen Beziehungen entfernt und den Weg

> für reine Seelenfreundschaft frei gemacht. Unter Berücksichtigung des hochwertigen Genussmoments, das der Berührung der Geschlechter eigen ist, haben wir unserem Apparat jedoch eine Konstruktion verliehen, die mindestens das Dreifache an Genuss gegenüber den schönsten aller Frauen garantiert, selbst bei längerem Gebrauch durch einen nach zehn Jahren strenger Isolierung soeben aus der Haft Entlassenen.[7]

So sehr wir auch versucht sein können, hierüber zu lachen: Es geht um ein Problem, das in modernen Debatten über die mögliche (und radikale) Emanzipation der Menschheit fast ununterbrochen aufgetaucht ist: *das entscheidende Hindernis auf dem Weg zur globalen Emanzipation der Menschheit ist die Menschlichkeit* (»die Natur des Menschen«) *selbst*. Die Emanzipation des Menschen ist in Wahrheit die Emanzipation von seiner Menschlichkeit. Die menschliche Natur ist das schwache Glied im Projekt sozialer Emanzipation. Nach dieser Denkweise gibt es normalerweise eine härtere und eine weichere Methode, das Dilemma aufzulösen: Entweder wir erschaffen einen Neuen Menschen oder wir »kanalisieren« dieses zerstörerische menschliche Element und »befriedigen« es auf eine Weise, die die Schaffung und die Aufrechterhaltung der sozialen Beziehung nicht beeinträchtigt.[8]

Der Vorschlag des Anti-Sexus ist es, das störende Element zu kanalisieren. Das Problem dabei ist die Frage, ob dieses »störende Element« wirklich als *Element* ge-

---

7 Andrej Platonov, »Der Antisexus«, in: *osteuropa,* 8 – 10, 2016, S. 299.

8 Bis zu einem gewissen Grad gehört die neuere Idee des »Post-Humanen« ebenfalls in diese Tradition, die Emanzipation wesentlich für eine Emanzipation vom »Menschlichen« hält.

dacht werden kann, das heißt als etwas, das man definieren, umschreiben und isolieren kann. Die Antwort scheint negativ zu sein und das wird am offensichtlichsten bei der Art und Weise, wie die Grundoperation des Anti-Sexus unmittelbar in zwei verschiedene Operationen zerfällt: Sex aus dem Anderen zu extrahieren oder zu entfernen, und Sex vom Anderen zu befreien. Es wird nicht viel darüber gesagt, wie das erste zu erreichen ist. Das Gerät stellt mehr oder weniger eine Methode für die zweite Operation zur Verfügung. Es nimmt den Anderen aus der sexuellen Lust heraus und es scheint die Idee zu vermitteln, dass damit die andere Aufgabe automatisch mit erfüllt wird: nämlich Sex aus dem Anderen zu entfernen oder einen Anderen ohne Sex zu produzieren, der dann ungehindert eine geistige Bindung mit mir aufnehmen kann. Weil die sexuellen Bedürfnisse des Anderen immer ohne Einschränkung befriedigt sind, wird sie oder er sexlos (Sex spielt bei den Beziehungen zwischen Menschen keine Rolle). Das ist natürlich, vorsichtig gesprochen, eine merkwürdige Vorannahme. Der Andere ist sexlos, wenn er oder sie die meiste Zeit »masturbiert wird«.

Und an dieser Stelle kommen wir zum »Mathem« des Geräts, das ich folgendermaßen zu formulieren vorschlage: »sich masturbiert machen,« *»se faire masturber«* – um die grammatikalische Form Lacans zu paraphrasieren, wie er sie bei der Konzeptualisierung des Triebes benutzt.[9] Um den Trieb in angemessener Weise als etwas zu

[9] Lacan 2015a, S. 204f. [A.d.Ü.: In der englischen Übersetzung von Lacans *Seminar XI* wird *»se faire voire«* mit *»to make oneself seen«* übersetzt. Die Formel »sich masturbiert machen« bezieht sich auf diese Übersetzung. Wir haben uns bei der Übersetzung von Lacans Formel an die Fassung der deutschen Übersetzung von *Seminar XI* gehalten. Beide Formulierungen führen etwas »Aktives in das Herz der Passivität« ein.]

konzeptualisieren, das dem Gegensatz zwischen aktiv und passiv entgeht, schlägt Lacan eine Formel vor, die etwas Aktives in das Herz der Passivität einführt und umgekehrt. Im Falle des Schautriebs zum Beispiel zerlegt er etwas, das wie eine Umkehrung oder wie Umkehrungen zwischen *sehen* und *gesehen werden* aussieht, durch die Formulierung *sich sehen machen*. In diesem Sinne könnte man sagen, dass der Anti-Sexus und seine Formel (»sich masturbiert machen«) die Formel für den nicht-existierenden »sexuellen Trieb« liefert. Wir haben gesehen, in welcher Weise seine Aufgabe zweifach und in sich gewunden ist: Um das Genießen aus dem Anderen zu entfernen, muss man den Anderen vom Genießen befreien. Das legt tatsächlich nahe, dass das Genießen und der Andere wie eine Matrjoschka strukturiert sind: das Genießen ist »im» Anderen, aber wenn wir im »Genießen« nachsehen, dann gibt es »darin« auch den Anderen und so weiter... Das Genießen ist im Anderen und der Andere ist im Genießen. – Das ist die vielleicht konziseste Formulierung der Struktur des Nicht-Verhältnisses, das Nicht-Verhältnis zwischen dem Subjekt und dem Anderen. Wenn es das Genießen ist, das dieses Verhältnis stört, dann nicht einfach deshalb, weil es *zwischen* sie kommt (und sie damit auseinanderhält), sondern weil es das eine jeweils im anderen *impliziert* und platziert.

Halten wir hier einen Moment inne und sehen wir uns beide Seiten dieser Konfiguration genauer an.

Auf der einen Seite haben wir: Jedes Genießen setzt den Anderen schon voraus, unabhängig davon, ob wir es mit der Hilfe eines »realen Anderen« (einer anderen Person) bekommen oder nicht. Das ist Lacans grundlegender Punkt. Sogar das einsamste Genießen setzt die Struktur des Anderen voraus. Aus diesem Grund je mehr wir versuchen, den Anderen loszuwerden, und uns vollkommen auf uns selbst verlassen, desto mehr werden wir etwas radikal Heterogenes (»Anderes«) auch im Herzen unseres intimsten Genießens finden. Es gibt kein Genießen ohne den Anderen, weil jedes Genießen vom Platz des Anderen herkommt (als dem Ort der Signifikanten). Unser innerstes Genießen kann nur an diesem »extimen« Ort erfolgen. (Und das ist nicht das Gleiche wie zu sagen, dass das Genießen vom Anderen *vermittelt* ist oder dass wir den Anderen »brauchen«, um zu genießen.) Es ist von größter Wichtigkeit, zu begreifen, dass die radikale Heterogenität, Inkommensurabilität oder der Antagonismus zwischen dem Signifikanten und dem Genießen nicht einer unterschiedlichen Herkunft geschuldet ist (zum Beispiel weil das eine vom Körper herkommt und das andere aus der symbolischen Ordnung), sondern ganz im Gegenteil von der Tatsache herrührt, dass *sie vom gleichen Ort stammen*. Der Andere ist sowohl der Ort der Signifikanten als auch der Ort des Genießens (meines Genießens ebenso wie des Genießens des Anderen).

Auf der anderen Seite (und wie wir im Kapitel 1 gesehen haben) finden wir *im Herzen* etwa der sexfreiesten, geistigsten (christlichen) Liebe ein Übermaß an Partialobjekten und an ihrem Genießen. Nicht das reine Genießen, »Genießen um des Genießens willen« ist in diesem Diskurs verboten. Verboten oder verdrängt ist die Verbindung zwischen dem Genießen und der Sexualität.

Aber warum genau? Weil diese Verbindung das Nicht-Verhältnis *im Herzen* jeder Beziehung offenlegt. Wie alle Religionen, setzt das Christentum das Verhältnis voraus und setzt es durch. Die Vorstellung eines »nicht-sexuellen sexuellen Genießens«, die wir hier sehen, ist in Wahrheit die gleiche wie die, die beim Anti-Sexus am Werk ist. Für die Existenz des Verhältnisses wird ein »sexloser Sex« benötigt oder ein »Anderer ohne Andersheit«.

Das also ist das doppelte Paradox, das wir hier zu formulieren versuchen: Wenn wir den Anderen aus dem Genießen herausnehmen, stoßen wir im Herzen des selbstbezüglichsten und masturbatorischsten Genießens auf ihn. Und auf der anderen Seite: Wenn wir den Anderen vom Genießen befreien, dann stoßen wir im Herzen des (geistigsten) Bandes mit dem Anderen auf das Genießen. Der Andere und das Genießen sind »extim« miteinander verbunden. Aus diesem Grund muss für die Extrahierung des Genießens aus dem Anderen eine zweite Operation unmittelbar folgen: den Anderen vom Genießen zu befreien. Die beiden »Elemente« implizieren einander, jedes von ihnen trägt den anderen »in« sich und das verdreht etwas scheinbar Symmetrisches auf eine solche Weise, dass es einigen von Eschers Zeichnungen unmöglicher Objekte ähnelt.

»DER UNSICHTBARE ›HANDJOB‹ DES MARKTS«

Lacan geht es darum, dass das Nicht-Verhältnis in allen Formen sozialer Bindungen am Werk ist, weil es eins ist mit der diskursiven Ordnung. Es ist nicht auf die »Sphäre der Liebe« beschränkt. (Diese zeichnet sich vielmehr dadurch aus, dass es auf ihrem Feld von Zeit zu Zeit passiert, dass das Verhältnis »aufhört, sich nicht zu schreiben.«) Darüber hinaus sagt Lacan, dass soziale Machtverhältnisse – Beherrschung, Ausbeutung, Diskriminierung – zuerst und vor allem *Formen der Ausbeutung des Nicht-Verhältnisses* sind.

Das ist ein heikler Punkt, weil er scheinbar einem anderen, den ich weiter oben angeführt habe, widerspricht, nämlich, dass die autoritärsten sozialen Ordnungen jene sind, die darauf abzielen, das Soziale vom Nicht-Verhältnis zu befreien, Ordnungen also, die im Namen des Verhältnisses errichtet sind. Das widerspricht aber nicht unbedingt einer Ausbeutung des Nicht-Verhältnisses. Vielleicht zeigt sich uns hier sogar eine gute Möglichkeit, zwischen der Aufhebung des Nicht-Verhältnisses als emanzipatorischem Projekt und den, nennen wir sie: »Narrativen des Verhältnisses«, die in Wirklichkeit im Dienst der grausamsten (sozialen und ökonomischen) *Ausbeutung des Nicht-Verhältnisses* stehen, zu unterscheiden. In der Aufhebung des Nicht-Verhältnisses sahen die authentischen revolutionären Projekte des 20. Jahrhunderts häufig den Weg zu radikaler Emanzipation. Die katastrophalen Ergebnisse solcher Politik waren der *Ehrlichkeit* des Willens zur Aufhebung des Nicht-Verhältnisses geschuldet. Der *modus operandi* bei der Erschaffung einer Neuen Ordnung (oder eines Neuen Menschen) war es, das Nicht-Verhältnis offenzulegen und es aus dem Sozialen selbst mit allen zur Verfügung stehenden Mitteln zu tilgen. Diese Logik unterscheidet sich sehr von dem, was wir eine Ausbeutung und Spaltung des Volkes nennen könnten, die eine gegebene Form des sozialen Antagonismus (des Nicht-Verhältnisses) als letztgültige Beziehung präsentiert, die uns angeblich vor dem heillosen Chaos des Nicht-Verhältnisses bewahren soll. So übersetzt sich soziale Ungerechtigkeit direkt in eine höhere Gerechtigkeit. Was hier am Werk ist, ist nicht ein verrückter Versuch, das Nicht-Verhältnis als fundamentale Negativität aufzuheben, sondern es zu *verwerfen,* und sich seiner zugleich als dem allgemeinen (und produktiven) Punkt sozialer Macht zu bemächtigen. Es ist dies eine wahrhaft politische Lehre aus der Psychoanalyse. Macht – und vor allem moderne Formen der Macht – funktioniert, indem sie sich zuerst eine grundlegende Negativität der symbolischen Ordnung zu eigen macht, das sie konstituierende Nicht-Verhältnis, und diese Negativität dann in das Narrativ einer höheren Beziehung einbaut. Das macht die Machtbeziehungen aus, bringt sie in Stellung und führt sie fort. Und die tatsächliche, konkrete Ausbeutung gründet sich auf diese »Privatisierung des Negativen«, dadurch wird sie ermöglicht (und am Laufen gehalten). So unterscheiden sich – um das berühmte Beispiel Brechts zu verwenden – das Ausrauben einer Bank (einfacher Diebstahl) von der Gründung einer Bank (ein doppelter Diebstahl, der sich den Hebel der Produktion und ihrer Ausbeutung zu eigen macht).

Dies ist nirgendwo offensichtlicher als im Fall des Kapitalismus, der mit zwei revolutionären Ideen beginnt: »Es gibt kein ökonomisches Verhältnis« und »das Nicht-Verhältnis kann sehr profitabel sein«. Die erste Idee geht auf die Ökonomen des 18. Jahrhunderts zurück, an ihrer Spitze Adam Smith, die die Doktrin des »Merkantilismus«, an die man zuvor geglaubt hatte und nach der die Größe des Vermögens in der Welt gleichbleibend ist, so dass eine Nation ihr Vermögen nur auf Kosten einer anderen vergrößern konnte, in Zweifel zogen. Es handelt sich dabei um das Bild einer »abgeschlossenen« Totalität, in der die Beziehung die Sichtbarkeit der Differenz (an Vermögen) sicherstellte. Wenn du mehr willst, dann musst du es dir von irgendwoher nehmen, so dass jemand anderes verlieren muss. Die Beziehung ist die einer Unterordnung (der Schwachen unter die Mächtigen), aber es ist immer noch eine Beziehung. Die neue ökonomische Idee unterminiert diese (auf Totalität basierende) Beziehung und preist zugleich die Produktivität des neu entdeckten Nicht-Verhältnisses. Das Vermögen der Welt kann sich auch »von selbst« vergrößern. Die industrielle Revolution und die neue Organisation der Arbeit sind die Hauptquellen und die Träger dieses Wachstums. Ich beschreibe das absichtlich in den einfachsten und primitivsten Worten, um die hervorstechendsten Eigenschaften dieser Verschiebung deutlich zu machen. Was ist die grundlegende »Entdeckung« des Kapitalismus? Dass das Nicht-Verhältnis profitabel und die ultimative Quelle von Wachstum und Profit ist. Und damit ging die Vorstellung einher, dass es, wenn das so ist, keinen Grund gibt, warum nicht jeder davon profitieren könnte. So kommen wir zum Narrativ einer neuen, höheren Beziehung, dem Gründungsmythos des modernen Kapitalismus, der als »die unsichtbare Hand des Markts« berühmt geworden ist.

Adam Smiths »kapitale« Idee beginnt damit, ein soziales Nicht-Verhältnis als grundlegenden Zustand zusätzlich auf ein neues Niveau zu heben: Als Elemente der gesellschaftlichen Ordnung werden Individuen von egoistischen Trieben und der Verfolgung des Eigeninteresses angetrieben. Aber aus diesem rein egoistischen Streben erwächst eine Gesellschaft optimalen allgemeinen Wohlergehens und Gerechtigkeit. Genau indem die eigenen Interessen rücksichtslos verfolgt werden, wird das Gute in der ganzen Gesellschaft gefördert und das viel effizienter, als wenn man dieses Gute direkt fördern würde. Smith beschreibt das in einem berühmten Zitat aus »Der Wohlstand der Nationen« so: »Nicht von dem Wohlwollen des Fleischers, Brauers oder Bäckers erwarten wir unsere Mahlzeit, sondern von ihrer Bedachtnahme auf ihr eigenes Interesse. Wir wenden uns nicht an ihre Humanität, sondern an ihren Egoismus, und sprechen ihnen nie von unseren Bedürfnissen, sondern von ihren Vorteilen.«[10]

[10] Adam Smith, *Untersuchungen über das Wesen und die Ursachen des Nationalreichthums.* Deutsch mit Anmerkungen von Max

Interessant an dieser Idee ist im Kontext unserer Diskussion, wie sie einen ersten Schritt in die richtige Richtung unternimmt und dann zu kurz springt. Um es in den bereits verwendeten Termini zu sagen: Es geht darum, dass wir im Kern selbst des egoistischsten, individuellen Genießens tatsächlich auf den Anderen stoßen (das Kümmern um das allgemeine Wohlergehen). Im nächsten Schritt fehlt dann, dass wir zur gleichen Zeit im Kern dieses Anderen auf das am meisten »masturbatorische« Selbst-Genießen stoßen. Adam Smiths Fehler ist nicht, dass er die Dimension des Anderen womöglich in der egoistischsten Verfolgung des Eigeninteresses am Werk sah – im Großen und Ganzen ist diese These nicht ganz falsch: Wir tun niemals nur das, von dem wir denken, dass wir es tun, und das wir beabsichtigen (das ist sogar eine grundlegende Lehre sowohl bei Hegel als auch bei Lacan). Sein Fehler war, dass er diese Logik nicht zu Ende gedacht hat. Er sah nicht, wo und wie der Andere und seine unsichtbare Hand *ebenso* nicht nur das tun, von dem sie denken, dass sie es tun … Dies zeigt sich mit jeder ökonomischen Krise, in der letzten Krise ist es in geradezu überwältigender Weise deutlich geworden. Sich selbst überlassen wird der Markt (der Andere) immer auf das »Genießen für sich alleine« stoßen. In seinen Kommentaren zu Platonovs »Anti-Sexus« benutzt Schuster irgendwo den Ausdruck »der unsichtbare ›Handjob‹ des Markts«. Ich borge mir diesen Ausdruck hier, weil sich kaum eine bessere Art und Weise denken lässt, das zu sagen, was ich zu artikulieren versuche. Die unsichtbare Hand des Markts, die angeblich um das allgemeine Wohlergehen und um Gerechtigkeit besorgt ist, ist im-

Stirner. Leipzig: Otto Wigand, 1846–1847 [reprint Köln 2009], S. 21.

mer schon auch der unsichtbare Handjob des Markts, indem er das meiste Vermögen entschieden außerhalb der Reichweite der Allgemeinheit stellt.

Man könnte Adam Smiths Idee in der Tat mit folgenden Worten formulieren: Lasst uns das Nicht-Verhältnis zu jedermanns Profit nutzen. Und man kann kaum bestreiten, dass das, was wir als Wohlstand bezeichnen, in absoluten (und nicht nur relativen) Zahlen seit dem 18. Jahrhundert gestiegen ist. Oder dass, wie man oft hören kann, jeder, sogar die Ärmsten, heute besser als vor zwei Jahrhunderten lebt. Der Preis aber für diese moderne ökonomische höhere Beziehung ist, um es noch einmal zu sagen, dass die Unterschiede (zwischen reich und arm) ebenfalls exponentiell größer sind, weil sie vom Nicht-Verhältnis in seiner »höheren« Form angetrieben werden.

Warum ist das Nicht-Verhältnis so produktiv und so profitabel? Marx hat es genau gesehen: Damit das Nicht-Verhältnis produktiv und profitabel sein kann, muss es in den Modus der Produktion selbst *eingebaut* sein. Er hat das präzise an dem strukturellen Punkt situiert, an dem die Arbeit als eine weitere Ware auf dem Markt erscheint. Das ist eine Schlüsselstelle in seiner Analyse der »Verwandlung von Geld in Kapital«. Um es ganz einfach zu sagen: Das, was *die Produkte herstellt* (nämlich die Arbeitskraft), erscheint zusammen mit ihnen *als ein Produkt* auf dem Markt, als Objekte, die zum Verkauf stehen. Diese paradoxe Verdoppelung korrespondiert mit dem Punkt der strukturellen Negativität und seiner Bemächtigung als dem Ort der »wundersamen« Produktivität des Markts. Der Geldbesitzer findet auf dem Markt eine Ware, deren Nutzwert die sonderbare Eigenschaft besitzt, eine Quelle des Werts zu sein, deren Konsum einen Wert schafft. Deshalb ist es zu einfach, wenn man sagt, dass die Kapitalisten das, was sie »mehr« haben, von den Arbeitern »gestohlen« haben. Eine solche Aussage stützt sich noch auf die alte, »geschlossene« und auf Verhältnis basierende Ökonomie .... Was das Kapital ausbeutet, ist der Punkt einer Negativität (»Entropie«) in der gesellschaftlichen Ordnung und die Arbeiter sind genau an diesem Punkt angesiedelt. Kapitalisten »bestehlen« die Arbeiter weniger, als dass sie sie dafür anstellen, die Negativität oder die Entropie für sie – die Kapitalisten – arbeiten zu lassen. Oder noch einmal anders: »sie machen sich bereichert«.

Das ist es, was Marx als den konkreten strukturellen Punkt des Nicht-Verhältnisses im Kapitalismus ausgemacht hat, der die Bedingung der ihm gemäßen Produktion und der ihm gemäßen Ausbeutung ist. Die Arbeitskraft *als Ware* ist die Stelle, die die grundlegende Leerstelle, die fundamentale Negativität dieses Systems markiert. An dieser Stelle wird ein Ding zu einem Anderen (der Nutzwert wird zur Quelle des Werts). Die Arbeit ist ein Produkt unter anderen, aber sie ist den anderen Produkten nicht genau gleich. Während die anderen Produkte einen Nutzwert haben (also eine Wert*substanz*), »springt« diese besondere Ware oder »schlägt um« in die Quelle des Werts. Der Nutzwert dieser Ware ist dazu bestimmt, die Quelle des Werts von (anderen) Waren zu sein. Sie hat von sich aus keine »Substanz«. Man könnte dies auch so formulieren: »Der Arbeiter existiert nicht.« Was aber existiert und existieren muss, ist die Person, deren Arbeit verkauft und gekauft wird. Deshalb ist es nach Marx von grundlegender Wichtigkeit, dass die arbeitende Person, nicht sich selbst (also ihre Person) verkauft und sich »selbst aus einem Freien in einen Sklaven [verwandelt], aus einem Warenbesitzer in eine Ware. Er als Person muss sich beständig zu seiner Arbeitskraft als seinem Eigentum und daher seiner eignen Ware verhalten«[11]. Hier wird auch deutlich, warum die üblichen humanistischen Klagen darüber, dass wir im Kapitalismus »alle nur Waren sind«, an der Sache vorbeigehen. Wenn wir tatsächlich nur Waren wären, dann würde der Kapitalismus nicht funktionieren. Wir müssen freie Personen sein, die ihre Arbeitskraft als ihr Eigentum, ihre Ware, verkaufen.

Marx' Begriff des Proletariats ließe sich präzise als eine Formulierung für die Tatsache sehen, dass der Arbeiter im Kapitalismus nicht existiert (ein Arbeiter, der existieren würde, wäre in Wahrheit ein Sklave). Das ist der Grund dafür, dass das Proletariat nicht einfach eine soziale Klasse ist, sondern vielmehr den Punkt einer *konkreten konstitutiven Negativität*[12] im Kapitalismus mar-

---

[11] Karl Marx, *Das Kapital. Kritik der politischen Ökonomie, Bd. 1*, in: Karl Marx und Friedrich Engels, *Gesamtausgabe*, Bd. 5, Berlin: Dietz, 1987 [1872], S. 184.

[12] Die Formulierung »konkrete konstitutive Negativität« bedarf einer weiteren Erklärung. In allgemeinen theoretischen Ausdrücken sollten wir Folgendes über diese Konfiguration sagen: Es ist nicht so, dass es ein fundamentales Nicht-Verhältnis gibt und eine Vielzahl verschiedener Verhältnisse, die durch ersteres auf negative Weise bestimmt werden. Es ist vielmehr so, dass jede Beziehung auch auf dem konkreten Punkt der Unmöglichkeit basiert, die sie bestimmt. Er bestimmt, was sie bestimmen wird. In diesem Sinne könnten wir sagen, dass jedes soziale Verhältnis eine Konkretisierung des Nicht-Verhältnisses als allgemeine Bestimmung des Diskursiven ist, das nicht außerhalb dieser konkreten (Nicht)-Verhältnisse existiert. Das heißt auch, dass das Nicht-Verhältnis nicht die letzte (ontologische) Grundlage des Diskursiven ist, sondern vielmehr seine Oberfläche. Es manifestiert sich und existiert nur durch sie. Um es anders auszudrücken: Es ist nicht so, dass es ein fundamentales Nicht-Verhältnis gibt (und dauerhaft gibt), das niemals durch irgendein konkretes Verhältnis aufgelöst werden wird. Sondern: Jedes konkrete Verhältnis löst das Nicht-Verhältnis *de facto*, kann es aber nur lösen, indem es zusammen mit sich selbst seine eigene Negativität, seine eigene negative Bedingung/Unmöglichkeit

kiert, den Punkt eines Nicht-Verhältnisses, das vom Kapitalismus verdunkelt und ausgebeutet wird. Das Proletariat ist nicht die Summe aller Arbeiter, es ist der Begriff, der den symptomatischen Punkt dieses Systems bezeichnet, seiner verworfenen und ausgebeuteten Negativität. Und diese umfassende Idee von Marx hat heute nichts von ihrer Relevanz verloren.

Wir können zum Schluss noch einmal zur unsichtbaren Hand, ihrer Kehrseite und ihrer Kritik zurückkehren. Reicht es aus, zu behaupten, dass sie nicht existiert, und zu versuchen, einen besseren, wirklich funktionierenden Anderen an ihre Stelle zu setzen? Tatsächlich taucht genau diese theoretische Frage heute in der Linken auf (zum Beispiel im Werk von Thomas Piketty): Ist es haltbar, die eigenen Karten auf der Seite der Verteilung zu spielen? Gibt es mit anderen Worten einen Weg, auf dem wir den Profit, der auf der Nicht-Beziehung beruht, zu einem Profit, der *wirklich* allen zugutekommt, machen können (und damit sozusagen den Aspekt des »Handjobs« tilgen)? Können wir die profitable Seite des Nicht-Verhältnisses erhalten und seine negative Seite (durch verschiedene soziale Korrektive und Regulierungen, die die Verteilung des Wohlstands betreffen) unter Kontrolle bringen?

postuliert (»erfindet«). Das Nicht-Verhältnis ist nicht etwas, das »insistiert« oder »bleibt«, sondern etwas, das wiederholt wird – etwas, das »nicht aufhört, sich nicht zu schreiben« (um Lacans Formulierung zu verwenden). Es ist nicht etwas, das sich jedem Schreiben widersetzt, und das kein Schreiben wirklich schreiben kann – es ist dem Schreiben inhärent und wiederholt sich zusammen mit ihm.

3. Widersprüche von Gewicht

GESCHLECHT ODER GENDER?

Rekapitulieren wir nun einige der wichtigen bisher vorgebrachten Argumente, an denen wir unsere weitere Diskussion ausrichten werden. Es ist eine der Gründungsgesten der Psychoanalyse, Sexualität nicht länger als eine moralische Frage zu erörtern. Dies geschieht, indem die Sexualität mit einer epistemologischen Schwierigkeit in Verbindung gebracht wird, die von immanenter ontologischer Bedeutung ist. Was *ist* Sexualität eigentlich? Weit davon entfernt, den Menschen an sein tierisches oder natürliches Erbe zu binden, ist Sexualität der problematische Bereich des Seins, der uns aus der Bahn zu werfen scheint, unsere Welt aus den Fugen geraten lässt und uns gleichzeitig mit Hingabe all das betreiben lässt, was für die menschliche Gesellschaft charakteristisch ist: Politik, Kunst, Wissenschaft, Liebe, Religion ... In seinem Frühwerk spielte Freud noch mit dem simplen Gedanken, der Sexualität die Rolle eines verborgenen Beweggrunds zuzuschreiben. Sexualität, die verdrängt wird, kommt als Triebfeder aller möglichen hochgeistigen Errungenschaften des Menschen (die schrecklichen miteingeschlossen) wieder zum Vorschein. Später hat sich das geändert und dieser neue Blick auf die Sexualität wurde durch Lacans »Rückkehr zu Freud« zusätzlich gestärkt: Die Sexualität steht nicht deshalb in so enger Verbindung mit dem Unbewussten und den Mechanismen der Verdrängung, weil sie moralisch umstritten ist, sondern wegen ihres paradoxen ontologischen Status, der sich als epistemologisches

Problem oder als epistemologische *Grenze* zeigt. Moralische Fragen im Zusammenhang mit der Sexualität (ihre Geheimhaltung und die mit ihr verbundene Scham, ihre Unterdrückung, ihre Kodifizierung und Regulierung, ihre Bestrafung, aber genauso auch ihre Befreiung, ihre Entblößung, ihre Zur-Schau-Stellung und die endlosen Diskussionen über sie) haben ihren Ursprung in der Sexualität als ontologischem Problem. Sexualität ist paradigmatisch für alles Forschen und Entdecken, nicht etwa im Sinne einer letzten Instanz, auf die alles zurückgeführt werden kann, sondern weil sie uns das Fehlen dieser letzten Instanz brutal vor Augen führt. Es ist genau dieser Mangel einer letzten Instanz, der zum Ort des Denkens wird, und das schließt die spekulativste Form des Denkens (die metaphysische) mit ein. Es ist kein Zufall, dass sich die Art und Weise, wie die Psychoanalyse – in ihrer ehrwürdigsten Tradition – sexuelle Differenz diskutiert, häufig so anhört oder so liest wie »höhere Mathematik«: Formeln, logische Paradoxa, komplizierte Formulierungen und kontraintuitive Thesen. Die Thesen, die sich mit der Sexualität beschäftigen, sind tatsächlich der spekulativste (oder der »philosophischste«) Teil der psychoanalytischen Theorie. Es ist ebenfalls kein Zufall, dass sich in der Verschiebung von der Sexualität als moralischer Frage hin zu einem Fokus auf ihren problematischen ontologischen und epistemologischen Status, Sexualität (insbesondere die sexuelle Differenz) als unmittelbar politisches Problem darstellt. Nicht als kulturelles Problem, nicht als Problem der Identität, sondern als politisches Problem. Nicht als eine Frage der »Menschenrechte«, sondern als eine Frage politischer Rechte. Im Kern ist der Feminismus immer eine politische Bewegung gewesen. Genau das versucht die zeitgenössische Ideologie uns vergessen zu lassen oder sie lässt es uns ablehnen, eben *weil* es politisch ist. Bildern von »hysterischen«, »fanatischen«, »maskulinen«, »wilden« und »ideologischen« Suffragetten werden dann »ruhige«, »gelassene« Frauen entgegengestellt, die sich als Menschen mit bestimmten Eigenschaften und einer *Identität* sehen, die sie demokratisch zu affirmieren versuchen. Das sind Frauen, die zunächst sagen würden: »Ich bin keine Feministin, ich will lediglich...« Es gibt keinen wahrhaften Feminismus, der die Frage der sexuellen Differenz nicht als politische Frage stellt und sie im Kontext des sozialen Antagonismus und des emanzipatorischen Kampfes verortet. Die Anfänge des Feminismus lagen nicht in der Affirmation einer irgendwie anderen, weiblichen Identität und der damit verbundenen Rechte. Der Feminismus ging von der Tatsache aus, dass ungefähr die Hälfte der Menschheit, die man als »Frauen« bezeichnete, im politischen Sinne nicht existierte. Diese Nichtexistenz, diese politische Unsichtbarkeit diente der *Homogenität* des politischen Raums und wurde vom Feminismus in eine Spaltung transformiert, eine Kluft, die *alle* betrifft und deshalb politisch relevant ist. Es ist in diesem Zusammenhang von grundlegender Bedeutung, dass es bei dieser Geste nicht um die politische Affirmation einer von sich aus existierenden ontologischen Kluft (zwischen »Männern« und »Frauen«) geht, sondern um etwas, das die sexuelle Differenz als Differenz oder als Kluft erst konstituiert, und zwar indem es uns zwingt, sie als eine Spaltung der *selben Welt* zu denken. Die traditionelle Aufteilung zwischen einer männlichen und einer weiblichen Welt (mit unterschiedlichen Zuständigkeiten oder verschiedenen Sphären – zum Beispiel das Öffentliche und das Private) sieht die Differenz nicht eigentlich als Differenz, sondern als die Frage nach der Zugehörigkeit zu voneinander getrennten Welten, die aus einer neutralen Vogelperspektive »different« sind, gleichzeitig aber als integrale Bestandteile einer höheren kosmischen Hierarchie nebeneinander existieren. Die Ganzheit und die Einheit dieser Hierarchie werden von dieser »Differenz« in keiner Weise bedroht. Es handelt sich um Teile, die »wissen, wo sie hingehören«. Der Feminismus als eine politische Bewegung stellt eben diese Einheit der Welt, die sich auf massive Unterdrückung, Unterordnung und Ausschluss gründet, infrage und bricht mit ihr. Noch einmal: Dieser Ausschluss ist kein Ausschluss der weiblichen Identität. Ganz im Gegenteil: Die Mythologie der weiblichen Identität hat diesen Ausschluss erst möglich gemacht und stützt ihn weiter. Die Thematik der »weiblichen Identität« stützt die Differenz und den Ausschluss auf der vorpolitischen Ebene, auf der man zwei unterschiedlichen Welten angehört. In diesem Sinne beginnt (emanzipatorische) Politik mit dem »Verlust der Identität« und das ist in keiner Weise beklagenswert. Die Menschen, die traditionelle Werte predigen, etablieren den politischen Ausschluss von Frauen eben dadurch, dass sie sie an ihre (spezifische) Identität erinnern. Sie glauben, dass *die Frau* existiert und sie brauchen *ihre* Existenz. Ist es richtig, darauf zu antworten, indem man *die Frau* mit anderen Inhalten füllt und sich für sie als die andere Stimme oder als die Stimme der Alterität einsetzt, die auch gehört und affirmiert werden muss? Nein, die politische Sprengkraft der »Frauenfrage« liegt nicht in irgendwelchen Besonderheiten oder positiven Charaktereigenschaften von Frauen, sondern darin, dass sich mit ihr das Problem der Spaltung und der Differenz in eine Welt einschreibt, deren Homogenität sich auf Ausschluss gründet. Bei diesem Ausschluss handelt es sich nicht – und dieser Punkt ist absolut zentral – um den Ausschluss der anderen Seite oder der anderen Hälfte, sondern vor allem um den Ausschluss (die »Verdrängung«) der *Spaltung* (des sozialen Antagonismus) *als solcher,* um das Ausradieren eines sozialen Antagonismus. Sein Wiederauftauchen in der Form des feministischen Kampfes ist das Erscheinen der sozialen Spaltung in Reinform. Deshalb ist dieser Kampf politisch und hat politische Sprengkraft.

Die sexuelle Differenz ist deshalb einzigartig, weil sie nicht von einer Differenz zwischen unterschiedlichen Identitäten ausgeht, sondern von einer ontologischen Unmöglichkeit, die in der Sexualität impliziert ist und die den sozialen Raum erst öffnet, in dem unter anderem Identitäten generiert werden. Genau diese ontologisch maßgebliche Negativität im Herzen des Begriffs der sexuellen Differenz geht verloren, wenn man ihn durch den Begriff der »Geschlechterdifferenz« ersetzt. Joan Copjec hat dies eindringlich so beschrieben:

> Von dieser Zeit [Mitte der 1980er Jahre] an wurde die psychoanalytische Kategorie der sexuellen Differenz als zweifelhaft angesehen und weithin durch die *neutralisierte* Kategorie der Geschlechterdifferenz ersetzt. Ja, *neutralisiert.* Ich bestehe auf diesem Wort, weil eben das Sexuelle [*sex*] in der sexuellen Differenz auf der Strecke blieb, als man Geschlecht durch *Gender* ersetzte. Die Gendertheorie hat in ihrer Performanz vor allem eines geleistet: Sie hat dem Sexuellen [*sex*] das Geschlecht [*sex*] genommen. Denn auch wenn die Gendertheorie weiterhin von sexuellen *Praktiken* gesprochen hat, hat sie doch aufgehört zu fragen, was das Sexuelle, was Geschlecht oder was die Sexualität ist. Das Sexuelle [*sex*] war, um es kurz zu sagen, nicht länger Thema einer ontologischen Untersuchung, sondern fiel zurück in das, was es umgangssprachlich war: irgendeine vage Art der Unterscheidung, aber grundsätzlich ein zweitrangiges Merkmal (wenn

> man sich auf ein Subjekt bezieht), eine nähere Bestimmung unter anderen, oder (wenn es um einen Akt geht) etwas leicht Unanständiges.[1]

Wenn wir das vermeiden möchten, wird folgende Frage zentral: Was genau macht das Beharren auf dem Geschlecht (und auf der sexuellen Differenz) als Thema einer ontologischen Untersuchung aus?

Schon der Vorschlag, die sexuelle Differenz als eine ontologische Frage zu diskutieren, könnte – nicht ohne Grund – starken Widerwillen und den Einwand hervorrufen, dass diese Diskussion nichts Neues bringen könne. Traditionelle Ontologien und Kosmologien setzten stark auf die sexuelle Differenz und sahen in ihr *das* grundlegende oder strukturierende Prinzip. Yin – Yang, Wasser – Feuer, Erde – Sonne, Materie – Form, Aktiv – Passiv: diese Art Gegensätze (häufig explizit sexualisiert) diente als Prinzip, das diese Ontologien und/oder Kosmologien ebenso wie die auf ihnen basierenden Wissenschaften, etwa die Astronomie, organisierte. Aus diesem Grund konnte Lacan sagen, dass »die primitive Wissenschaft eine Art sexueller Technik« ist.[2] Irgendwann im Lauf der Geschichte, meist verbunden mit der Revolution Galileis und ihren Folgen, haben sowohl die Wissenschaft als auch die Philosophie mit dieser Tradition gebrochen. Und wenn es eine einfache und sehr allgemeine Art und Weise gibt, die moderne Wissenschaft und die moderne Philosophie zu charakterisieren, dann könnte man von der »De-Sexualisierung« der Realität sprechen, von der Aufgabe der sexuellen Differenz – in mehr oder weniger expliziter Form – als dem, was die Realität grundlegend

1 Joan Copjec, »The Sexual Compact«, in: *Angelaki,* 17 (2), S. 31.
2 Vgl. Lacan 2015a, S. 159.

organisiert, indem die sexuelle Differenz für die Kohärenz und die Intelligibilität der Realität zuständig ist.

Es ist offensichtlich, warum der Feminismus und die *Gender Studies* diese Ontologisierungen der sexuellen Differenz hochproblematisch finden. Wenn die sexuelle Differenz auf der Ebene der Ontologie angesiedelt wird, dann ist sie stark im Essentialismus verankert – sie wird zu einem kombinatorischen Spiel aus essentieller Männlichkeit und essentieller Weiblichkeit. So finden, um in der Sprache der zeitgenössischen *Gender Studies* zu sprechen, die soziale Produktion von Normen und die aus ihnen folgenden Beschreibungen eine gebrauchsfertige ontologische Kluft vor, die es ihnen erlaubt, »Männlichkeit« und »Weiblichkeit« unmittelbar zu essentialisieren. Die traditionelle Ontologie war also immer auch eine Maschine, die »männliche« und »weibliche« Wesen hervorgebracht hat oder genauer: die diese Wesen im Sein verankert hat.

Als die moderne Wissenschaft mit dieser Ontologie gebrochen hat, brach sie größtenteils auch mit der Ontologie *tout court*. (Moderne) Wissenschaft ist keine Ontologie. Sie täuscht nicht vor, ontologische Aussagen zu machen. Und – aus einer wissenschaftskritischen Perspektive – sie erkennt nicht an, dass sie genau das tut.

Es ist vielleicht überraschender, dass auch die moderne Philosophie nicht nur mit der traditionellen Ontologie gebrochen hat, sondern mit der Ontologie *tout court*. Der Name Immanuel Kant ist am stärksten mit diesem Bruch verbunden: Wenn sich von Dingen an sich nichts wissen lässt, dann scheint die klassische ontologische Frage nach dem Sein *qua* Sein ihren Grund zu verlieren.[3] Es ist allerdings eine Tatsache, dass die ontologi-

3 Ich werde hier nicht die Frage diskutieren, ob die kantsche Geste

sche Debatte, nachdem sie sich eine beträchtliche Zeitlang im Hintergrund der philosophischen (und theoretischen) Bühne aufgehalten, oder – vielleicht noch wichtiger – generell nicht viel Interesse hervorgerufen hat, heute massiv auf diese Bühne »zurückkehrt« und »neue Ontologien« geradezu wie Pilze aus dem Boden schießen. Es handelt sich dabei sicherlich um vielfältige und manchmal *sehr* unterschiedliche philosophische Vorhaben. Aber es ist gewiss nicht falsch zu sagen, dass für keine dieser Ontologien die sexuelle Differenz (in irgendeiner Form) eine Rolle spielt.

Es mag angesichts dessen, dass wir über Psychoanalyse und sexuelle Differenz diskutieren, wie der Gipfel an Merkwürdigkeit anmuten, dass wir Freud und Lacan in unsere Diskussion über die ontologische Dimension der sexuellen Differenz mit einbeziehen. Das scheint nicht nur im Gegensatz zu den zahlreichen und herausragenden Anstrengungen zu stehen, die die Verteidigerinnen und Verteidiger der Psychoanalyse jahrzehntelang unternommen haben, um zu zeigen, dass die Psychoanalyse mit jeder Art von sexuellem Essentialismus unvereinbar ist. Es steht darüber hinaus im Gegensatz zu dem, was sowohl Freud als auch Lacan über Ontologie gesagt haben. Die Psychoanalyse ist (zumindest in der von Freud und Lacan begründeten Tradition) weit davon entfernt, die De-Sexualisierung der Realität, die, wie oben erwähnt, mit der galileischen Revolution in der Wissenschaft einhergegangen ist, zu beklagen. Ihre Diagnose der westlichen Zivilisation lautet nicht, dass wir »den Sex vergessen haben«, und sie sieht ihre Aufgabe nicht darin, das Universum wieder sexuell einzufärben, es

---

die Tür zur Ontologie einfach geschlossen oder aber die Grundlage für eine neue, völlig andere Ontologie geschaffen hat.

gleichsam wieder (sexuell) zu verzaubern. Im Gegenteil, die Psychoanalyse sieht sich selbst (ebenso wie ihr »Objekt«) absolut in Einklang mit dem Schritt der De-Sexualisierung.

> [Die Psychoanalyse] geht aus derselben Verfassung hervor wie *Die* Wissenschaft. Sie engagiert sich in dem zentralen Manko / *manque*, in welchem das Subjekt sich als Begehren erfährt. [...] Sie hat nichts zu vergessen [ohne Zweifel eine Referenz auf Heideggers ›Seinsvergessenheit‹], denn sie bedeutet nicht im Geringsten die Anerkennung irgendeiner Substanz, auf die sie wirken sollte, nicht einmal der der Sexualität.[4]

Es geht mir aber nicht darum zu sagen, dass sich die Psychoanalyse in Wirklichkeit weniger als allgemein angenommen um das Sexuelle dreht, oder darum, einer »kulturalisierten Psychoanalyse« das Wort zu reden. Vielmehr ist das Sexuelle in der Psychoanalyse etwas ganz Anderes als das kombinatorische Spiel, das Sinn macht. Es unterbricht eben dieses Spiel und macht es unmöglich. Zunächst ist es notwendig, zu sehen und zu begreifen, wo die Kluft hier tatsächlich verläuft. Die Psychoanalyse ist *sowohl* ganz auf der Seite dieser De-Sexualisierung der Realität im Sinne eines Bruchs mit der Ontologie und der Wissenschaft als sexueller Technik oder als sexuellem Kombinationsspiel, *als auch* absolut kompromisslos in Bezug auf das Sexuelle als irreduzibles *Reales* (und nicht: als Substanz). Es gibt da keinen Widerspruch, genauso wenig wie es auf der Gegenseite einen Widerspruch gibt, wenn die »revisionistische« Haltung Jungs eine vollkommene Kulturalisierung des Sexuellen (also die Transkription des Sexuellen in kulturelle Archetypen) ar-

---

[4] Lacan 2015a, S. 280.

tikuliert und gleichzeitig auf der Ebene der Ontologie das kombinatorische Spiel zweier fundamentaler Prinzipien – *yin* und *yang* – aufrechterhält. Die Lektion und der Imperativ der Psychoanalyse lauten nicht: »Lasst uns unsere ganze Aufmerksamkeit dem Sexuellen (der sexuellen Bedeutung) als letztem Horizont widmen.« Vielmehr ist die Psychoanalyse eine Reduktion des Sexuellen (das tatsächlich immer schon überladen ist mit Bedeutung und Deutung) auf den Punkt einer ontologischen Inkonsistenz, die *als solche* irreduzibel ist.

Lacans nachdrückliche These, dass die Psychoanalyse *keine* neue Ontologie sei – eine sexuelle Ontologie zum Beispiel – werden wir also nicht in Frage stellen. Aber wir werden uns auch nicht auf den Standpunkt stellen, dass die Psychoanalyse schlicht nichts mit Ontologie zu tun hat und zu tun haben will. Es geht um viel mehr und das Verhältnis der Psychoanalyse zur Philosophie ist viel interessanter und komplexer. Vielleicht lässt es sich am besten so sagen: Ihr Nicht-Verhältnis, das der Satz »Die Psychoanalyse ist keine Ontologie« impliziert, ist von sehr intimer Art. Ich hoffe, dass diese Aussage im Folgenden ihre Rechtfertigung findet.

Eine der konzeptuellen Sackgassen, in der man mit der These, dass das Geschlecht [*gender*] eine vollständig soziale oder kulturelle Konstruktion ist, landet, besteht darin, dass man damit in der Dichotomie von Natur und Kultur verbleibt. Judith Butler hat das sehr deutlich gesehen,[5] und aus diesem Grund radikalisiert ihr Projekt diese Theorie, indem sie sie mit der Theorie der Performativität verbindet. Im Gegensatz zum Ausdruck

---

[5] Vgl. zum Beispiel Judith Butler, *Das Unbehagen der Geschlechter*, übersetzt von Kathrina Menke, Frankfurt a.M.: Suhrkamp, 1991.

oder zur Expressivität, die eine Präexistenz und eine Unabhängigkeit dessen, was ausgedrückt wird, nahelegen, bezieht sich Performativität nach Butler auf Handlungen, die sozusagen die Essenzen schaffen, die sie ausdrücken. Hier gibt es nichts Präexistentes. Sozio-symbolische Praktiken verschiedener Diskurse und die ihnen eigenen Antagonismen schaffen eben die »Essenzen« oder die Phänomene, die sie regulieren. Die Zeit und die Dynamik der Wiederholung, die diese Schöpfungen erfordern, eröffnen die minimale Differenz, die möglicherweise die Freiheit schafft, diesen Prozess zu verändern oder zu beeinflussen. Dieser Begriff der Performativität unterscheidet sich von der klassischen, linguistischen Version eben durch das Element der Zeit. Die performative Geste schafft nicht unmittelbar eine neue Realität, also im performativen Akt selbst (wie im performativen Sprachakt »Ich erkläre diese Sitzung für eröffnet«), sondern sie bezieht sich auf einen Prozess, in dem sozio-symbolische Konstruktionen durch Wiederholung und Re-Iteration, zur Natur werden – »nur natürlich«, wie man so schön sagt. In dieser Sichtweise wird die Dialektik von Natur und Kultur zu einer inneren Dialektik der Kultur, und was als »natürlich« bezeichnet wird, sind die Sedimente des Diskursiven. Das, was man meint, wenn man »Natur« sagt, wird von der Kultur sowohl produziert als auch reguliert. Wir haben es nicht mehr mit zwei Begriffen zu tun – mit der sozio-symbolischen Aktivität und mit dem, auf dessen Grundlage sie performativ tätig ist – sondern mit einer inneren Dialektik des Einen (des Diskursiven), das Dinge nicht nur modelliert, sondern die Dinge schafft, die es modelliert. Dadurch gewinnt das Feld eine gewisse Tiefe. Performativität ist also eine Art Onto-Logie des Diskursiven, das sowohl für den *logos* als auch für das *Sein* der Dinge verantwortlich ist.

Die lacansche Psychoanalyse scheint damit weitgehend vereinbar zu sein und wird häufig auch so dargestellt. Das Primat des Signifikanten und des Felds des Anderen; die Sprache, die konstitutiv ist für die Realität und für das Unbewusste (inklusive der Dialektik des Begehrens); der kreationistische Aspekt des Symbolischen und seine Dialektik (mit Begriffen wie symbolische Kausalität, die Wirksamkeit des Symbolischen, die Materialität des Signifikanten)... ungeachtet all dieser Thesen, die wir nicht in Frage stellen, unterscheidet sich Lacans Position auf irreduzible Weise von der Ontologie des Performativen, wie ich sie weiter oben beschrieben habe. Wie genau? Und was ist der Status des Realen, auf dem Lacan besteht, wenn er von der Sexualität spricht?

Es geht nicht einfach darum, dass Lacan auch den anderen, »unerlässlichen« [»*vital*«] Teil der psychoanalytischen Begriffe – die Libido, den Trieb oder den geschlechtlichen Körper – in Betracht ziehen muss, all das also, was nicht zum Symbolischen gehört und als »real« definiert würde. Eine solche Ausdrucksweise und die Perspektive, die sie impliziert, führen in die Irre. Es geht um etwas Anderes. Lacan nimmt die signifikante Ordnung zum Ausgangspunkt und sieht sie als den Ort einer fundamentalen *Spaltung*. Während die signifikante Ordnung ihren Raum schafft und die Wesen, die ihn bevölkern (dieser Raum entspricht ungefähr dem performativen Raum, wie ich ihn weiter oben beschrieben habe), *kommt etwas anderes hinzu*. Man könnte sagen, dass sich dieses Etwas wie ein Parasit zur Produktivität des Performativen verhält. Es wird nicht *durch* die signifikante Geste produziert, sondern *zusammen mit* ihr als etwas, das über sie hinausgeht. Es ist untrennbar mit dieser Geste verbunden, aber anders als das, was wir diskursive Entitäten oder Wesen nennen, wird es nicht von ihr geschaffen. Weder existiert es auf der Ebene des Symbolischen, noch wird es von ihm gebildet. Es ist dem Symbolischen kollateral. Zudem ist es kein Sein. Es lässt sich nur als ein Effekt der Unterbrechung im Feld des Symbolischen erkennen, als seine Störung, als seine Verzerrung. Das Auftauchen des Signifikanten lässt sich mit anderen Worten nicht auf das Symbolische reduzieren und ist mit dem Symbolischen nicht erschöpft. Der Signifikant produziert nicht nur eine neue, symbolische Realität, die seine eigene Materialität, seine Kausalität und seine Gesetze miteinschließt. Er »produziert« auch die Dimension, die Lacan als das Reale bezeichnet und die mit den Punkten struktureller Unmöglichkeit und Widersprüchlichkeit der symbolischen Realität selbst in Zusammenhang steht. Diese Dimension befleckt das Symbolische unrettbar, sie befleckt die angebliche Reinheit des Symbolischen und sie steht für die Tatsache, dass das symbolische Spiel reiner Differentialität immer schon ein Spiel mit gezinkten Karten ist. Es ist genau diese Dimension, die den anderen »unerlässlichen« Teil der Psychoanalyse ausmacht und zwar in all ihrer Ungefügtheit [*out-of-jointness*] mit dem Symbolischen (die Libido oder die *jouissance,* der Trieb, der geschlechtliche Körper).

Das was vom Signifikanten also zusätzlich zu seinem eigenen Feld produziert wird, magnetisiert dieses Feld auf eine bestimmte Weise. Es ist verantwortlich dafür, dass das Feld des Symbolischen oder das Feld des Anderen niemals neutral (oder durch reine Differentialität strukturiert) ist, sondern konflikthaft, asymmetrisch, »nicht-alles«, von einem fundamentalen Antagonismus beladen. Der Antagonismus des diskursiven Felds ist also nicht dadurch bedingt, dass dieses Feld immer aus mehreren Elementen oder mehreren Vielfachen »zusammengesetzt« ist, die miteinander konkurrieren und nicht richtig vereinheitlicht sind. Er bezieht sich vielmehr auf den Raum selbst, in dem diese verschiedenen Vielfachen existieren. Genauso wie für Marx der »Klassenantagonismus« nicht einfach der Konflikt zwischen verschiedenen Klassen ist, sondern das Prinzip, das die Klassengesellschaft konstituiert, existiert ein Antagonismus niemals einfach *zwischen* sich widersprechenden Teilen, sondern er ist das strukturierende Prinzip dieses Konflikts und der in ihm auftauchenden Elemente.

Dieses Argument allerdings erfordert noch eine weitere Präzisierung, die es noch ein wenig komplexer macht. Denn wir könnten fragen: Aber wie kommt es, dass der Signifikant zusätzlich zu dem, was er als (eigentlich signifikantes) Feld schafft, etwas anderes »produziert«? Warum geschieht das? Die Antwort, mit der wir zu einem entscheidenden Punkt zurückkehren, den ich bereits angesprochen habe, lautet: Weil die signifikante Struktur koextensiv ist mit einer Lücke:

> Der Diskurs beginnt mit der Tatsache, dass es hier eine Lücke gibt. [...] schließlich hindert uns nichts daran, zu sagen, dass die Lücke produziert wird, weil der Diskurs beginnt. Für das Ergebnis ist das vollkommen gleichgültig. Sicher ist, dass der Diskurs in die Lücke impliziert ist.[6]

Diese Implikation von Diskursivität und Lücke ist ein entscheidender Punkt, zumindest für meine Argumentation. Lacan schreibt diese Implikation mit dem uns vertrauten S(Ⱥ) und verweist damit auf einen konstitutiven Mangel im Anderen. Was ich betonen möchte, ist die Di-

---

[6] Jacques Lacan, *Le séminaire, livre XVIII. D'un discours qui ne serait pas du semblant*, texte établi par Jacques-Alain Miller, Paris: Éditions du Seuil, 2007, S. 107.

mension von so etwas wie einer virtuellen Subtraktion oder eines »Minus«, das diese Idee impliziert. Das ermöglicht es uns, nicht nur zu sagen, dass die signifikante Ordnung inkonsistent und unvollständig ist, sondern, stärker und paradoxer, dass die signifikante Ordnung bereits mit einem fehlenden Signifikanten auftaucht, sozusagen mit einem »eingebauten« *Mangel* eines Signifikanten (ein Signifikant, der, würde es ihn geben, der »binäre« Signifikant wäre). In diesem präzisen Sinn ließe sich von der signifikanten Ordnung sagen, dass sie nicht mit dem Einen beginnt (und auch nicht mit dem Vielfachen), sondern mit einem »Minus Eins«. Wir werden zu diesem entscheidenden Punkt später zurückkehren. Genau *an der Stelle* dieser Lücke oder dieser Negativität *erscheint das Mehr-Genießen*, das die signifikante Struktur befleckt, das heterogene Element, das zur signifikanten Struktur gehört, aber nicht auf sie reduzierbar ist.

Wir könnten auch sagen: Das Auftauchen der signifikanten Ordnung fällt direkt mit dem Nicht-Auftauchen eines Signifikanten zusammen, und diese Tatsache (dieses ursprüngliche Minus Eins) hinterlässt seine Spur in einer besonderen Eigenschaft oder einer Störung des signifikanten Systems – dem Genießen. Der Signifikant »produziert« den Überschuss also nicht so sehr, als dass dieser Überschuss die Art und Weise ist, wie der Mangel des (binären) Signifikanten innerhalb der signifikanten Struktur existiert und sie auf bestimmte und bestimmbare Weise zeichnet. Der Überschuss zeichnet die signifikante Struktur, »krümmt« [»*curves*«] sie, indem er sich an eine bestimmte Menge (oder an eine Kette) anderer Signifikanten heftet, die auf irgendeine Art und Weise mit dem Mangel des Signifikanten in Verbindung stehen. Das Genießen ist mit der Signifikantenordnung auf eine Weise verbunden, die das, was in dieser Ordnung fehlt, durchquert. Es steht nicht direkt mit ihr in Verbindung, sondern über ihre konstitutive Negativität (ein Minus Eins). Diese Negativität ist das Reale der Verbindungsstelle zwischen dem (fehlenden) Signifikanten und dem Genießen. Der Name dieser Konfiguration in der Psychoanalyse ist Sexualität (oder Sex). Sexualität entspricht dem Effekt der signifikanten Lücke, an deren Stelle das Mehr-Genießen auftaucht, auf den Rest der signifikanten Kette (die erogenen Zonen des Körpers eingeschlossen, die sicher nicht unabhängig sind vom Raster der Signifikanten).

Sexualität ist kein Sein, das *jenseits* des Symbolischen existiert. Sie »existiert« ausschließlich als der Widerspruch zwischen *dem symbolischen Raum, der aufgrund eines konstitutiv fehlenden Signifikanten erscheint, und dem, was an der Stelle dieses Mangels auftaucht (dem Genießen).*

Es wäre also falsch zu sagen, dass der Signifikant des Sexuellen fehlt. Das Sexuelle ist nicht irgendein Objekt außerhalb des Diskurses, für das es keinen Signifikanten gibt. Es ist vielmehr eine direkte *Konsequenz* (eine »Ausweitung«) des fehlenden Signifikanten, das heißt der Lücke, die zusammen mit der Signifikantenordnung auftaucht. Deshalb ist die Sexualität weder etwas außerhalb der Signifikantenordnung (das diese Ordnung dann voll und ganz zu repräsentieren versuchen würde, daran aber scheiterte), noch gibt es einen Signifikanten für sie. Um es ganz deutlich zu sagen: Die menschliche Sexualität ist der Platzhalter für den fehlenden Signifikanten. Sie ist ein Durcheinander, aber ein Durcheinander, das die Unmöglichkeit (die Unmöglichkeit, geschrieben zu werden) des sexuellen Verhältnisses kompensiert. Wir müssen diese, wie ich meine, entscheidende Umkehrung dessen, was allgemein angenommen wird, vornehmen: Das Chaotische unserer Sexualität ist keine Folge und kein Ergebnis dessen, dass es kein sexuelles Verhältnis gibt. Es geht nicht darum, dass unsere Sexualität chaotisch ist, weil es keine klare signifikante Regel für sie gibt. Sie taucht erst durch den Mangel und an dessen Stelle auf und versucht, mit ihm klarzukommen. Die Sexualität wird nicht verunstaltet oder gestört, weil eine Lücke tief in ihr »Gewebe« einschneidet, sie ist vielmehr das *chaotische Vernähen* dieser Lücke. Lacan sagt ziemlich genau das in einer eher nebenbei fallengelassenen Bemerkung im Seminar *...ou pire*, die gleichwohl entscheidend ist: Die vier Formeln, die wir als die Formeln der Sexuierung kennen, sind sein Versuch, das festzuhalten, »was der Unmöglichkeit das sexuelle Verhältnis zu schreiben, supplementiert«.[7] Sexuelles ist mit anderen Worten deshalb chaotisch, weil es an der Stelle auftaucht, an dem die Konsistenz der signifikanten Ordnung oder der signifikanten Logik zusammenbricht, am Punkt ihrer eigenen Unmöglichkeit also, und nicht weil es von sich aus unlogisch und chaotisch ist. Es ist chaotisch wegen des Versuchs, eine Logik genau an dem Punkt zu entwickeln, wo eine solche Logik in eine Sackgasse gerät. Die »Irrationalität« des Sexuellen ist der Gipfel der Versuche, eine »Begründung« [*rationale*] des Sexuellen zu entwickeln. So jedenfalls sah Lacan die Formeln der Sexuierung: Sie (re)formulieren das Thema der Sexualität und der »sexuellen Verhältnisse« als ein logisches Problem (als Problem der Signifikanten-Logik), aus dem es hervorgeht.

Wenn wir jetzt zu der Frage zurückkehren, was all das in Bezug auf die Ontologie im allgemeinen impliziert und, genauer, in Bezug auf die performative Ontologie der zeitgenössischen Gender Studies, dann müssen wir

---

7 Lacan 2011, S. 138.

von folgender, entscheidender Implikation ausgehen: Lacans Überlegungen führen ihn dazu, eine Unterscheidung zwischen dem *Sein* und dem *Realen* einzuführen. Das Reale ist kein Sein und keine Substanz, sondern die Sackgasse des Seins, der Punkt seiner Unmöglichkeit. Es ist untrennbar mit dem Sein verbunden, aber es ist kein Sein. Man könnte sagen, dass es für die Psychoanalyse kein Sein gibt, das unabhängig von der Sprache (oder dem Diskurs) ist – weshalb sie häufig mit zeitgenössischen Formen des Nominalismus kompatibel scheint. Alles Sein ist symbolisch, es ist Sein im Anderen. Es kommt aber etwas Entscheidendes hinzu, das man wie folgt formulieren könnte: Alles Sein ist symbolisch, außer dass es das Reale gibt. Es »gibt« das Reale, das Reale »ist«, aber dieses Reale ist kein Sein. Es ist aber auch nicht einfach das Außen des Seins, es ist nicht neben dem Sein, es ist ein Krampf, ein Stolperstein im Raum des Seins. Es existiert nur als der inhärente Widerspruch des (symbolischen) Seins. Darum und um nichts anderes geht es, wenn die Psychoanalyse Sex und das Reale miteinander in Verbindung bringt. Joan Copjec hat dies in ihrem für diese Fragen zentralen Text so formuliert:

> Wenn wir vom Scheitern der Sprache mit Blick auf das Geschlecht [*sex*] sprechen, so sprechen wir nicht davon, dass sie ein prädiskursives Objekt nicht erreicht, sondern dass sie mit sich selbst in Widerspruch gerät. Das Geschlecht fällt mit diesem *Scheitern,* diesem unvermeidlichen Widerspruch zusammen. Das Geschlecht ist demnach die Unmöglichkeit, die Bedeutung zu vervollständigen, und nicht (wie Butlers historistische/dekonstruktionistische Argumentation es gern hätte) eine Bedeutung, die unvollständig und instabil ist. Oder: Der Punkt ist der, dass das Geschlecht die strukturale Unvollständigkeit der Sprache

ist, und nicht, dass das Geschlecht selbst unvollständig ist.[8]

Lacan sieht im Realen die Gräte im Hals jeder Ontologie, weil er das Reale als den Punkt einer inneren Unmöglichkeit/eines inneren Widerspruchs im Sein sieht. Um vom »Sein *qua* Sein« zu sprechen, muss man dem Sein etwas abschneiden, das kein Sein ist. Das heißt, die traditionelle Ontologie musste dem Sein eben das Reale abschneiden, um in der Lage zu sein, vom »Sein *qua* Sein« zu sprechen. Wir stoßen zum Sein *qua* Sein nur vor, wenn wir etwas von ihm abziehen, wenn wir etwas an ihm beseitigen. Das Sein *qua* Sein ist kein gegebenes Elementares, sondern bereits ein Ergebnis, das einen anderen, vorherigen Schritt voraussetzt. Und dieser Schritt besteht darin, eine spezifische, reale Negativität zu beseitigen (einen Widerspruch an sich), und nicht in der Beseitigung irgendeines gegebenen Widerspruchs. Was hier verloren geht, ist etwas im Sein, das weniger ist als Sein – und dieses Etwas ist genau das, was das Sein, auch wenn es in ihm enthalten ist, davon abhält, voll *als Sein* konstituiert zu sein.

Und – um zu unserer Diskussion von weiter oben zurückzukehren – dieser Begriff des Realen (als ein Riss im Sein) geht im Übergang zwischen »Geschlecht« und »Gender« verloren. Es mag paradox scheinen, aber in gewisser Weise gehören Differenzen wie Form – Materie, Yin – Yang, aktiv – passiv usw. zur gleichen Onto-logie wie die »Geschlechterdifferenzen«. Auch wenn diese Onto-logie das Prinzip der Komplementarität zugunsten des Prinzips der Mannigfaltigkeit der Geschlecher auf-

---

[8] Joan Copjec, *Lies mein Begehren. Lacan gegen die Historisten*, übers. von Hans-Dieter Gondek und Roger Hofmann, München: P. Kirchheim, 2004, S. 238.

gibt, ändert das in keiner Weise etwas am ontologischen Status der Entitäten namens Gender. Von ihnen wird gesagt – und zwar ausdrücklich – dass sie *sind*. (Das wird umso nachdrücklicher gesagt, je größer die Zahl der Entitäten ist. Normalerweise scheut man sich davor, die Existenz zweier Geschlechter zu behaupten, aber wenn es sich um eine Vielzahl handelt, dann verschwindet diese Scheu und die Existenz dieser Vielzahl von Geschlechtern wird fest behauptet). Wenn die sexuelle Differenz als Geschlechterdifferenz betrachtet wird, dann wird sie – zumindest im Prinzip – kompatibel mit den Mechanismen ihrer vollständigen Ontologisierung. Man mag sie als »rein symbolische« Entitäten bezeichnen, aber als solche werden sie nicht als *inhärent* problematisch gedacht.

Damit kommen wir zu dem Argument von vorhin zurück, dem wir jetzt Folgendes ergänzend hinzufügen können: Die Desexualisierung der Ontologie (das heißt, die Ontologie wird nicht länger als eine Kombination zweier Prinzipien, »männlich« und »weiblich«, gedacht) fällt zusammen mit dem Erscheinen des Sexuellen als dem realen/störenden Punkt im Sein. Aus diesem Grund entfernt man, wenn man »das Sexuelle aus dem Geschlecht entfernt«, genau das, was das Problem der sexuellen Differenz ausmacht. Man entfernt nicht das Problem, sondern die Mittel, es zu sehen, oder die Art und Weise, wie es wirkt, sichtbar zu machen.

DIE TEILUNG DER GESCHLECHTER – EIN PROBLEM IN DER ONTOLOGIE

Bisher haben wir die Frage der Sexualität vor allem in Hinblick auf ihren eigenartigen ontologischen Status diskutiert. Aber wie genau ist die *sexuelle Differenz* in dieser Diskussion situiert? Was ist das Verhältnis zwischen der sexuellen Differenz und der Sexualität *tout court?* Ist es grundlegend oder zufällig? Was kommt zuerst? Findet Sexualität statt, weil es sexuelle Differenz gibt? Freuds Antwort ist eindeutig, und sie überrascht vielleicht: »Der Geschlechtstrieb ist wahrscheinlich zunächst unabhängig von seinem Objekt und verdankt wohl auch nicht den Reizen desselben seine Entstehung«.[9] Aus diesem Grund ist »im Sinne der Psychoanalyse [...] also auch das ausschließliche sexuelle Interesse des Mannes für das Weib ein der Aufklärung bedürftiges Problem und keine Selbstverständlichkeit, der eine im Grunde chemische Anziehung unterlegen ist«.[10] Außerdem besteht er bekanntermaßen darauf, dass während der Präadoleszenz kein ursprünglicher Keim für zwei Geschlechter (oder zwei Sexualitäten) existiert. Lassen Sie uns direkt mit dieser umstrittenen Passage beginnen:

> Die autoerotische Betätigung der erogenen Zonen ist aber bei beiden Geschlechtern die nämliche und durch diese Übereinstimmung ist die Möglichkeit eines Geschlechtsunterschiedes, wie er sich nach der Pubertät herstellt, für die Kindheit aufgehoben. [...] Ja, wüsste man den Begriffen ›männlich und weiblich‹ einen bestimmteren Inhalt zu geben, so ließe sich auch die These vertreten, die Libido sei regelmäßig und gesetzmäßig männlicher Natur, ob sie nun beim Manne oder beim Weibe vorkomme und abgesehen von ihrem Objekt, mag dies der Mann oder das Weib sein.[11]

---

9 Sigmund Freud, »Drei Abhandlungen zur Sexualtheorie«, in: Ders., *Studienausgabe, Bd. 5*, Frankfurt a.M.: S. Fischer, 1972 [1905], S. 58.

10 Ebd., S. 56.

11 Ebd., S. 123f.

Mit anderen Worten: Auf der Ebene der Libido gibt es keine zwei Geschlechter. Und wenn es uns möglich wäre, genau zu sagen, was »männlich« und »weiblich« heißt, dann würden wir die Libido als »männlich« bezeichnen – aber es ist uns eben nicht möglich, das zu sagen, wie Freud in der an die zitierte Passage angehängte Fußnote betont.[12]

Mit was genau haben wir es hier zu tun, was sagt Freud in dieser Passage? Seine Formulierungen sind besonders im Hinblick auf das ungezwungene, »liberale« Verständnis der sexuellen Differenz interessant, nach dem sexuelle Verortungen notwendigerweise ambivalent sind und Männlichkeit und Weiblichkeit nur Ideale sind (ideale Geschlechter [*genders*]), die nirgendwo in der Realität existieren. Kein Mensch ist hundertprozentig männlich oder weiblich. Männer und Frauen gibt es nur als unterschiedliche Mischungen dieser beiden Idealzustände (oder »Prinzipien« – biologische oder andere). Im Nietzsche-Duktus könnte man sagen: Es gibt keine Männer und Frauen, nur unterschiedliche Grade, unterschiedliche Schattierungen von Männlichkeit und Weiblichkeit ...

Was Freud in der oben zitierten Passage sagt, unterscheidet sich allerdings ziemlich von dieser Weisheit à la *»nobody is perfect«*. Was er sagt, ist viel interessanter und viel kontraintuitiver. Es geht nicht darum, dass wir es – wenn es so etwas wie reine Männlichkeit oder reine Weiblichkeit gäbe – mit einem Ideal, einem klaren Fall oder einem Modell der sexuellen Differenz zu tun hätten. Freud behauptet etwas weit Paradoxeres: Wenn reine Männlichkeit und reine Weiblichkeit existierten (wenn

12 »Es ist unerlässlich, sich klar zu machen, dass die Begriffe ›männlich‹ und ›weiblich‹, deren Inhalt der gewöhnlichen Meinung so unzweideutig erscheint, in der Wissenschaft zu den verworrensten gehören [...].« (Ebd., S. 123)

wir dazu in der Lage wären, zu sagen, was sie sind), dann wären sie – oder genauer: ihre Sexualität – *ein und dieselbe* (»männlich«). Aber *weil sie nicht existieren, gibt es sexuelle Differenz.* Die sexuelle Differenz entsteht also nicht, weil es zwei Geschlechter oder zwei Sexualitäten gibt (zumindest grundsätzlich), sondern weil es kein »zweites Geschlecht« gibt, wohl aber eine rätselhafte *Indifferenz* des »sexuellen Dings« (der polymorph-perversen Autoerotik), das an der Stelle dieses »fehlenden Geschlechts« auftaucht. Wenn dieses »zweite Geschlecht« fehlt, heißt das außerdem nicht, dass es nur ein »erstes Geschlecht« (Männlichkeit) gibt, denn ein Geschlecht ist überhaupt kein Geschlecht. Wenn es nur ein Geschlecht gibt, dann ist es in keiner irgendwie bedeutsamen Weise ein »Geschlecht« …

Um es in eine Formulierung zu fassen: *Was sich in zwei spaltet, ist die Nicht-Existenz des Einen* (also das Eine, das, würde es existieren, das Andere wäre).

Freuds widersprüchliche Thesen im Hinblick auf die Sexualität und die sexuelle Differenz sind Gegenstand einer ausführlichen Konzeptualisierung durch Lacan geworden, der in der Frage der Sexualität und ihrer Spaltung tatsächlich die Kernfrage psychoanalytischer »Ontologie« gesehen hat – insoweit die »Ontologie« den Punkt ihrer eigenen Unmöglichkeit enthält. Sexualität und die sexuelle Differenz sind absolut und irreduzibel mit der signifikanten Ordnung verbunden, aber das bedeutet nicht, dass die sexuelle Differenz eine symbolische Konstruktion ist. Das Sexuelle ist real, weil es eine irreduzible Grenze (einen Widerspruch) der signifikanten Ordnung markiert (und nicht etwas außerhalb dieser Ordnung). Es gibt da allerdings einen wichtigen Unterschied zwischen dem frühen und dem späten Lacan.

In seinem Frühwerk reichert Lacan das, was er für Freuds Position hält, mit der Hilfe seiner Theorie der signifikanten Ordnung und seiner (oder vielleicht eher Kojèves) Lektüre der hegelschen Dialektik an. In seinem Essay »Die Bedeutung des Phallus« von 1958 findet sich wohl die prägnanteste Formulierung dieser frühen Position. Die *Anwesenheit* des Signifikanten bewirkt einen unwiederbringlichen Verlust auf Seiten des menschlichen Tieres: Sobald das Bedürfnis signifikant artikuliert ist, ist es als »Anspruch« in unumkehrbarer Weise entfremdet [*alienated*].

> Sehen wir uns also die Effekte dieser Anwesenheit genauer an. Sie ergeben sich als erstes aus einer Umleitung der Bedürfnisse des Menschen auf Grund der Tatsache, dass er spricht, in diesem Sinne, dass seine Bedürfnisse, soweit sie dem Anspruch unterworfen sind, entäußert [*aliené*] zu ihm zurückkehren. [...] Das, was sich so in den Bedürfnissen entäußert findet, konstituiert eine *Urverdrängung**, weil es sich, der Hypothese nach, nicht im Anspruch zu äußern vermag: was aber in einem Abkömmling erscheint, der das ist, was sich beim Menschen als *das Begehren** [*le désir*] darstellt. Die Phänomenologie, die sich aus der analytischen Erfahrung entwickelt, ist sehr wohl geeignet, am Begehren den paradoxen, devianten, erratischen, exzentrischen, ja skandalösen Charakter auszuweisen, wodurch es sich vom Bedürfnis unterscheidet.[13]

Das ist tatsächlich dem Grunde nach Lacans Position in seinem Frühwerk: Die Anwesenheit des Signifikanten führt zu einem »reinen Verlust« auf der – wenn ich das so

---

[13] Jacques Lacan, »Die Bedeutung des Phallus«, in: Ders., *Schriften II*, übersetzt von Hans-Dieter Gondek, Wien/Berlin: Turia + Kant, 2015c, S. 198.

sagen darf – nicht-signifikanten Seite des menschlichen Gefüges. Dieser fast »körperliche« Verlust öffnet den Raum der Bedeutungen (»die Signifikatseffekte«) und der Dialektik des Begehrens. Und der Phallus wird von Lacan zu dieser Zeit bekanntermaßen als der Signifikant definiert, der »die Signifikatseffekte in ihrer Gesamtheit«[14] bezeichnet.

Später – vor allem zu Beginn der 1970er Jahre – dreht Lacan diese Sichtweise beinahe um, indem er eine weitere Komplikation in die signifikante Ordnung einführt oder vielmehr diese Komplikation formalisiert – eingeführt hatte er sie bereits früher: Die signifikante Ordnung ist einem signifikanten Minus, einer Lücke, streng deckungsgleich. Der »reine Verlust« erscheint jetzt auf der Seite des Signifikanten und eine andere Seite, mit der sie in Verbindung stünde, gibt es nicht mehr – also das reine organische Bedürfnis, das die Grundlage der inaugurierenden Operation des Signifikanten wäre. Diese Seite des Signifikanten hat eine Kehrseite *(l'envers)*. Lacan zögert nicht, dieses Minus als das *Fundament* zu bezeichnen (des Einen der signifikanten Ordnung).

Es ist mit anderen Worten nicht länger einfach die Anwesenheit des Signifikanten, die die Gesamtheit der menschlichen »Dialektik« und ihrer Widersprüchlichkeiten bewirkt, sondern vielmehr eine *Abwesenheit* im Herzen dieser Anwesenheit, eine Lücke nämlich, die zusammen mit der signifikanten Ordnung und als in sie eingebaut auftaucht. Das macht die Selbstverständlichkeit des Ausdrucks »Auftauchen des Signifikanten«, an den wir uns als Lacanianer/innen gewöhnt haben, ziemlich zunichte. Wir haben uns daran gewöhnt, davon zu sprechen, dass die Natur durch das »Auftauchen des Signifi-

[14] Ebd.

kanten« irgendwie unterbrochen und aus den Fugen geworfen wird. Aber was genau heißt das? Heißt es das Gleiche wie »das Auftauchen der Sprache [*speech*]«? Vor allem im Kontext von Lacans Spätwerk scheint es, als könnten wir die Dinge in eine andere »mythologische« Perspektive bringen – mythologisch, insoweit es kein Narrativ eines Anfangs vermeiden kann, einen Mythos zu konstruieren, der den realen Beobachtungen am besten entspricht. In dieser anderen Perspektive beginnt die Geschichte des Menschen nicht mit dem »Auftauchen des Signifikanten«, sondern mit einem *»verloren gegangenen« Signifikanten.* Wir könnten tatsächlich sagen, dass die Natur voll ist mit Signifikanten (und ihnen gegenüber gleichzeitig indifferent), und dass irgendwann ein Signifikant »herausfällt« oder verloren geht. Nur daraus entsteht im strengen Sinne die »Logik des Signifikanten«. Signifikanten fangen an, sich über diese Lücke hinweg zu bewegen und Verbindungen aufzubauen. In diesem Sinne und aus dieser Perspektive ist die Sprache bereits eine Antwort auf den fehlenden Signifikanten, der *nicht (da) ist.* Sprache »setzt sich nicht einfach aus Signifikanten zusammen«, Signifikanten sind keine (hinreichende) Bedingung für die Sprache. Die Bedingung der Sprache, wie wir sie kennen, ist die »Ein-Signifikant-weniger-heit«. Menschen sind Wesen, die von einem verloren gegangenen Signifikanten aus ihrer Indifferenz gerissen und dazu gezwungen werden, zu sprechen (und zu genießen, denn das Genießen erscheint am Ort dieses Fehlens). Es auf diese zeitliche Weise zu sagen (»der Signifikant ist verloren gegangen«) ist eine Art und Weise, das auszudrücken, was man besser so formulieren würde: Die signifikante Struktur taucht nicht einfach ohne einen Signifikanten auf, sondern vielmehr mit einem fehlenden Signifikanten, *mit-ohne* einen Signifikanten. Denn dieses

»Loch« hat Folgen und bestimmt, was sich um es herum strukturiert.

Vor einiger Zeit[15] habe ich versucht, diese spezifische Struktur mit Hilfe eines Witzes zu formulieren, der seither sowohl von mir als auch von anderen häufig genutzt worden ist. Nichtsdestotrotz werde ich ihn hier wiederholen, denn es ist schwierig, ein besseres Beispiel für das zu finden, um was es hier geht:

> Ein Mann kommt in ein Restaurant und sagt zum Kellner: »Einen Kaffee ohne Sahne, bitte«. Der Kellner antwortet: »Es tut mir leid, mein Herr, aber wir haben keine Sahne mehr. Darf es auch ein Kaffee ohne Milch sein?«

Die Antwort des Kellners führt ein zusätzliches, paradoxes, gespenstisches Wesen in die Dimension der Negativität ein. Seine Antwort setzt voraus, dass »ohne etwas« bedeutet »mit einem Mangel an etwas« oder mit-ohne etwas. Dass die signifikante Ordnung mit einem Signifikanten zu wenig auftaucht, heißt genau das: Sie taucht nicht einfach ohne ihn auf, sondern mit-ohne einen Signifikanten.

Man könnte hier zwei Bemerkungen anfügen. Zunächst könnte es gut sein, dass das Spätwerk Lacans (das sich nicht mehr auf Hegel bezieht), Hegel in vielerlei Hinsicht viel näher ist als das Frühwerk, in dem Hegel häufig zitiert wird.[16] Und ich würde auch sagen, dass diese spätere Perspektive, die von Freud und seinen Ausarbeitungen dieser Fragen viel weiter entfernt zu sein scheint, Freud sogar näher ist. In den »Drei Abhandlungen zur Sexualtheorie« situiert Freud den Grund, der die Abwei-

---

15 Vgl. Zupančič 2009, S. 55f.

16 Das ist natürlich auch einer der zentralen Punkte in Žižeks Lektüre sowohl von Lacan als auch von Hegel. Vgl. z.B. Žižek 2012.

chungen von Bedürfnissen und Instinkten – die Abweichungen also, die für die Menschheit konstituierend sind – bewirkt, in der Mehr-Erregung und der Mehr-Befriedigung, die im Prozess der Befriedigung körperlicher Funktionen produziert werden. »Orale Lust« zum Beispiel taucht als Nebenprodukt der Befriedigung des Bedürfnisses nach Essen auf und beginnt dann, als ein autonomes Triebobjekt zu fungieren. Sie entfernt sich von ihrem ersten Objekt und erlaubt es sich, zu einer Serie von Ersatzobjekten überzugehen. Jede Befriedigung eines Bedürfnisses bringt es im Prinzip mit sich, dass eine andere Befriedigung auftaucht, die sich tendenziell verselbständigt, sich selbst aufrechterhält und reproduziert. Es gibt kein natürliches Bedürfnis, das absolut rein sein könnte, also frei von diesem Mehr-Element, das es von innen heraus spaltet. Das heißt, für Freud beginnt die »menschliche Abweichung« mit einem *Mehr*(-Genießen). In seinem Frühwerk ersetzt Lacan das freudsche Mehr mit einem *Verlust,* weil er gegenüber Freuds scheinbarem Versuch, diese Abweichung durch eine Art lineare Kausalität, die von organischen Bedürfnissen ihren Ausgang nimmt, skeptisch gewesen ist. Für ihn beginnt die Abweichung mit einem »reinen Verlust«, den der Signifikant auf der Seite des Körpers, als dem Ort der Bedürfnisbefriedigung, herbeiführt. Etwas am Bedürfnis ist uneinholbar verloren, das heißt, es kann sich nicht in einem Anspruch artikulieren. Lacan verbindet das mit der Idee oder dem Moment der Urverdrängung. Dieser ursprünglich verlorene Teil der Befriedigung erscheint dann innerhalb des Systems des Signifikanten (und bei den Entitäten, die es bevölkern) als seine transzendentale Bedingung: der absolute Grund des Begehrens. In seinem Spätwerk kommt Lacan Freud tatsächlich näher, indem er das Minus (oder den Verlust) auf der Seite der signifikanten Ordnung selbst situiert (die mit-ohne einen Signifikanten auftaucht), *vorausgesetzt* wir ziehen zusätzlich das in Betracht, was ich vorher betont habe, nämlich dass das Mehr-Genießen genau am Platz des signifikanten Mangels oder Lochs auftaucht. Diese topologische Ergänzung (im Vergleich zu Freud) macht die freudschen Überlegungen mit Lacans Spätwerk ziemlich vereinbar. Das heißt, dass Lacans Schritt nicht einfach darin besteht, Freuds Theorie durch die Theorie des »Auftauchens des Signifikanten« zu ergänzen, sondern vielmehr durch die Theorie (oder die spekulative Hypothese) vom Mangel eines Signifikanten als der Kehrseite des Mehr-Genießens, das zur Befriedigung eines jeden unserer Bedürfnisse gehört. Um dieses Mehr-Genießen zu verstehen, müssen wir verstehen, dass es am Platz eines signifikanten »Lochs« oder Minus erscheint. Das wirkt sich auch auf die Idee der Urverdrängung bei Lacan aus: Die Urverdrängung gehört in dieser Konzeptualisierung zur signifikanten Struktur selbst, die als »eins mit« dem ursprünglich fehlenden Signifikanten erscheint, der Struktur *mit-ohne* synonym.

An dieser Stelle kommen wir zu dem Punkt, der für unsere Diskussion am wichtigsten ist. Sexuelle Differenz oder die Teilung der Geschlechter kommt ebenfalls von diesem ontologischen Mangel her. Wie ist das zu verstehen? Es gibt zwei vorherrschende psychoanalytische Konzeptualisierungen der sexuellen Differenz. Eine führt die Dualität der Geschlechter an der Basis selbst wieder ein (das wäre die Perspektive Jungs mit zwei komplementären Prinzipien: yin und yang). Die andere geht von einer reinen Mannigfaltigkeit aus, wie Freud es betont. Nach dieser Lesart ist das, was nach Freuds Analyse als polymorph-perverse infantile Sexualität sowohl Jungen als auch Mädchen betrifft, eine heterogene Mannigfaltigkeit, die sich in der Folge mittels sowohl hormoneller als auch kultureller »Einspeisungen« [»*injections*«] und Ansprüche um zwei verschiedene Positionen herum organisiert. Die Kultur, die einen normativen Rahmen und Identifikationsparameter für »Männlichkeit« und »Weiblichkeit« zur Verfügung stellt, wird dabei für besonders bestimmend gehalten. Normalerweise legt man Wert darauf, hinzuzufügen, dass die ursprüngliche Mannigfaltigkeit und ihre Widersprüche niemals vollständig aufgelöst werden, wenn wir unsere geschlechtliche Position einnehmen, und dass die Vielzahl von Befriedigungsquellen niemals ganz in der genitalen sexuellen Organisation aufgeht ...

Aus Lacans Konzeptualisierungen, die er in seinem Spätwerk bezüglich der Frage der Geschlechterteilung entwickelt, geht allerdings etwas anderes hervor, das die paradoxe Formel, die implizit in Freuds Bemerkungen dazu enthalten ist, in gewisser Weise konzeptuell stärkt und bestätigt. Ich habe es weiter oben so ausgedrückt: *Was sich in zwei spaltet, ist die Nicht-Existenz des Einen* (das heißt des Einen, das, würde es existieren, der Andere wäre, der radikal Andere). Was sich in zwei spaltet, ist genau das »Eine, das fehlt«, das Minus, das Mitohne. Wir könnten Lacans »Formeln der Sexuierung« so lesen – als zwei Weisen, wie das konstitutive Minus der signifikanten Ordnung in diese Ordnung selbst eingeschrieben ist und wie mit ihr umgegangen wird. Der Operator, der das konstitutive Minus *markiert,* wird von Lacan Φx (die »phallische Funktion« oder die »Funktion der Kastration« – beide Begriffe sind synonym) geschrieben. In diesem Sinne könnten wir sagen, dass die Kastration eine subjektivierende Re-Iteration des inaugurierenden Minus ist. Der nächste Schritt bringt uns zum Kern von Lacans revolutionärem Denken der sexuellen Differenz: Die Kastration (oder die »phallische Funktion«) ist eine universelle Funktion, eine Voraussetzung von Subjektivität als solcher (unabhängig vom Geschlecht). Und doch ist nichts an diesem Vorgang sexuell neutral, er folgt immer der *Logik* dieser oder jener geschlechtlichen Position und existiert nicht als eine neutrale Grundlage oder als Nullpunkt der Subjektivität. Ein »Nullpunkt« der Subjektivität schließt bereits eine »Entscheidung« ein, das heißt, diese oder jene Form des »Minus Eins«. Obwohl, mit anderen Worten, der Operator der Kastration die Voraussetzung von Subjektivität ist, gibt es keine Subjektivität, die nicht auf die eine oder andere Weise mit ihm umgehen würde. Genauso wenig existiert »Kastration« außerhalb der Art und Weise, in der mit ihr umgegangen wird. Das heißt, es gibt keine Subjektivität jenseits oder unter (oder einfach außerhalb) der sexuellen Teilung. Sexuelle Differenz ist nicht eine sekundäre Unterscheidung von Subjektivität oder einfach nur kulturell konstruiert, weil die Mittel der signifikanten Konstruktion der Sexualität bereits durch die logische »Parallaxe« verzerrt sind, durch die das ontologische Defizit der signifikanten Ordnung in eben diese Ordnung eingeschrieben (oder in ihr am Werk) ist. Lacans Formeln der Sexuierung sind, wie Guy Le Gaufey beharrlich betont, kein Versuch, »ein stichhaltiges Merkmal zu finden, das Männer und Frauen voneinander unterscheidet«.[17] Oder, in einer anderen erschütternden Formulierung: »Vielleicht gehört die Differenz, die das eine [Geschlecht] vom anderen unterscheidet, weder zum einen noch zum anderen.«[18] Das war auch Joan Copjecs wesentliche Intuition, als sie die Formeln der Sexuierung in Verbindung

---

[17] Guy Le Gaufey, *Le Pastout de Lacan: Consistence logique, consequences cliniques,* Paris: EPEL, 2006, S. 86.
[18] Ebd., S. 11.

mit Kants Antinomien der Vernunft diskutiert hat. Die Differenz oder der Widerspruch existieren nicht so sehr *zwischen* den beiden Seiten oder Positionen. Vielmehr sind beide Positionen parallele Konfigurationen einer Differenz oder eines Widerspruchs der signifikanten Ordnung selbst, die sie in unterschiedlicher Weise deklinieren (so dass jede den fundamentalen Widerspruch auf ihre je eigene Weise reproduziert).

Diese beiden Konfigurationen werden dadurch in eine (Nicht-)Beziehung gebracht, dass sie die gleiche Funktion (Φx) teilen. Gleichzeitig verhindert genau diese Tatsache jede Art von Symmetrie oder Komplementarität zwischen ihnen. Aus dem Phallus als einem unterscheidenden *Merkmal* (das auf dem Gegensatz zwischen Präsenz und Abwesenheit basiert – manche haben ihn, andere nicht)[19] macht Lacan den Signifikanten der *Differenz als solcher.* Für sprachliche Wesen macht die »Kastration« den Unterschied ums Ganze und den ganzen Unterschied. Der Phallus konstituiert diesen Unterschied nicht, sondern signifiziert ihn, und zwar für beide Geschlechter, unabhängig davon, ob jemand homosexuell oder heterosexuell ist. Sexuelle Differenz ist ein Unterschied in der Art und Weise, wie das, was den ganzen Unterschied macht, konfiguriert ist, das Minus, das durch die phallische Funktion als Funktion der Kastration markiert ist.

Es gibt viele äußerst ausgefeilte lacanianische Lesarten dieser Formeln, die sowohl deren komplexen logischen Hintergrund erläutern als auch Interpretationen für die konzeptuellen Konsequenzen zur Verfügung stellen.[20] Es ist nicht meine Absicht, mich hier an einer Dis-

---

[19] Vgl. dazu Dolar 2010.

[20] Vgl. z. B. Copjec 1994, Žižek 2012, Le Gaufey 2006, Lorenzo Chiesa, *The Not-Two: Logic and God in Lacan,* Cambridge, Mass.: MIT Press, 2016 – um nur einige wenige zu nennen.

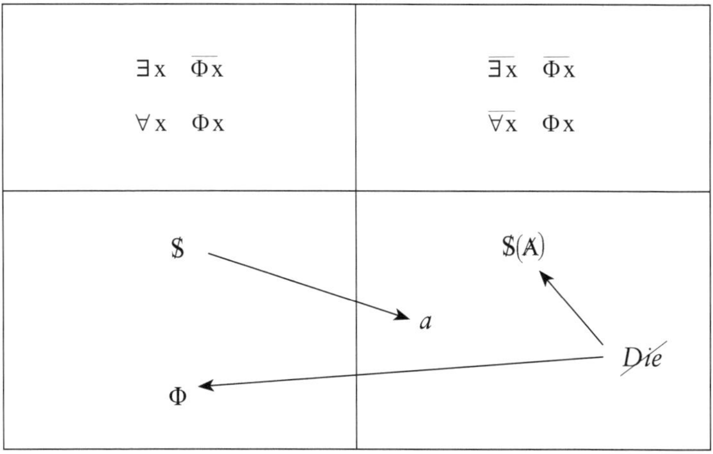

kussion solcher Art und Breite zu beteiligen. Ich werde mich auf einige Bemerkungen beschränken, die diese Formeln mit der spezifischen ontologischen Untersuchung des Sexuellen verbinden, die ich in diesem Buch verfolge.

Die männliche (linke) Seite postuliert, dass Eins existiert, das nicht kastriert ist (und damit Zugang zu unbeschränktem Genießen hat, der Vater der Urhorde, Die Frau): $(\exists x\ \overline{\Phi x})$.[21] Der *Ausschluss* dieses Einen – das heißt, es als Ausnahme zu postulieren oder es herauszunehmen – ist die Art und Weise, wie das auftauchende Subjekt auf dieser Seite sich das Minus, das zur signifikanten Ordnung gehört, zu eigen macht, welchen Rahmen es diesem Minus gibt. Die Ausnahme (eines nichtkastrierten Einen) fungiert als *Konstituierendes*, das heißt als negativer Referenzpunkt, oder als Grenze, die es allem Anderen erlaubt, als solches konstituiert zu sein, das heißt, als *alles* andere zu erscheinen, oder als Ganzes:

[21] Lacan beharrt darauf, dass Die Frau einer der Namen des Vaters ist.

Alle x sind Φx, alle x sind der Kastration unterworfen ($\forall x\ \Phi x$). Die Ausnahme ist hier in das Erscheinen des »alle« als *alles* (als bestimmte Totalität) eingeschrieben. So sind die beiden Formeln in der oberen linken Ecke des Schemas zu lesen. Es geht hier um eine Logik, die in folgendem Witz schön zusammengefasst ist: »Es gibt hier keine Kannibalen, wir haben den letzten gestern gegessen.« Die Bedingung dafür, dass »wir alle« »zivilisiert« sind (also keine Kannibalen) ist der Akt der Ausnahme, die uns zu »allen« macht. Bei Freuds Mythos vom Töten des Vaters der Urhorde (als dem Besitzer aller Frauen), dem die Aufgabe der Forderung nach »unbeschränktem Genießen«, das die Figur des Vaters der Urhorde repräsentierte, durch *alle* folgt, geht es um das gleiche. Die Ausnahme (das »Töten«) des Einen, gibt dem Verzicht, der alle betrifft, einen Rahmen. Das heißt im Grunde, dass alle das aufgeben müssen, was sie niemals hatten und was durch die mythische Figur des Vaters der Urhorde repräsentiert wird. Der Vater der Urhorde ist mythisch in dem präzisen Sinn, dass es sich bei ihm um eine notwendige Bedingung (und ein retrospektives Bild) der Idee des Verzichts selbst handelt. Alle müssen aufgeben, was sie niemals hatten, aber *die Form des Aufgebens ist nichtsdestotrotz ziemlich wesentlich*. Das ist vielleicht auch die beste Definition der Kastration: aufzugeben, was man niemals hatte, das heißt das »Minus Eins«, das zusammen mit der signifikanten Ordnung auftaucht, in etwas umzuwandeln, das wir aufgeben. Etwas, das wir niemals hatten, umzuwandeln in etwas, das wir verloren haben. Bei dieser Art und Weise, die Negativität »einzurahmen«, erlangt die »negative Quantität« der signifikanten Ordnung eine signifikante Form, einen privilegierten Signifikanten. Der Mangel des Signifikanten erhält einen Signifikanten. Dieser Signifikant heißt Phallus.

Das bringt uns zum unteren Teil der linken Seite der Formeln der Sexuierung. Was wir hier sehen, ist eben, dass der Mensch die Kastration auf sich nimmt, indem er von ihrem Signifikanten abhängt (von Φ oder vom Herrensignifikanten S_1 – Lacan zieht diese Verbindung ausdrücklich), und ihn als Stütze dieser subjektiven Position, das heißt als Stütze der »männlichen« Subjektivierung, gebraucht.

Dieses »Auf-sich-Nehmen« mittels des Herrensignifikanten, das heißt, indem man dem Mangel im Anderen eine signifikante Rahmung gibt, heißt, die Kastration auf sich zu nehmen, indem man sie verdrängt. Man legt sein Schicksal in die Hände des Signifikanten, will aber nichts darüber wissen, was in diesem Tausch vor sich geht (nämlich die »Kastration«). Das Subjekt hängt so von der signifikanten Stütze der Kastration, Φ, ab (wir können sagen: Er braucht nichts von der Kastration zu wissen, der Signifikant »weiß« es für ihn),[22] und etabliert sein Verhältnis zum Anderen in der Gestalt des kleinen *a* auf der rechten Seite der Formeln. Was heißt das oder was impliziert das? Das mythische Eine der Ausnahme (das Eine, das den signifikanten *Rahmen* des inauguralen Minus liefert, indem es sozusagen »herausgeschnitten« ist) konstituiert auch den Rahmen für das »Fenster des Phantasmas« [*»window of fantasy«*], wie Lacan es nennt, durch das der andere als begehrenswert erscheinen kann (als Objektgrund des Begehrens). Mit anderen Worten: Die »formale« Struktur, die den signifikanten Rahmen für den Mangel des Signifikanten zur Verfügung stellt, bestimmt im Zusammenwirken mit den besonderen Umständen, unter denen dieser »Tausch« für das Subjekt stattfindet, die konkreten Bedingungen unter

---

22 Darum geht es natürlich auch im Fetischismus.

denen (und nur unter denen) der Andere begehrenswert erscheint. Deshalb sagt Lacan, dass der Mann »als Partner [...] nur mit dem Objekt *a* zu tun [hat], angeschrieben auf der anderen Seite der Barre. Es ist ihm gegeben, seinen Geschlechtspartner, der der Andere ist, zu erreichen nur über das Mittel dieses, dass er die Ursache seines Begehrens ist.«[23] Wir finden dies – um ein Beispiel von Žižek zu borgen – in Hitchcocks Film *Das Fenster zum Hof* schön illustriert: James Stewart, bewegungsunfähig durch ein eingegipstes Bein, vertreibt sich die Zeit damit, die Menschen zu beobachten, die im gegenüberliegenden Gebäude leben. Eine junge Krankenschwester besucht ihn jeden Morgen, seine Verlobte (Grace Kelly) jeden Abend. Grace Kelly ist schön, reich, und verrückt nach Stewart. Doch scheint er kaum Notiz von ihr zu nehmen und hat es ganz bestimmt nicht eilig damit, sie zu heiraten. Ihre Beziehung scheint nicht sehr gut zu funktionieren und sie sind kurz davor, sich voneinander zu trennen. Aber das beginnt sich zu verändern, als sie bemerken, dass sich in einer der gegenüberliegenden Wohnungen merkwürdige Dinge abspielen – es scheint, als hätte der Mann, der dort lebt, gerade seine Frau umgebracht. Das junge Paar beginnt, gemeinsam Detektiv zu spielen, und in ihrer Beziehung findet eine entscheidende Veränderung statt, als Kelly die Wohnung gegenüber betritt, um weitere Nachforschungen anzustellen und dabei im Fenster erscheint. Der vermeintliche Mörder ist nicht da und sie sucht nach Indizien für das Verbrechen. Stewart beobachtet sie durch sein eigenes Fenster. Er sieht ihr dabei zu, wie sie die Wohnung durchsucht und wie sie schließlich von der unerwarteten Rückkehr des dort lebenden Mannes überrascht wird. Diese kurze Sequenz ändert al-

---

[23] Lacan 2015b, S. 87.

les. Stewart verhält sich, als würde er Grace Kelly zum ersten Mal sehen. Sie ergreift von seiner gesamten Aufmerksamkeit Besitz und er kann die Augen nicht von ihr losreißen, komplett fasziniert. Ohne dass ein Wort zwischen ihnen gesprochen würde, können wir – als Zuschauerinnen und Zuschauer – alles sehen: Jetzt begehrt er sie sehr. Sie hat ziemlich buchstäblich das »Fenster des Phantasmas« betreten und begonnen, als Objekt seines Begehrens zu fungieren.

Blicken wir auf die andere, die weibliche (rechte) Seite der Formeln der Sexuierung: Hier konfiguriert sich das Minus Eins, das mit der signifikanten Ordnung auftaucht (und sein Reales konstituiert), anders: Die Kastration als signifikanter Operant des Minus stützt sich für das weibliche Subjekt nicht auf den Ausschluss (die Ausnahme) des nicht-kastrierten Anderen. Wir beginnen mit der Verneinung einer möglichen Ausnahme ($\overline{\exists} x\, \overline{\Phi x}$): Es gibt kein x, das nicht von der phallischen Funktion betroffen wäre (das heißt von der Funktion der Kastration). Die Kastration erlaubt keine Ausnahme. Und genau das macht jede universelle Aussage unmöglich, wie wir in der zweiten Zeile der »weiblichen« Formeln lesen können. Nicht alle x sind Φx. Wir können nicht von »allen« Frauen sprechen oder einfach von *der* Frau. Warum ist auf der weiblichen Seite die Möglichkeit der Ausnahme ausgeschlossen? Was heißt das oder was impliziert das? Es ist das logische Schreiben der Überkreuzung folgender beiden Behauptungen. Erstens ist die Frau, »im Geschlechtsverhältnis [...] radikal das Andere«.[24] Und zweitens »gibt es keinen Anderen des Anderen«. Wenn Frauen das Andere der Männer sind, dann sind Männer nicht das Andere der Frauen. Es gibt keinen Anderen des An-

[24] Ebd., S. 88.

deren – der Andere ist im Anderen enthalten (als das Andere Geschlecht). Das wird durch die folgende paradoxe Formulierung ausgedrückt: »Da sie im Geschlechtsverhältnis radikal das Andere ist, ist die Frau das, was Verhältnis hat auf dieses Andere.«[25] Die Beziehung zum Anderen ist mit anderen Worten sozusagen im Anderen enthalten. Sie ist ein »Teil« des Anderen. Während ein Mann den Anderen als Ausnahme der Regel denken kann, seiner Regel, auf deren Grundlage sein Verhältnis zu Frauen steht, kann eine Frau den Anderen nicht als Ausnahme ihrer Regel denken, sondern als Teil der Regel, als in der Regel enthalten. Das hat bedeutsame Konsequenzen für die Natur dieser Regel und macht aus ihr »nicht-alles«. Die Nicht-Existenz des Anderen ist in den Anderen selbst eingeschrieben. Und genau darum geht es bei der Idee des Unbewussten: Der Punkt, an dem die Nicht-Existenz des Anderen in den Anderen selbst eingeschrieben ist. Und das ist, wie es die Idee des Unbewussten nahelegt, kein Punkt einer sich selbst transparenten Reflexivität, sondern einer signifikanten Lücke, die Wissen konstituiert. Das bringt weiterhin mit sich, dass der berüchtigte »gebarrte Andere« bei Lacan nicht einfach ein inkonsistenter, mangelnder Anderer ist, sondern der Andere, dessen Inkonsistenz in ihn selbst eingeschrieben ist, und durch die er markiert ist. Lacan schreibt ihn S(Ⱥ), der Signifikant des gebarrten Anderen. Aber was ist dieser Signifikant? An dieser Stelle zieht Lacan eine äußerst überraschende Verbindung und sagt, dass »[…] ich mit diesem S(Ⱥ) nichts Anderes bezeichne als das Genießen der Frau […].«[26] Der Signifikant, um den es hier geht, ist äußerst eigenartig. Um zu verstehen, was genau hier auf

[25] Ebd.
[26] Ebd., S. 91.

dem Spiel steht, können wir ihn direkt mit folgender entscheidender These in Verbindung bringen – ich habe sie weiter oben bereits angesprochen. Das Auftauchen der signifikanten Ordnung fällt direkt mit dem Nicht-Auftauchen eines Signifikanten zusammen, und *an der Stelle dieser Lücke erscheint das Genießen* als heterogenes Element, das zur signifikanten Struktur gehört, aber nicht auf sie reduzibel ist. Präzise in diesem Sinn gehört das Genießen, um das es hier geht, zum Unbewussten (und zu seiner »Lücke«), nicht als Verdrängtes, sondern als die Substanz des fehlenden Signifikanten selbst, der als fehlender dem Unbewussten seine Form gibt. Das erklärt auch Lacans Akzentuierung der Frage des Wissens und seiner »Grenzen« (im *Seminar XX*, wenn er die Formeln der Sexuierung diskutiert): Kann man über dieses andere, nicht-phallische Genießen etwas *wissen* – oder sagen? Die Antwort lautet nein. Man kann über dieses Genießen nichts sagen. Dieses andere Genießen kann kein Objekt des Wissens sein, weil es ein Platzhalter für ein Wissen ist, das nicht existiert. Dieses Genießen erscheint an der Stelle des Mangels im Wissen, es erscheint, *weil es da nichts zu wissen gibt.* In diesem genauen Sinn ist das weibliche Genießen der Signifikant der Lücke im Wissen (im Anderen). Es markiert den Punkt, an dem der Andere nicht weiß. Wenn es so etwas wie ein »sexuelles Verhältnis« gäbe, dann würde das die Existenz seines Signifikanten (seines Wissens) im Anderen mit sich bringen, aber da es kein sexuelles Verhältnis gibt, gibt es dieses andere Genießen. Das impliziert, dass das berüchtigte »weibliche Genießen« kein Hindernis für das sexuelle Verhältnis ist, sondern ein Symptom (oder eine Markierung) seiner Nicht-Existenz. Kein Wunder also, dass es im Laufe der Geschichte derart gewalttätigen Formen der Austreibung ausgesetzt gewesen ist.

Dieser S(Ⱥ), das *Genießen* des Anderen als Signifikant des »gebarrten Anderen«, sollte folglich nicht mit dem Signifikanten der Kastration (Φ oder die phallische Funktion) verwechselt werden, zu der eine Frau ebenfalls ein Verhältnis hat: »Die Frau hat Verhältnis zu S(Ⱥ) und darin bereits verdoppelt sie sich, ist sie nicht alle, denn, andererseits, kann sie Verhältnis haben mit Φ.«[27] Das Verhältnis zu Φ – das Verhältnis zum Signifikanten also – ist das Verhältnis, auf das sich die Existenz (für jedes sprachliche Wesen) gründet, während das Verhältnis mit S(Ⱥ) uns auf den Weg der »Ex-sistenz« bringt. Aber es geht nicht einfach darum, dass eine Frau nur teilweise unter die phallische Funktion fällt, dass sie nicht »ganz« darin ist und ein Teil von ihr außerhalb verbleibt. Nein, »sie ist voll dran.«[28] Aber es gibt etwas darüber hinaus (*en plus*), das die Position, der Andere im sexuellen Verhältnis zu sein, mit sich bringt. Und dieses *Supplement* – das Verhältnis zu S(Ⱥ) – enttotalisiert sie nicht nur, sondern es macht aus ihrem Verhältnis zu Φ ein anderes als beim Mann.

Wir könnten es vielleicht so sagen: Weil eine Frau in der sexuellen Beziehung der Andere ist, kann sie sich (für ihr Sein) nicht auf eine konstitutive Ausnahme stützen, sie stützt sich auf eine konstitutive *Täuschung*. Das war zumindest die bemerkenswerte Idee, die Joan Riviere in ihrem Essay »Weiblichkeit als Maskerade« vorgeschlagen hat. Sie schlägt darin vor, dass Weiblichkeit wesentlich Maskerade ist, ein *Anziehen* von Weiblichkeit. Es ist überflüssig zu sagen, dass Lacan diesen Punkt sehr geschätzt hat. Riviere geht dabei in zwei Stufen vor. Zunächst geht sie von der Fallstudie einer Frau aus, äußerst

---

27 Ebd., S. 88.
28 Ebd., S. 81.

erfolgreich in einem Beruf, der zur damaligen Zeit als intellektueller Männerberuf galt (inklusive öffentlichem Schreiben und Reden). Diese Frau neigte dazu, besonders nach erfolgreichen öffentlichen Auftritten, ihre Weiblichkeit exzessiv zur Schau zu stellen, mit zwanghaftem Flirten und mit Koketterie. Was die Analyse in diesem Fall aufgedeckt hat, war nach Riviere Folgendes:

> [...] ihr zwanghaftes Flirten und Kokettieren [erklärte sich] folgendermaßen [...]: Es war der unbewusste Versuch, sich gegen die Angst zur Wehr zu setzen, die sich einstellte, weil sie nach der intellektuellen Leistung ihres Vortrags Vergeltungsmaßnahmen von Seiten der Vaterfigur befürchtete. Die öffentliche Zurschaustellung ihrer geistigen Fähigkeiten, die sie an sich erfolgreich durchführte, bedeutete, dass sie sich selbst als im Besitz des Penis ihres Vaters zur Schau stellte, nachdem sie ihn kastriert hatte. Sobald die Vorführung vorüber war, wurde sie von einer furchtbaren Angst vor der Vergeltung, die ihr Vater üben würde, erfasst.[29]

Um diese Angst von sich fernzuhalten, kokettierte sie und stellte ihre Weiblichkeit zur Schau, »indem sie sich ›verstellte‹ und die nunmehr kastrierte Frau spielte.«[30] Dass sie sich als kastriert »verstellte«, heißt natürlich nicht, dass sie es in Wahrheit nicht war. Hinter der Verstellung war nicht so etwas wie eine volle, nicht-kastrierte Subjektivität, sondern eine vollkommene *Angst*, die ich weiter unten kommentieren werde.

---

[29] Joan Riviere, »Weiblichkeit als Maskerade«, übersetzt von Ursula Ried, in: Liliane Weissberg (Hg.), *Weiblichkeit als Maskerade,* Frankfurt a.M.: Fischer, 1994, S. 37.
[30] Ebd., S. 38.

Es ist nur fair, darauf hinzuweisen, dass Rivieres Beschreibung dieses Falles sich häufig eher wie eine übermäßig vereinfachte Anwendung psychoanalytischer Theorie und ihrer »ready-made« Begriffe liest, und weniger wie eine wirkliche Analyse. Für unsere Argumentation ist allerdings ihr nächster Schritt entscheidend, der dem Artikel seinen (verdienten) Ruhm eingebracht hat und in dem sie zu einer allgemeineren Schlussfolgerung kommt, die nicht unbedingt mit der Geschichte und der Psyche dieser Frau in Verbindung steht. Weiblichkeit (oder Femininität) als solche ist *nichts anderes* als die Empfänglichkeit dafür, Weiblichkeit als eine Maske zu tragen (also Kastration als eine Maske zu tragen). Es gibt keine »wahre Weiblichkeit« im Gegensatz zur Weiblichkeit als Maskerade:

> Der Leser mag sich nun fragen, wie ich Weiblichkeit definiere und wo ich die Grenze zwischen echter Weiblichkeit und der ›Maskerade‹ ziehe. Ich behaupte gar nicht, dass es diesen Unterschied gibt; ob natürlich oder aufgesetzt, eigentlich handelt es sich um ein und dasselbe.[31]

Man kann nur eine Frau sein, indem man nicht »an sich« eine Frau ist – Weiblichkeit ist, wenn sie am echtesten ist, eine Maskerade. In diesem genauen Sinn reicht es vielleicht nicht, zu sagen, dass es kein Wesen des Weiblichen gibt. Man könnte noch einen Schritt weiter gehen und sagen, dass es das Wesen des Weiblichen *ist,* so zu tun, als wäre man eine Frau.

Man ist eine Frau, wenn man die Kastration als *Maske* trägt. Die Kastration ist nicht verdrängt (oder sie ist verdrängt, aber weniger weitreichend als im Fall des

[31] Ebd., S. 38f.

Mannes), und genauso wenig ist sie als etwas Empirisches angenommen. Diese Akzentuierung ist entscheidend, weil es nicht um ein Aufdecken, ein Zur-Schau-Stellen oder ein »Akzeptieren« irgendeiner empirischen Tatsache geht – zum Beispiel, dass »sie ihn nicht hat«. Es ist nicht so, dass sie offen zeigt, dass sie »kastriert« ist. Kastration kann nur aufgeführt werden, das Reale der Kastration ist nicht etwas, das entblößt oder als solches gesehen werden kann. Niemand hat ihn (nämlich den fehlenden Signifikanten), Männer genauso wenig wie Frauen. Was beide eint, ist eine Art und Weise, mit diesem ontologischen Minus umzugehen, indem sie mit seiner Markierung umgehen (der phallischen Funktion als Funktion der Kastration). Und wenn die weibliche Position dadurch definiert ist, dass sie diese Markierung als Maske gebraucht, heißt das nicht, dass Männer sie nicht ebenfalls so gebrauchen. Deshalb hat ein angeberisches Zeigen von Männlichkeit (Männer, die sorgfältig ausgewählte »männliche« Kleidung oder Kostüme symbolischer Macht tragen) immer den kuriosen Effekt, weiblich zu wirken. Die »phallische Funktion« ist nicht männlich. Was wir als »Männlichkeit« und »Weiblichkeit« wahrnehmen, sind verschiedene Arten ihres Einsatzes. Sie sich »anzuziehen«, legt Weiblichkeit nahe. Aber »*was* ist dieses *sich,* das sich anzieht?«

Diese Frage bringt uns zu der Angst zurück, die Riviere in ihrer Analyse betont und die, wie ich vorschlagen möchte, weit über die Furcht vor Repressalien (durch Vaterfiguren), die sie unterstreicht, hinausgeht. Sie kann eher mit etwas zusammengedacht werden, das als allgemeine »weibliche Angst« gesehen werden könnte. Eine Angst, die zur Weiblichkeit gehört, die wesentlich eine Maskerade ist. In diese Richtung macht auch Riviere selbst eine Anspielung, wenn sie in ihrer Beschreibung der Furcht, die die Frau in ihrer Analyse dazu bringt, sich nach jedem öffentlichen Erfolg »als kastriert zu verstellen« die immer gleiche Metapher wiederholt – die Metapher von »gestohlenen Gütern« oder von »gestohlenem Eigentum«. Ihr Zur-Schau-Stellen von Weiblichkeit, so Riviere, war »ähnlich wie ein Dieb, der seine Taschen nach außen kehrt und durchsucht zu werden verlangt, um zu beweisen, dass er die gestohlenen Dinge nicht hat.«[32] Ich würde Rivieres Analyse an dieser Stelle ganz einfach hinzufügen, dass es hier nicht einfach um die Furcht davor geht, dafür bestraft zu werden, des Vaters Eigentum gestohlen zu haben, sondern auch – und viel grundsätzlicher – um die Angst davor, buchstäblich *nichts zu sein*. Wenn ihr intellektuelles Auftreten gestohlenem Eigentum zuzuschreiben ist, wer oder was oder wo ist »sie« dann? Die wirklich besorgniserregende Frage ist mit anderen Worten diese: Was, wenn ich wirklich nichts bin, was, wenn es in dem Ganzen kein »ich« gibt? Diese ontologische Angst hört nicht bei »Bin ich dieser Name?« auf, sondern sie dreht sich vielmehr um die Frage »Existiere ich überhaupt?« Alles, was mir an dieser Stelle übrigbleibt, ist eine Heuchelei, eine Maske. Das Subjekt hängt an dieser Maske, und nicht etwa andersherum. Hinter der Maske ist nichts als bloße ontologische Angst.

Nach Lacan ist diese radikale ontologische Angst die *Bedingung von Subjektivität als solcher* und genau in diesem Sinne ist die weibliche Subjektivität der Subjektivität in reiner Form am nächsten. Ein Mann zu sein, heißt, einen Schritt in eine andere Richtung zu tun – sich auf den Phallus als signifikante Stütze zu verlassen (als »das, was ihm als Stütze dient«, wie Lacan es formuliert) – er *glaubt*, dass er *ist* (existiert) und deshalb endet

---

32 Ebd., S. 38.

»männliche Angst« normalerweise bei der Kastrationsangst. Der Mann ist das Subjekt, das glaubt, ein Mann zu sein. Männlichkeit ist eine Glaubensfrage (die sich auf die Verdrängung der Kastration gründet und von ihr gestützt wird).

Natürlich befreit einen die Tatsache, dass man glaubt, ein Mann zu sein, nicht von der Angst, zu wenig Mann zu sein. Im Gegenteil: Nur diejenigen, die fundamental glauben, ein Mann zu *sein,* können diese Sorge oder diese Angst überhaupt haben... Das wirft übrigens auch ein Licht darauf, warum bei Frauen, die in »männlichen« Berufen Erfolg haben, häufig die Frage auftaucht, ob sie »wirklich Frauen« sind. Es scheint erleichternd zu sein, festzustellen, dass diese Frauen nicht wirklich Frauen sind, sondern »Männer« (»Mannweiber« oder homosexuell). Aber woher kommt diese Erleichterung? Sie stellt sich ein, weil sich die Angst (die Furcht) verringert, dass hinter diesen Leistungen keine substanzielle Subjektivität sein könnte und dass es sich dabei zudem um *den allgemeinen Zustand* handeln könnte, Männlichkeit also nur ein Simulacrum substanzieller Subjektivität wäre. Wenn sich Männer von solchen Frauen bedroht fühlen, dann nicht einfach, weil sie für sie eine »Kastrationsdrohung« darstellen, sondern weil ihre Anwesenheit es schwieriger für die Männer macht, die Verdrängung der Kastration aufrechtzuerhalten. Sie schwächt die Abwehrmauer gegen die Angst. Und das erklärt die häufig gewaltsamen und affektgeladenen Reaktionen auf diese Frauen.

So könnte man also die sexuelle Spaltung aus der Perspektive der Frage des ontologischen Minus formulieren: Männlichkeit ist eine Sache des *Glaubens,* Weiblichkeit ist eine Sache der *Täuschung.* Und man kann (so steht zu hoffen) aus dieser Formulierung erkennen, in welchem Sinne es aus der Perspektive der Psychoanalyse nicht darum geht, ein stichhaltiges Merkmal zu finden, anhand dessen sich Männer und Frauen unterscheiden ließen. Es geht um die parallaktische Einschreibung des konstitutiven Minus der signifikanten Ordnung *in diese Ordnung selbst*. Es kann gut sein, dass Lacan deshalb tatsächlich nie den Ausdruck sexuelle Differenz benutzt, sondern von der sexuellen »Teilung« [»*division*«] spricht. Aus diesem Grund ist für ihn die Sprache auch kein neutrales Kommunikationsmedium zwischen Subjekten, sondern sie produziert Subjekte, indem sie sie in ihren inhärenten Antagonismus verwickelt, in den ihr inhärenten Widerspruch und die ihr inhärente Unmöglichkeit. Subjekte sind nicht durch die Sprache »konstruiert«, sie werden durch die der Sprache inhärente Grenze und durch das unerwartete Plus, das an dieser Grenze erscheint, produziert.

Auch wenn diese fundamentale Einsicht erst viel später expliziter formuliert wird, ist sie doch schon in der Perspektive impliziert, aus der Lacan in seinem Essay »Das Drängen des Buchstabens im Unbewussten« von 1957 die Logik kritisiert, die normalerweise mit der strukturalen Linguistik und vor allem mit dem berühmten saussureschen Algorithmus (S/s – Signifikant über Signifikat) in Verbindung gebracht wird. Das zentrale Thema der strukturalen Linguistik ist die Akzentuierung der reinen Differentialität (Saussure formuliert bekanntermaßen in seinen *Grundfragen der allgemeinen Sprachwissenschaft*: In der Sprache gibt es nur Differenzen, keine positiven Begriffe. Signifikanten »machen Sinn« oder produzieren Bedeutung ausschließlich als Teile eines differentiellen Netzwerks von Plätzen, binären Oppositionen etc.) und die Akzentuierung der Arbitrarität des Zeichens (die Signifikantenkette ist strikt vom

Signifikat *getrennt)*. Genau das zeigt der Balken im saussureschen Algorithmus an. Dieser Algorithmus, argumentiert Lacan, kann die Illusion aufrechterhalten, dass der Signifikant die Funktion hat, das Signifikat zu repräsentieren und dass er seine Existenz rechtfertigen muss, indem es einiges an Bedeutung gibt. Um diese irrige Sichtweise zu illustrieren, reproduziert Lacan zunächst etwas, was er die »fehlerhafte Illustration«[33] nennt.

ARBRE (BAUM)

Der Signifikant »Baum« würde (wenn auch arbiträr) dazu dienen, eine Bedeutung zu repräsentieren. Dieses Denken lehnt Lacan als irrig ab. Auf der anderen Seite ist er sich wohl bewusst, dass es nicht ausreicht, zu behaupten, dass es keine irgendwie geartete Verbindung zwischen den beiden Ebenen des Algorithmus gibt und folglich dem Algorithmus S/s einzig die Idee der Parallelität zwischen oberer und unterer Ebene zu entnehmen, weil er dann »das änigmatische Zeichen eines totalen Mysteriums bliebe. Was selbstverständlich nicht der Fall ist.«[34]

Für Lacan gibt es eine Verbindung zwischen den beiden Ebenen, aber es handelt sich dabei weder um eine Repräsentation noch um eine Bedeutung. Was also dann?

---

[33] Lacan, »Das Drängen des Buchstabens im Unbewussten oder die Vernunft seit Freud«, in: Ders., *Schriften I*, übersetzt von Hans-Dieter Gondek, Wien/Berlin: Turia + Kant, 2016, S. 589.
[34] Ebd.

Wie lässt sich das denken, ohne in die (vor-saussuresche) Haltung zurückzufallen, nach der die Sprache eine Ansammlung von Namen für eine Ansammlung von Objekten ist? Lacan antwortet auf diese Frage, dass »der Signifikant in Wirklichkeit ins Signifikat eintritt; nämlich in einer Form, die, weil sie nicht immateriell ist, die Frage nach seinem Platz in der Realität stellt«[35] Das also ist die Verbindung, nach der wir gesucht haben. Der Signifikant »tritt ins Signifikat ein« und der Balken zwischen beiden verhindert das nicht gerade. Aber wie können wir das verstehen? Ich glaube, dass es durchaus legitim ist, diese singuläre Verbindung so zu verstehen, wie ich es weiter oben als eine Struktur *»mit-ohne«* diskutiert habe. Der Signifikant repräsentiert kein Signifikat und ist auch nicht einfach ein »änigmatisches Zeichen eines totalen Mysteriums«. Er ist *mit-ohne das Signifikat* (als der binäre Signifikant). Der Mangel an Verhältnis, der durch den Balken zwischen den beiden Ebenen symbolisiert ist, ist dem Signifikanten als solchem (und der Ordnung des Signifikanten) selbst *inhärent*. Er sollte nicht einfach als das Unvermögen des Signifikanten gedacht werden, sein Signifikat zu finden, zu erreichen oder ein Verhältnis zu ihm zu haben, sondern als das der Sprache *inhärente* Minus und die der Sprache inhärenten Widersprüche. Das ist der Wirbel oder der Loop, der der symbolischen Ordnung inhärent ist. Das (immer gleiche) Minus, das mit jedem Wort, das wir aussprechen, impliziert ist und wiederholt wird. Die Verbindung oder das Verhältnis des einen Signifikanten zum anderen (die die Signifikantenkette ausmacht) ist eben die Negativität des *mit-ohne*. Das ist die Lücke, die der signifikanten Ordnung inhärent ist, und in der Lacan das *Subjekt* (des Unbewussten)

---

[35] Ebd., S. 590.

situiert. Und das Schöne daran ist natürlich, dass dieses Mit-ohne bereits vorhanden ist im (englischen) Signifikanten »*without*«: »*with-out*«. Ohne etwas zu sein, heißt, mit dem Mangel von etwas zu sein. Wir könnten also sagen, dass Lacan den Balken, der den Signifikanten vom Signifikat trennt (S/s), in das Register des Signifikanten selbst überführt. »Ein Signifikant repräsentiert ein Subjekt für einen anderen Signifikanten« ist seine Formel, die diese bindende Negativität deutlich macht. Und aus diesem Grund ist für Lacan die Theorie des Signifikanten untrennbar mit der Theorie des Unbewussten verbunden. Das »Mit-ohne« kann auch als die Formel (oder den Buchstaben) des Unbewussten betrachtet werden, nicht als die Formel irgendeines unbewussten Inhalts, sondern als Formel der Form (der Topologie, der Struktur) des Unbewussten. Die Vorstellung des Signifikanten und die Vorstellung des Unbewussten (oder des Subjekts des Unbewussten) sind nicht voneinander zu trennen. Die signifikante Ordnung (die mit-ohne einen Signifikanten auftaucht) und die Verfasstheit (des Loops) des Unbewussten sind ein und dasselbe.

Für Saussure funktioniert Sprache als reine Differentialität. Bedeutung taucht auf durch die differenten Verhältnisse, die ein Signifikant zu den anderen Signifikanten unterhält (»Baum« ist ein Baum, weil er kein »Auto«, »Busch« oder »Zug« ist und so weiter). In der Sprache basiert also alles auf Verhältnissen. Lacan geht es allerdings darum, und da geht er über Saussure und die klassische strukturale Linguistik hinaus, dass diese rein relationale Differentialität, die er nicht anzweifelt, sich nur auf eine Nicht-Beziehung gründen kann, oder, wenn einem das lieber ist, auf eine *andere, ihr differente Art der Differenz*. Damit die relationale Differentialität existieren und funktionieren kann, muss der *eine* (des binären Verhältnisses) fehlen. Und darin liegt der ganze Unterschied und der Unterschied ums Ganze (die Möglichkeit der Differenzierung kann nur auf der Basis dieser fundamentalen Differenz erscheinen). Das ist Lacans entscheidende Ergänzung, die es ihm erlaubt, die Idee des Subjekts (des Unbewussten) genau da wiedereinzuführen, wo sie am heftigsten angegriffen wird.

Wie ich weiter oben bereits argumentiert habe, ist das Reale der Geschlechterteilung mit genau diesem Punkt des »fehlenden Einen« verbunden. Ich würde außerdem vorschlagen, dass Lacan aus diesem Grund die folgende, ebenfalls sehr bekannte Zeichnung als wichtiges Beispiel für sein allgemeines Verständnis der Funktionsweise des Signifikanten verwendet.

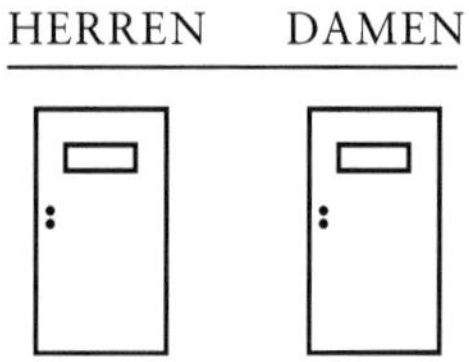

Das ist die Zeichnung oder die Illustration, durch die er die »fehlerhafte Illustration« (diejenige mit dem Baum) ersetzt. Was haben wir hier? Zwei verschiedene Namen, die über das gleiche Ding (oder seine Wiederholung) – eine Tür – geschrieben sind. Wir haben hier also mit anderen Worten Differentialität (zwei verschiedene Signifikanten), aber in den Realitäten, auf die sie sich beziehen, gibt es keinen Unterschied. Und gleichzeitig sind die Realitäten nicht eine Realität, sondern die Realität als Spaltung. Lacan fügt sofort hinzu, dass es ihm damit nicht einfach darum geht, die nominalistische Debatte mit einem Tiefschlag zum Schweigen zu bringen, »sondern um zu zeigen, wie der Signifikant in Wirklichkeit ins Signifikat eintritt«[36]

Nichts ist neutral an diesem Beispiel – im Gegenteil, es ist in höchstem Maße verzerrt. Denn es lässt sich nicht unabhängig von Lacans beharrlicher Betonung verstehen, dass sexuelle Differenz eine singuläre Art der Differenz ist, die nicht der grundsätzlichen signifikanten Logik von binären Oppositionen und Differenzierungen folgt.[37] Wir scheinen uns also einem offensichtlichen Widerspruch gegenüber zu sehen. Wie kann Lacan als wichtigste Illustration der Funktionsweise des Signifikanten ein Beispiel verwenden, das nach seiner eigenen Theorie den allgemeinen Regeln der Funktionsweise des Signifikanten nicht gehorcht? Die Antwort ist, dass Lacan hier – in der Debatte mit der strukturalen Linguistik – nicht einfach nur ein Beispiel für die Funktionsweise des Signifikanten sucht, sondern ebenso ein Beispiel für die *Voraussetzungen* dieser Funktionsweise. Es handelt sich da-

---

36 Ebd.

37 Mladen Dolar hat das treffend auf den Punkt gebracht: »[...] die sexuelle Differenz stellt genau deshalb ein Problem der Zwei dar, weil es nicht auf eine binäre Opposition reduziert werden bzw. nicht mit Bezug auf die binär-numerische Zwei erklärt werden kann. Es handelt sich nicht um eine signifikante Differenz solcher Art, dass sie die Elemente einer Struktur bestimmen würde. Sie kann nicht in Form von gegensätzlichen Eigenschaften beschrieben werden oder als ein Verhältnis zweier gegebenen Entitäten, die der Differenz vorgängig sind. [...] Die Zwei, nach der wir hier suchen, ist nicht die binäre Zwei, die sich aus gleichen oder unterschiedlichen Einsen zusammensetzt, sondern die Zwei des einen und des Anderen. Man könnte sagen: Körper können gezählt werden, Geschlechter nicht. Das Geschlecht setzt dem Zählen der Körper eine Grenze, es schneidet sie eher von innen, als dass es sie unter gemeinsamen Überschriften ordnet.« [Mladen Dolar, »One Splits into Two«, in: *Die Figur der Zwei/The Figure of Two. Das Magazin des Instituts für Theorie*, Nr. 14/15, 2010.]

bei um Voraussetzungen, die die Linguistik vergisst, die Psychoanalyse aber in den Fokus rückt.

Das »Damen und Herren«-Beispiel ist mit anderen Worten nicht so sehr ein Beispiel für die Funktionsweise des Signifikanten als vielmehr das Beispiel für die konstitutive Lücke und den Widerspruch im Kern der signifikanten Logik. Es ist nicht eins von vielen möglichen Beispielen, sondern ein Beispiel, das in einem gewissen Sinne in allen anderen Beispielen implizit ist, wenn man sie bis auf die Ebene ihrer Voraussetzungen zerlegt. Das Beispiel, das Lacan an diesem entscheidenden Punkt seiner Theorie des Signifikanten benutzt, ist also in keiner Weise zufällig. Das wird überaus klar, wenn er in der Folge das »konstruierte Beispiel«, wie er das obige Schema nennt, durch ein »Erlebnis der Wahrheit«[38] ersetzt, nämlich durch die folgende Geschichte:

Ein Zug fährt in einen Bahnhof ein. Ein kleiner Junge und ein kleines Mädchen, Bruder und Schwester, sitzen sich am Fenster eines Abteils gegenüber, von dem aus man die vorübergleitenden Gebäude auf den Bahnsteigen sehen kann. Der Zug hält an. »Schau«, sagt der Bruder, »wir sind in Damen!« »Dummkopf!« ruft das Mädchen, »siehst du nicht, dass wir in Herren sind«.

Lacan stellt dieser Geschichte eine sehr genaue und schöne Analyse zur Seite:

> [...] man müsste schon [...] keine Augen im Kopf haben, um darin über den jeweiligen Platz des Signifikanten und des Signifikats in Verwirrung zu geraten und nicht zu verfolgen, von welch strahlendem Zentrum aus der erste sein Licht ins Dunkel der unvollendeten Bedeutungen zurückwirft.

---

[38] Vgl. Lacan 2016, S. 591.

Denn er trägt sodann den bloß animalischen und dem Vergessen der natürlichen Nebel geweihten ZWIST in die maßlose, für die Familien unerbittliche und für die Götter lästige Potenz des ideologischen Krieges. HERREN und DAMEN werden von nun an für diese Kinder zwei Vaterländer sein, denen ihre Seelen jeweils von einem divergenten Flügel aus zufliegen werden, und über welche es ihnen umso unmöglicher sein wird, einen Pakt zu schließen, als, da sie in Wahrheit dasselbe sind, hinsichtlich der Vorzüglichkeit des einen keines nachgeben könnte, ohne den Ruhm des anderen anzutasten.[39]

Diese Passage ist deshalb so wertvoll, weil wir deutlich sehen können, wie für Lacan zwei Themenfelder (das Thema der Logik des Signifikanten und das Thema der sexuellen Teilung) zusammenfallen. Er behandelt beide Themen als untrennbar miteinander verbunden. Nicht, weil der Signifikant bereits sexuelle Differenz voraussetzt, oder sie als solche konstruiert, sondern weil sexuelle Differenz (und all die gekünstelte Dialektik der Sexualität, des Begehrens und der Liebe) die Folge – nicht einfach der signifikanten Ordnung –, sondern der *Tatsache ist, dass etwas in ihr fehlt* (und dass gleichzeitig etwas Überschüssiges in ihr ist, das Mehr-Genießen). Als zwei Perspektiven *innerhalb* der gleichen signifikanten Konfiguration markieren die beiden (noch nicht ganz) sexuierten Subjekte eine radikale Differenz oder Differenz als solche. Das ist die Differenz, die keinen Grund hat. Sie kommt nicht von verschiedenen Territorien her – das würde es erlauben, sie als Differenz zwischen zwei unterschiedlichen »Vaterländern« zu befrieden (indem die Vaterländer ein Abkommen unterzeichnen und auf

[39] Ebd.

diese Weise ein »Verhältnis« etablieren). Ihr Vaterland ist ein und dasselbe. Und doch ist diese Einheit und Gleichheit die Einheit und Gleichheit der reinen Differenz.[40]

Lacans Beispiel ist also nicht nur ein Beispiel für die Funktionsweise des Signifikanten, sondern auch und vor allem ein Beispiel für ihre negativen ontologischen Voraussetzungen. Es ist ein Beispiel, das die Dimension der Sprache an die Lücke des Unbewussten knüpft, an eine »radikale Heteronomie, deren weit geöffnete Kluft die freudsche Entdeckung am Menschen aufgezeigt hat«[41], wie er sagt. Diese Heteronomie ist folglich nicht diejenige zwischen Damen und Herren, sondern die zwischen der Sprache als einem System von Differenzen und dem objektartigen Surplus *(a)*, das am Platz des konstitutiven Minus dieses Systems erscheint und damit dessen reine Differentialität befleckt. Sexuelle Differenz ist die Differenz in der Konfiguration oder in der Logik dieser »Befleckung«. Das ist der andere Punkt, an dem sich die Psychoanalyse von der strukturalen Linguistik trennt. Wenn wir an die Sprachphänomene denken, mit denen Psychoanalytiker vor allem zu tun haben, dann stimmt es einfach nicht, dass Bedeutung nur nach den Gesetzen der reinen Differentialität produziert wird, sondern genauso nach zwei anderen Mechanismen, die Freud herausgestellt hat: klangliche Ähnlichkeiten oder Homonyme, und Assoziationen, die in der Erinnerung des Sprechers existieren. Versprecher, Witze, Träume – überall dort (und auch anderswo) finden wir sehr wohl so etwas wie

---

40 Diesen Unterschied zwischen zwei Arten von Differenzen, einer relationalen und einer nicht-relationalen, entwickelt Lacan in seinen späten Seminaren auf detaillierte Weise und im Verhältnis zur Mengenlehre. Ich werde diesen Unterschied weiter unten im Kapitel 4 diskutieren.

41 Lacan 2015c, S. 620.

positive Entitäten, wenn Worte auf eine merkwürdig ähnliche Weise funktionieren wie Objekte. Lacan hielt dieses Argument Freuds für entscheidend.[42]

Signifikanten sind niemals reine Signifikanten. Sie sind, von innen heraus, mit unerwarteten Überschüssen beladen, die die Logik ihrer reinen Differentialität tendenziell zerstören. Auf der einen Seite – die strukturalistische Seite, die Lacan in seine Theorie mit einbezieht – sind sie vom Signifikat in dem Sinne getrennt, dass es keine inhärente Verbindung gibt, die vom Signifikanten zu seiner Bedeutung führt. Aber wenn das alles wäre, dann wäre das signifikante Feld ein konsistentes System und, nach dem Motto des Strukturalismus: eine Struktur ohne Subjekt. Lacan folgt dieser Sichtweise, soweit sie überzeugend mit der Idee eines »psychologischen Subjekts« aufräumt, einer intentionalen Subjektivität, die die Sprache nach ihren Absichten gebraucht und das Feld des Sprechens meistert, oder sein Grund und seine Quelle ist. Aber er geht einen Schritt weiter. Wenn wir uns die Signifikantenkette genau anschauen, eben in ihrer Autonomie, dann werden wir feststellen, dass sie andauernd und aus sich heraus ziemlich unerwartete Bedeutungseffekte produziert, eine Bedeutung, die, genau gesprochen, eine überschüssige Bedeutung ist, die den Signifikanten von innen heraus befleckt. Das ist der Ort des Subjekts (des Unbewussten). Und genau durch diese überschüssige Bedeutung (die mit dem überschüssigen Genießen verbunden ist) sind Signifikanten irreduzibel und intrinsisch an die Realität, auf die sie sich beziehen, gebunden. Auf diese Weise »treten sie in das Signifikat ein«. Wir können unsere These, nach der sich dieses »Eintreten in das Sig-

---

42 Mladen Dolar hat dieses Argument ausführlich erarbeitet [vgl. Dolar 2010].

nifikat« nach den Regeln des Mit-ohne verstehen lässt, das eine Abwesenheit im Herzen der signifikanten Anwesenheit markiert, ergänzen, und zwar durch diese Dimension oder dieses Element der überschüssigen Bedeutung/des überschüssigen Genießens als die Kehrseite der Negativität, die das Mit-ohne impliziert. Der Signifikant tritt in das Signifikat ein (in einer Form, die »nicht immateriell«[43] ist, wie Lacan hinzufügt) und nimmt folglich einen Platz in der Realität ein – in der Form dieses Überschusses, der die signifikanten Verhältnisse schafft und verkompliziert, indem er sie verdreht und ihre Logik »treibt«.

Minus Eins/Mehr-Genießen – das ist die notwendigerweise verzerrte strukturelle Topologie, in der sich das Subjekt des Unbewussten aufhält. Dieses Subjekt ist niemals neutral. Es ist geschlechtlich, weil das Geschlecht oder die Sexualität nichts anderes ist als eine Konfiguration dieses signifikanten Minus und des überschüssigen Genießens. Eine Konfiguration, die dem Widerspruch nicht entkommt, der die *logische* Konsequenz des einen (des Anderen) ist, das nicht da ist.

JE TE M'ATHÈME… MOI NON PLUS

Alain Badiou und Barbara Cassin eint die lange Geschichte eines faszinierenden Dissenses in Bezug auf die Rolle der Sophistik in der Philosophie. Um es ganz einfach zu sagen: Badiou sieht im Sophisten den Antiphilosophen *par excellence,* der den Philosophen dazu verleitet, die Idee der Wahrheit und das Streben nach ihr aufzugeben und sich stattdessen einem spielerischen Gleiten auf der Oberfläche der Sprache und des Sinnes hinzuge-

[43] Lacan 2016, S. 590.

ben, indem er ihre Widersprüche und Paradoxien aufdeckt und genießt. Der Sophist ist mit anderen Worten der fatale Doppelgänger, das *alter ego,* eines wahren Philosophen. Er ist der Andere, den die Philosophie letzten Endes hinter sich lassen muss – auch wenn sie in der Tat etwas von ihm lernen kann. Auf der anderen Seite sieht Barbara Cassin, die außerordentlich fesselnd über Sophistik und die Figur des Sophisten geschrieben hat,[44] in dieser Figur einen irreduziblen und unverzichtbaren Kern der Philosophie – etwas, das man aus der Philosophie nicht eliminieren kann, ohne die Philosophie selbst zu verlieren. Sophistik ist echte Philosophie.

Und es ist sicher kein Zufall, dass diese Polemik ihren Höhepunkt dann erreicht, wenn sie sich um (das Spätwerk von) Lacan herum kristallisiert. Denn in diesem Spätwerk findet Lacan mehr und mehr, Seite an Seite und gleichzeitig, Geschmack sowohl an der Sophistik (an Wortspielen, Doppelbedeutungen, Neologismen ...) als auch am formalen Rigorismus (an Formeln, Mathemen, Topologie). 2010 haben Badiou und Cassin ein kurzes Buch veröffentlicht, das den Titel *Il n'y a pas de rapport sexuel* [im Deutschen übertragen als: *Es gibt keinen Geschlechtsverkehr*] trägt und das ihre jeweiligen Kommentare zu Lacans notorisch schwierigem Text *L'étourdit* aus dem Jahr 1972 enthält. Es ist ziemlich offensichtlich, dass der Titel nicht einfach nur gewählt wurde, weil sie beide diskutieren, was bei dieser These Lacans und bei seinen Formeln der Sexuierung auf dem Spiel steht, sondern auch weil sie glauben, dass ihre Diskussion selbst eine Inszenierung dieser These ist, ihre philosophische

---

[44] Beginnend mit ihrem Opus magnum *L'effet sophistique,* Paris: Gallimard, 1995.

und verkörperte Performance. In der Einleitung zu dem Buch, die beide unterschrieben haben, lesen wir:

> In beiden Studien, Lektüren oder Schneisen, von denen die eine von einer Frau, die andere von einem Mann vorgenommen worden ist (dies festzuhalten ist wichtig), steht jeweils das Wissen auf dem Spiel: im einen Fall wird das Wissen ausgehend von seinem intimen Verhältnis zu den Sprachdingen angegangen, im anderen ausgehend von der Philosophie und von deren Anspruch, über die Wahrheit Aussagen treffen zu können.

In jedem Fall steht die Philosophie angesichts von Lacans *L'Ètourdit,* angesichts der modernen Theorie der Sexuation, der Paradoxien der Sprache und des Unbewussten vor einer neuartigen Verteilung zwischen der Männlichkeit Platons und der Weiblichkeit der Sophistik. Dem hat die philosophische Auseinandersetzung zu gelten.[45]
Hm...

Beim Lesen der beiden Essays wird sofort deutlich, wie sehr die beiden in ihrer fundamentalen Perspektive und ihrer konzeptuellen Wette voneinander abweichen. Barbara Cassin stellt Lacans Akzentuierung der Mehrdeutigkeit in den Vordergrund. Am direktesten formuliert Lacan das in der folgenden These aus *L'étourdit:* »Die Deutung, die – will sie keine Direktive sein – mehrdeutig oder zweideutig sein muss, ist da, um ein Loch zu bohren.«[46] Oder, um eine leicht ausführlichere Version der gleichen These zu zitieren:

---

[45] Alain Badiou / Barbara Cassin, *Es gibt keinen Geschlechtsverkehr,* übersetzt von Judith Kasper, Zürich: diaphanes, 2012, S. 8f.
[46] Jacques Lacan, »L'étourdit«, in: *Scilicet,* Nr. 4, 1973, S. 48.

> Die psychoanalytische Intervention sollte in keiner Weise theoretisch, suggestiv, das heißt zwingend sein. Sie muss *mehrdeutig* sein. Die analytische Deutung ist nicht dafür gemacht, verstanden zu werden, sondern um Wellen zu schlagen.[47]

Badiou dagegen nimmt eine andere bekannte These Lacans zum Ausgangspunkt: »Die mathematische Formalisierung ist unser Ziel, unser Ideal.«[48] Hier liegt der Akzent in bemerkenswerter Weise woanders: Wir befinden uns auf dem Gebiet der Formalisierung, der Formeln, der Matheme, der Knoten und anderer topologischer Modelle. All das (die klinische Praxis des *passe* eingeschlossen) basiert auf der Idee einer integralen Übermittlung, einer Übermittlung ohne Rest. Das impliziert nach Badiou eine absolute *Eindeutigkeit.* Auf der Ebene des Mathems gibt es keine Mehrdeutigkeit, das Mathem ist nur das, was es ist. Vor vielen Jahren, als Badiou seine Theorie der Liebe, in der er ausführlich Gebrauch von mathematischer Formalisierung machte, zum ersten Mal vorstellte, dachte ein Journalist, dass dieser Ansatz schrecklich eingeschränkt sei im Vergleich zur reichen gelebten Erfahrung der Liebe. Der Journalist fand bei dem Versuch, sich über Badiou lustig zu machen, eine großartige Formulierung, die Badiou sehr gefiel. Er meinte, dass Badiou zu einer Frau, mit der er schlafe, wohl nicht sagen würde *je t'aime,* sondern vielmehr *je te m'athème.*[49] Und vielleicht wäre es interessant, die Debatte zwischen Badiou und Cassin über diese Fragen von Mehrdeutigkeit

---

[47] Jacques Lacan, »Conférences et entretiens dans des universités nord-américaines«, in: *Scilicet,* Nr. 6-7, 1976, S. 32.

[48] Lacan 1986, S. 128.

[49] Badiou erzählt diese Anekdote in Alain Badiou, »The Scene of the Two«, in: *Lacanian Ink,* Nr. 21, 2003.

versus Formalisierung mit einer Paraphrase eines bekannten Liedes zusammenzufassen und zu sagen, dass diese Debatte ihr *Je te m'athème... moi non plus* ist.

Aber ist dieser Blick auf die sexuelle Differenz – als die Spaltung »zwischen der Männlichkeit Platons und der Weiblichkeit der Sophistik« oder zwischen Mehrdeutigkeit und Eindeutigkeit aus einer lacanianischen Perspektive wirklich haltbar?

Es ist überflüssig, zu erwähnen, dass sowohl Cassins als auch Badious Lektüre auf den jeweils passenden Passagen bei Lacan basieren und es mag so scheinen, dass sie auf diese Weise die Inkonsistenz von Lacans Denken aufzeigen, oder zumindest die Tatsache, dass sein Denken in zwei gegenläufige Tendenzen aufgespalten ist: der fast wortlose Modus der Formalisierung und der außerordentlich geschwätzige Modus der Witze, der Wortspiele und des Labyrinths an mysteriös klingenden Formulierungen. Es stimmt: Beides findet sich bei Lacan.

Aber dieser Gegensatz oder dieser Unterschied zwischen Mehrdeutigkeit und Formalisierung (Eindeutigkeit) im Kontext der Theorie Lacans ist vielleicht irreführend oder ganz einfach falsch. Denn er geht auf den Gegensatz oder das Auseinanderklaffen zweier philosophischer Grundrichtungen zurück, die Badiou in Bezug auf den *Gegensatz* zwischen dem Streben nach Wahrheit (und nach Formalisierung) und dem »linguistic turn« bestimmt. Es ist allerdings entscheidend, zu sehen, wie sich die Vorstellung von *Sprache,* die aus der Theorie und der Praxis der Psychoanalyse folgt, von der Vorstellung, die im »linguistic turn« impliziert ist, unterscheidet und letztere vielmehr unhaltbar macht. Das wenigstens werde ich im Folgenden auseinanderzusetzen versuchen, indem ich Badious und Cassins Kommentare als Ausgangspunkt nehme, ohne dabei ihre komplexen und in vielerlei Hinsicht sehr erhellenden Argumente darzulegen oder ihnen Gerechtigkeit widerfahren zu lassen. Die Frage, die uns leiten wird, ist ganz einfach folgende: Wie sind Mehrdeutigkeit und Formalisierung bei Lacan konfiguriert und was ist die Position der Wahrheit in dieser Konfiguration?

Lassen Sie uns zunächst kurz zu den Zitaten zurückkehren, in denen Lacan die zwingende Natur der Deutung zurückweist und stattdessen die Mehrdeutigkeit favorisiert. Eine psychoanalytische Intervention oder Deutung solle nicht »theoretisch«, nicht »suggestiv«, nicht »direktiv« oder »zwingend« sein. Was heißt das eigentlich? Es ist wichtig, zunächst zu betonen, dass es hier nicht um irgendeine antitheoretische Orientierung der Psychoanalyse geht, anders als es Analytikerinnen und Analytiker manchmal angesichts solcher Thesen gerne verstehen wollen. Was Lacan hier kritisiert, ist nicht die psychoanalytische Theorie, sondern eine *Praxis,* die die Theorie an der falschen Stelle oder auf die falsche Art ins Spiel bringt. Lassen Sie uns Lacans Worte selbst hören, der an dieser Stelle sehr klar ausbuchstabiert, um was es geht:

> Wenn es ein Hauptgesetz der Psychoanalyse gibt, dann ist es, dass wir nicht plappern sollten, nicht einmal im Namen von analytischen Kategorien. Keine wilde Analyse: Man sollte keine Worte benutzen, die nur für den Analytiker Sinn machen. Ich lerne alles von meinen Analysanten. Von ihnen lerne ich, um was es in der Psychoanalyse geht. Ich leihe mir meine Interventionen von ihnen, nicht von meiner Lehre – außer ich weiß, dass sie genau wissen, was etwas Bestimmtes bedeutet. Ich habe das Wort »Wort« durch das Wort »Signifikant« ersetzt und das heißt, dass es sich der Mehrdeutigkeit, verschiedenen möglichen Bedeutungen zur Verfügung stellt. Und wenn Sie Ihre Worte gut wählen – die Worte, die den Analysan-

ten verfolgen werden – dann werden Sie den erwählten Signifikanten finden, denjenigen, der funktioniert.[50]

Es ist keine (falsche oder ehrliche) Bescheidenheit, die Lacan sagen lässt: »Ich lerne alles von meinen Analysanten«, »ich leihe mir meine Interventionen von ihnen«. Es handelt sich vielmehr um ein Vorgehen, das sehr genau durchdacht ist und das in der Tat an Hegels Warnung in der Vorrede der *Phänomenologie des Geistes* vor einem (philosophischen) Vorgehen erinnert, das sich nur an Zwecken und Resultaten orientiert und sich ausschließlich mit Differenzierungen und dem Fällen von Urteilen beschäftigt. Ein solches Tun, sagt Hegel, ist immer schon jenseits der Sache, anstatt sich wirklich mit ihr auseinanderzusetzen. Anstatt bei der Sache zu verweilen und sich mit ihr abzugeben, bleibt ein solches Wissen wesentlich mit sich selbst beschäftigt.[51] Die Nähe zwischen dem »praktizierenden Analytiker« Lacan und dem »spekulativen Philosophen« Hegel in diesen methodischen Fragen sollte ausreichen, um jeder schnellen Schlussfolgerung in Bezug auf den Gegensatz von Theorie und Praxis, von Philosophie und Antiphilosophie oder von Singulärem und Universellem vorzubeugen.

Psychoanalytikerinnen und Psychoanalytiker sind keine Experten, die bei der Behandlung ihrer Patientinnen und Patienten ihre Expertise auf die Symptome eines konkreten Falles anwenden. Wenn jemand etwas im Ding (in der unbewussten Struktur) verändern möchte, dann muss er ihm erlauben zu sprechen, weil es nur selbst auf das Wort kommen, das Wort produzieren kann, *das irgendwann »funktioniert«*, also die Dinge in Bewegung

---

50 Lacan 1976, S. 34.

51 Georg Friedrich Wilhelm Hegel, *Die Phänomenologie des Geistes,* Werke, Bd. 3., Frankfurt a.M.: Suhrkamp, 1986, S. 13.

bringt. Das ist nicht einfach nur eine praktische (klinische) Haltung, sondern ebensosehr eine theoretische.

Um zu unserer zentralen Frage zurückzukehren: Was impliziert die Akzentuierung der Mehrdeutigkeit im Verhältnis zum ebenso eindeutig formulierten Ideal der Formalisierung, das in Lacans Arbeit sehr präsent ist?

Die Antwort mag in ihrer Einfachheit überraschen: Die Mehrdeutigkeit selbst kann als Formel funktionieren, wie schon am Beispiel von *»Je te m'athème«*, oder an der Funktionsweise von mehrdeutigen Pointen in Witzen deutlich wird. Im Falle der Witze hat das Spiel mit der Mehrdeutigkeit und die Einführung einer anderen Bedeutung mit ihrer Hilfe, keine Relativierung der Bedeutung zur Folge. Vielmehr ist dieses Spiel so beschaffen, dass wir einen sehr präzisen, isolierten Punkt begreifen. Lassen Sie mich an dieser Stelle einen Witz wiederholen, den ich in meinem Buch über die Komödie benutzt habe. Er ist es wert, wiederholt zu werden, nicht nur, weil er diesen Punkt perfekt illustriert, sondern auch weil wir in der Lage sein werden, ihn zu rekonfigurieren und ihn so als ein Beispiel für eine mögliche analytische Intervention zu nutzen.

> Ein Mann kommt nach einem anstrengenden Tag bei der Arbeit nach Hause, wirft sich auf das Sofa und vor den Fernseher und sagt zu seiner Frau: »Bring mir ein Bier, bevor es losgeht.«
>
> Die Frau seufzt und bringt ihm ein Bier. Fünfzehn Minuten später sagt er: »Bring mir noch ein Bier, bevor es losgeht.« Sie sieht verärgert aus, holt ihm aber noch ein Bier und knallt es vor ihm auf den Tisch. Er trinkt es aus und sagt ein paar Minuten später: »Schnell, bring mir noch ein Bier, es wird jede Minute losgehen.« Die Frau ist außer sich. Sie schreit ihn an: »Ist das alles, was du heute Abend machen wirst? Bier trinken und vor der Glotze sit-

zen? Du bist nichts weiter als ein fauler, betrunkener, fetter Depp, und außerdem…«

Der Mann seufzt und sagt: »Jetzt ist es losgegangen…«

Der letzte Satz, die Pointe, ist mehrdeutig; das, was sie übermittelt, ist es nicht. Eine solche mehrdeutige Pointe öffnet sich nicht einer Vielzahl möglicher Bedeutungen, sondern sie ruft diese Mannigfaltigkeit hervor und benutzt sie, um einen *singulären Punkt* (oder eine Sackgasse) festzuhalten und diesen Punkt möglichst effizient zu übermitteln – nicht indem er ausführlich und in Gänze beschrieben wird, sondern indem er direkt benannt wird, das heißt präzise in einer Weise, die so ähnlich funktioniert wie eine Formel. Natürlich sind solche »Formeln« nur dann »universell übermittelbar«, wenn man die Sprache, »aus denen« sie gemacht sind, spricht. Anders als mathematische Formeln sind sie von lebenden Sprachen und den Menschen, die sie sprechen, abhängig. Aber das ist weniger eine Limitierung als genau das, was es diesen Mehrdeutigkeiten möglich macht, als Formeln zu funktionieren oder ganz einfach zu funktionieren: »Wellen zu schlagen«, »ein Loch zu bohren« – Folgen zu haben in der Realität, die sie formalisieren.

Was ist ein Symptom, das man in die Analyse mitbringt? Es ist immer eine subjektive *Lösung* für irgendeinen Widerspruch oder eine Sackgasse. Und es handelt sich meist um eine Lösung, die das Leben sehr kompliziert macht und mit einem gewissen Maß an Leiden einhergeht. Aber es ist eine Lösung und diese bringt eine beträchtliche subjektive Investition mit sich. Die Arbeit der Analyse besteht darin, den Widerspruch, den das Symptom »löst«, aufzudecken, indem das Symptom mit dem singulären Widerspruch in Verbindung gebracht wird, dessen Lösung es ist. Die Psychoanalyse löst nicht den Widerspruch auf, vielmehr löst sie die Lösung (die das Symptom zur Verfügung stellt). Sie *bohrt ein Loch,* wo das Symptom ein dichtes Netz an Bedeutungen geknüpft hat. Und das Subjekt muss sich selbst als Teil dieses Widerspruchs »rekonstruieren«, als direkt in ihm impliziert. (Das heißt natürlich nicht, dass wir hier auf der Ebene des Partikularen oder des Individuellen wären im Gegensatz zum Allgemeinen oder zum Gemeinsamen. Der Widerspruch, der ein einzelnes Individuum betrifft, ist *an sich* sozial – die anderen und unser Verhältnis zu ihnen sind genauso wie soziale Beziehungen im Allgemeinen bereits in ihm impliziert.)

Das richtige (mehrdeutige) Wort »bohrt ein Loch« weil es das Genießen, das verschiedene Bedeutungen auf symptomatische Weise zusammenhält (»verklebt«), wiederholt und benennt. Es bringt die Negativität (den Widerspruch) zum Vorschein, die durch die Bereitstellung dieser unterschiedlichen Bedeutungen geteilt, wiederholt und verdunkelt wird. Und es tut das, indem es das Genießen (den Überschuss an Erregung), das am Platz dieser Negativität oder dieses Widerspruchs auftaucht (und diese unterschiedlichen Bedeutungen miteinander in Verbindung bringt) auflöst und vereitelt. Das richtige Wort ist nicht wegen seiner Bedeutung das richtige Wort, sondern durch das, was es bewirkt.

Der Punkt, um den es hier geht, ist also vielleicht mit dem Bezug auf das Verhältnis (oder den Gegensatz) zwischen Mehrdeutigkeit und Eindeutigkeit nicht am besten in Szene gesetzt. Eindeutigkeit ist, wie Lacan selbst vorschlägt, eher ein Charakteristikum der Symbole in der Tiersprache:

> Alles was in [der Sprache] als *Schein [semblant]* von Kommunikation *scheinist* [*parest*], ist immer Traum, Lapsus

> oder Witz. Das hat dann nichts mit dem zu tun, was in vielen Punkten der Tiersprache vorgestellt oder bestätigt wird. Das Reale ist hier nicht von einer eindeutigen Kommunikation zu distanzieren, von der aus uns die Tiere, indem sie uns ein Modell geben, genauso zu ihren Delphinen machen: Eine Funktion des Codes führt sich in ihr aus. [...] Mehr noch, manche lebenswichtigen Verhaltensweisen organisieren sich da durch Symbole, die in jeder Hinsicht unseren ähnlich sind (die Aufrichtung und Versteifung eines Objekts im Range eines Herrensignifikanten in der Flucht der Wanderungsbewegung, der Symbolismus der Parade, ebenso oft in Liebesdingen wie in der Schlacht, Signale der Arbeit, Markierungen von Territorium), außer, dass diese Symbole niemals mehrdeutig sind.[52]

Mehrdeutigkeit dagegen ist die inhärente Bedingung der Formalisierung, insoweit Formalisierung nicht mit Symbolen und Codes verwechselt wird, wie sie zwischen Tieren zu funktionieren scheinen. In der Psychoanalyse ist die Formalisierung keine Formalisierung dieses oder jenen Inhalts, dieser oder jener Bedeutung (als der »richtigen Bedeutung«) – sie ist die Formalisierung der Sackgasse oder des »Lochs« selbst, durch das (und nur durch das) diese Bedeutungen in einer bestimmten Konfiguration gebündelt existieren. Freie Assoziationen produzieren ganze Stapel von assoziierten Bedeutungen. Und das richtige Wort ist der Schlüssel zur verschlungenen Logik dieser Assoziation. Wie wissen wir, dass wir den richtigen Schlüssel haben? Weil er funktioniert – weil er in die Richtung einer *Dissoziation* arbeitet. Der Schlüssel in der Psychoanalyse ist nicht einfach ein hermeneutischer Schlüssel, auch wenn die Hermeneutik durchaus wichtig ist.

---

52 Lacan 1973, S. 47.

Slavoj Žižek hat dies in Bezug auf die freudsche Traumtheorie und auf die These, dass »der Traum [...] nichts anderes als eine besondere *Form* unseres Denkens [ist]«[53], so formuliert:

> Zunächst müssen wir mit dem Anschein aufräumen, nach dem ein Traum nichts anderes ist als eine einfache und bedeutungslose Verwirrung, eine Störung, die durch physiologische Prozesse begründet ist und als solche nichts mit Bedeutung zu tun hat. Wir müssen mit anderen Worten einen entscheidenden Schritt in Richtung eines *hermeneutischen* Ansatzes gehen und den Traum als bedeutungsvolles Phänomen denken, als etwas, das eine verdrängte Nachricht übermittelt, die durch eine Prozedur der Deutung entdeckt werden muss.
>
> Danach müssen wir diese Faszination für den Kern der Bedeutung, für die »versteckte Bedeutung« des Traums, das heißt für den Inhalt der hinter der Form des Traums verdeckt ist, hinter uns lassen und uns auf diese Form selbst konzentrieren, auf die Traumarbeit, der die »latenten Traumgedanken« ausgesetzt gewesen sind.[54]

Das unbewusste Begehren ist nicht der Inhalt einer versteckten Botschaft, sondern es schafft aktiv die Form, die latente Gedanken in einem Traum annehmen.

Aus diesem Grund ist der Schlüssel in der Psychoanalyse nicht der Schlüssel zu einer versteckten Bedeutung, sondern der Schlüssel, der *diese Form selbst »aufschließt«* (also das dissoziiert, was in der versteckten Be-

---

[53] Sigmund Freud, »Die Traumdeutung«, in: Ders., *Studienausgabe, Bd. 2*, Frankfurt a.M.: S. Fischer, 1972 [1900], S. 486.

[54] Slavoj Žižek, *The Sublime Object of Ideology,* London: Verso, 1989, S. 14.

deutung assoziiert worden ist). Das ist es, was das »richtige Wort« tut.

In der Tat könnten wir den »Es ist losgegangen«-Witz so rekonfigurieren, dass er zu einer möglichen psychoanalytischen Intervention wird. Ein Patient beklagt sich wiederholt bei seinem Analytiker, wie er, wenn er von der Arbeit nach Hause kommt, einfach nur auf der Couch liegen, Bier trinken und seine Lieblingssendung im Fernsehen anschauen möchte. Er betont wiederholt, wie sehr er es mag, ein paar Bier zu trinken, bevor die Sendung beginnt, weshalb er die Gewohnheit hat, seine Frau genau darum zu bitten: ihm ein oder zwei Bier zu bringen, *bevor es losgeht*. Jedes Mal aber, so beklagt er sich, bekommt seine Frau einen Tobsuchtsanfall und beginnt, ihm Beleidigungen an den Kopf zu werfen. – *»Dann geht es also los«*, interveniert der Analytiker. Es geht bei dieser Intervention nicht darum, dass die wahre versteckte Bedeutung hinter dem sich wiederholenden »bevor es losgeht« eine Referenz auf die regelmäßigen häuslichen Streitigkeiten ist, sondern darum, den Fokus auf die Form selbst zu verschieben: Diese ganze Inszenierung (die ganze Szene, die er mit seiner Frau ausagiert) *IST seine Lieblingsshow*. Diese Feststellung dient nicht einfach nur dazu, dass der Ehemann versteht, was er da wirklich sagt, sondern ebenso dazu, ihm das symptomatische Genießen zu vereiteln, das in diese Szene häuslichen Streits und dessen Antizipation investiert ist. In diesem genauen Sinn könnten wir sagen, dass die *Form* des Symptoms (die spezifische Arbeit des Unbewussten) durch diese Intervention »geöffnet« wird.

Der psychoanalytische Schlüssel kann also so beschrieben werden, dass er genau an den Punkt passt, an dem »die Wahrheit am Realen hängt«, um Lacans Worte aus *Television* aufzugreifen. »Ich sage immer die Wahrheit: nicht die ganze, denn die ganze zu sagen, erreicht man nicht. Sie ganz zu sagen, das ist unmöglich, materiell: da fehlen die Worte. Gerade durch dieses Unmögliche hängt die Wahrheit am Realen.«[55] Und dieser Punkt, an dem »die Wahrheit am Realen hängt« ist genau der Punkt, um den es bei der Formalisierung geht. Formalisierung ist nicht eine Wahrheit über das Reale, sondern sie betrifft den Punkt, an dem das Sprechen (als das, was die Dimension der Wahrheit stützt) mit dem Realen verwickelt ist.

Und hier kommen wir zum Kern der Differenz zwischen Lacan und Badiou, wie sie Badiou sieht: Was Lacan zu einem Antiphilosophen macht (oder zu einem Sophisten) ist seine These, dass wir *über* das Reale nicht sprechen können (dass es keine Wahrheit *über* das Reale gibt[56]), und dass das Reale keine Metasprache zulässt. Wir können allerdings auf der Grundlage des bisher Gesagten bereits sehen, was Lacan, zum Beispiel, von Wittgensteins Version derselben These unterscheidet. Wir können über das Reale nicht sprechen, weil das Sprechen *dem Realen zu nahe ist,* weil es dem Realen nie ganz entkommen kann, weil es an ihm hängt. Aus diesem Grund findet sich bei Lacan anstatt des Verbots des Unmöglichen, das wir bei Wittgenstein finden (»wovon man nicht sprechen kann, davon muss man schweigen« – die berühmten Zeilen aus seinem *Tractatus Logico-Philosophicus)* dessen doppelte Umkehrung: Macht weiter, sprecht über *alles Mögliche*, und mit ein bisschen Glück und Hilfe (von der Analytikerin oder dem Analytiker) werdet ihr früher oder später über das Reale stolpern

---

[55] Jacques Lacan, »Television«, übersetzt von Jutta Prasse u. Hinrich Lühmann, in: Ders., *Radiophonie/ Television.* Weinheim: Quadriga 1988, S. 61.

[56] Vgl. Badiou / Cassin 2012, S. 118f.

und werdet es formalisieren (schreiben) können. Das Reale ist kein Gebiet und keine Substanz, über die man sprechen kann, es ist der dem Sprechen inhärente Widerspruch, sein Zungenbrecher sozusagen. Und genau darum *gibt es Wahrheit* und genau darum ist es gleichzeitig unmöglich, sie ganz zu sagen.

> [...M]an muss akzeptieren, dass wir von der Wahrheit als fundamentaler Position sprechen, auch wenn wir von ihr nicht alles wissen, definiere ich sie doch durch die Tatsache, dass sie sich nur halb sagen lässt.[57]

Dieses Zitat ist aus dem Jahr 1972 und es deutet darauf hin, dass die Wahrheit auch im »späten« Lacan eine zentrale Kategorie ist. Und – ich habe auch darauf schon hingewiesen – die Wahrheit hängt am Realen durch diese Unmöglichkeit, die Wahrheit ganz zu sagen. Ein Paradox ist ein weiterer Indikator für diese Unmöglichkeit, es zeigt an, dass die Sprache niemals sauber vom Realen getrennt werden kann (*über* das sie angeblich sprechen würde). Und der Platz oder die Position der Wahrheit ist der Punkt, an dem das Sprechen in das Reale, das es zu artikulieren versucht, »entgleitet« [»*slips*«] oder »ausrutscht« [»*lapses*«]. Es ist nicht einfach so, dass dieses Reale nur als Grenze des Diskurses »gefühlt« (erfahren oder »aufgezeigt«) werden kann – es ist darüber hinaus möglich, es zu formalisieren. Genau darum geht es bei Lacans Mathemen. Ein Mathem ist nicht einfach eine Formalisierung irgendeiner Realität, sie ist vielmehr – wie es Lacan selbst ausdrückt – die *Formalisierung der Sackgasse der Formalisierung.*

---

57 Lacan 2011, S. 173.

Es ist also entscheidend, darauf hinzuweisen, dass Lacan sich nicht für die *Formalisierung als solche* interessiert, sondern für die Sackgassen (die Paradoxa), die sie produziert – als Punkte ihrer eigenen Unmöglichkeit, die selbst »formalisiert« werden können. Und genau deshalb ist die Logik (und besonders die moderne mathematische Logik) ein wichtiger Bezugspunkt für ihn, denn sie macht diesen doppelten Schritt möglich.

> Diese logische Untersuchung ist nicht nur Befragung dessen, was der Sprache in ihrer Auffassung des Realen die Grenze setzt. In der Struktur selbst dieser Bemühung, sich dem Realen anzunähern, in der Handhabung dieser Struktur, zeigt sie das, was es vom Realen geben kann, das die Sprache determiniert hat.[58]

Es wäre schwieriger, es noch genauer zu sagen: Die Struktur, die versucht, das Reale zu artikulieren, wird grundlegend durch das Reale bestimmt, das sie zu artikulieren versucht. Aber diese Bestimmung ist weit davon entfernt, im Voraus alle Annäherungen an das Reale zu diskreditieren, sie ist es, die diese Annäherungen glaubhaft machen kann. Es ist genau diese Bestimmung, die irgendwann die Basis für den Anspruch der Psychoanalyse sein (oder die Rechtfertigung liefern) könnte, Realismus zu sein.[59] Diese Grundlage für den Realismus kann nur von einem gewissen Falten der Struktur zurück auf sich selbst und von einer singulären Perspektive aus (»schief schauen«) ihren Ausgang nehmen. Es ist die Psychoanalyse, die diese singuläre Perspektive einführt.

---

58 Lacan 2011, S. 20.

59 Lacan wiederholt immer wieder, dass er ein »Realist« sei und weniger ein Nominalist oder ein Idealist.

Seit ihren Anfängen hat die Logik immer durch das Artikulieren von Paradoxa Fortschritte gemacht. Lacan erinnert uns daran in »L'étourdit«: »Ich werde einfach daran erinnern, dass keine Entwicklung in der Logik – und das gilt schon vor Sokrates und ausgehend von außerhalb unserer Tradition – jemals Fortschritte gemacht hat, es sei denn ausgehend von einem Kern aus Paradoxa.«[60] Er sieht in diesen Paradoxa allerdings nicht die Grenze aller rationalistischen Unternehmungen, als Beweis dafür, dass das Reale dem Diskurs unzugänglich ist oder dafür, dass der Begriff der Wahrheit nutzlos und arbiträr ist. Ganz im Gegenteil, er macht diese Paradoxa zur Grundlage der Rationalität, zu dem, was die irreduzible Verbindung zwischen dem Diskursiven und dem Realen bezeugt und was einzig den Platz der Wahrheit als fundamentale Position öffnet.

Die Psychoanalyse schlägt sich also nicht einfach »auf die Seite« der wissenschaftlichen Fortschritte, die durch die Lösung dieser Paradoxa ermöglicht wurden, sondern sie begleitet diese, indem sie einen singulären Blick auf sie herstellt: In dieser Perspektive wird das formalisiert, was diese Fortschritte notwendig macht – die Sackgassen der Formalisierung. Aus diesem Grund ist der »analytische Diskurs kein wissenschaftlicher Diskurs, sondern ein Diskurs, für den die Wissenschaft das Material zur Verfügung stellt. Das ist etwas erheblich anderes«.[61]

Auf die Besonderheit der lacanschen Idee der Formalisierung, die nicht einfach die Formalisierung der Wissenschaft ist, sollte man auch als Antwort auf eine Kritik, die man manchmal hört, verweisen: Wenn die

---

60 Lacan 1973, S. 49.
61 Lacan 2011, S. 141.

Formalisierung tatsächlich etwas schreibt, das nicht (besser) gesagt werden kann, führen dann nicht die sich anschließenden Erklärungen dieser Formeln und Schemata ganz und gar in die Irre? Wenn das, was durch eine Formel »gesagt« ist, ohne Verlust verbalisiert werden kann, also in einfache Prosa aufgelöst, warum sollte man die Formeln dann überhaupt benutzen? Wenn das aber nicht möglich ist, dann werden all jene »Übersetzungen« von Formeln in Prosa, begrifflich gesprochen, einen uneinholbaren Verlust mit sich bringen.

Genau wie im Fall des Verhältnisses von Mehrdeutigkeit und Formalisierung ist die Antwort, dass wir Formeln und Verbalisierung nicht als Gegensätze auffassen sollten. Lacan wählt nicht Formeln, um damit die Ambiguität des alltäglichen Sprechens zu vermeiden und sicherzustellen, dass sie nur eine mögliche Bedeutung haben. Er sieht die Formeln in einer direkten Beziehung zur Logik (und zur Dialektik) des Verbalen selbst, insoweit das Verbale inhärent untrennbar von der Negativität ist, die es hervorbringt. Aus diesem Grund können wir mit der Verbalisierung des Formalen ebenso viel (oder sogar mehr) gewinnen, als durch die Formalisierung der Sackgassen des Verbalen. Es gibt legendäre Geschichten darüber, wie Lacan in seinen letzten Seminaren fast aufgehört hat, zu sprechen und stattdessen einige seiner berühmten Knoten gefertigt hat, um sie dann einfach ins Publikum zu werfen. Das lässt tatsächlich das Bild eines weisen Mannes entstehen, der jedes Vertrauen in die Worte verloren hat und sich stattdessen auf eine »höhere« und verlässlichere Form der Kommunikation stützt. Oder aber, wie es Jean-Claude Milner vorschlägt,[62] es schafft das

62 Im Rahmen eines Vortrags, den er im Februar 2016 in Ljubljana gehalten hat.

Bild eines Mannes, der sich auf die Topologie verlässt, um die Sprache zu zerstören. Beide Bilder passen allerdings nicht ganz zur folgenden, ausdrücklichen Aussage, die ebenfalls zum Repertoire von Lacans Spätwerk gehört: »Ich gebrauche Knoten nicht, weil sie non-verbal sind. Im Gegenteil. Ich versuche, sie zu verbalisieren.«[63] Es stimmt, diese Verbalisierung selbst könnte man als eine Zerstörung der Sprache auffassen – oder als Weg hin zu einer grundlegend anderen Art der Sprache. Lacans späte *hommage* an Joyce könnte man in diese Richtung lesen. Ich teile allerdings die Überzeugung meiner Freunde (allen voran Badious), dass Beckett ein stringenterer und wahrscheinlich ein lacanianischerer Autor als Joyce ist. Indem wir Beckett lesen, können wir eine weit bessere Vorstellung davon bekommen, was es heißen könnte, »die Knoten zu verbalisieren«, als durch eine Lektüre von Joyce. Wir können auch eine bessere Vorstellung davon bekommen, wie sich die Mehrdeutigkeit zum »Löcher bohren« verhält. Mladen Dolar hat Becketts Entscheidung, auf Französisch und nicht in seiner Muttersprache zu schreiben, folgendermaßen kommentiert:

> Die erste Entscheidung, die aus der Offenbarung [*revelation*] folgte, war, auf Französisch zu schreiben und so dem »anglo-irischen Überschwang und Automatismus« zu entkommen. Aber es ging um viel mehr: den Tentakeln der Muttersprache als dem scheinbaren Heimatboden des Ausdrucks des Selbst, des eigenen kulturellen Erbes, dem Gebiet des Spontanen und des Heimischen, zu entkommen. Die Muttersprache ist kein Verbündeter, sondern ein Feind. Aber das führt nur zu dieser noch weiter gefassten These: Die Sprache ist kein Verbündeter, sondern ein

---

[63] Lacan 1976, S. 35.

> Feind. In einer Sprache zu schreiben, in der man sich nicht zuhause fühlt, ist nur eine Folge der Tatsache, dass man in einer Sprache niemals zuhause ist, so dass die Muttersprache und letztlich Sprache als solche, nichts anderes ist, als eine Zuflucht vor dem, was die Literatur tun sollte: *Löcher in die Sprache zu bohren,* wie er es bekanntermaßen im Brief an Axel Kaun formuliert hat.[64]

Wie wir gesehen haben, findet die beckettsche Formulierung »Löcher in die Sprache bohren« große Resonanz in, und mit, Lacans Spätwerk. Sie ist überdies direkt mit der Frage der Mehrdeutigkeit verbunden. Dolar erinnert uns daran, dass Beckett in einem wunderbaren Wortspiel gesagt hat: »En français on est si mal armé« – Man ist im Französischen so schlecht ausgestattet wie ein Fremdsprachler, aber hinter jedem noch so einfachen Ausdruck lugt Mallarmé hervor.

Das ist in der Tat ein perfektes Beispiel dafür, wie Mehrdeutigkeit als Formel funktionieren kann. Man könnte das sogar als *die Formel für die Untrennbarkeit von Mehrdeutigkeit und Formalisierung selbst* betrachten. Dieses Wortspiel Becketts ist außerdem genau die Art Wortspiel, die Lacan benutzt oder praktiziert hat. Denn es gibt solche Wortspiele und solche Wortspiele, und es gibt unterschiedliche Weisen, sie sich »zunutze« zu machen. Lacan nutzt sie eher als »Formeln« und es gibt in der Tat eine sehr interessante Nähe zwischen seiner Art, mit Wortspielen umzugehen, und derjenigen Becketts.

Ich habe weiter oben behauptet, dass die Psychoanalyse den Widerspruch nicht auflöst, sondern vielmehr

---

[64] Mladen Dolar, »Two Shades of Grey«, Vortrag im Rahmen der Beckett-Konferenz an der Freien Universität Berlin am 1. Februar 2016. Hervorhebung von mir.

seine (symptomatische) Lösung. Es ist jetzt an der Zeit zu fragen, ob das nicht einfach eine Art letztes Wort der Psychoanalyse ist. Das heißt: Gibt es eine grundlegende (strukturelle) Unmöglichkeit oder einen Widerspruch, der irreduzibel ist, und ist es so, dass das Einzige, was wir tun können, ist, diese Unmöglichkeit zu umschreiben oder als solche anzuerkennen und zu akzeptieren, um sie davon abzuhalten, unsere pathologischen Phantasien zu nähren? Das ist in der Tat das letzte Wort eines gewissen (»liberalen«) Verständnisses von Psychoanalyse. Ich denke nicht, dass man diese Perspektive unterstützen sollte, man sollte vielmehr darauf bestehen, dass dies nicht das letzte Wort ist. Im Gegenteil, es geht nicht darum, den Widerspruch zu akzeptieren, sondern *seinen Platz darin zu finden*. Man könnte die »Position der Wahrheit« so verstehen. (Und lassen Sie uns nicht vergessen, dass die Formalisierung in der Analyse mit einer Veränderung unserer Position in Verbindung steht – ansonsten funktioniert sie nicht und ist nicht die »richtige Formalisierung«, wie sich Lacan auch ausdrückt). Aber dieser Perspektivwechsel findet nicht in der Bewegung von der Oberfläche zum Fundament statt (Widerspruch als Fundament). Vielmehr *erscheint* das Fundament (es nimmt sich seinen Platz) als Spaltung der Oberfläche selbst. Das heißt, dass der fundamentale Widerspruch den Bedingungen inhärent ist, die an ihm beteiligt sind. Das genau zwingen uns zum Beispiel die lacanschen Formeln der Sexuierung zu denken: nicht den Widerspruch zwischen »gegensätzlichen« Geschlechtern, sondern den Widerspruch, der beiden inhärent ist und der beide von innen heraus »barrt«.

Wenn ich über einen »fundamentalen Widerspruch« spreche, dann meine ich damit nicht einen Widerspruch, der tief im Fundament der Dinge eingeschlossen ist und sie von dort aus beeinflusst. Der Widerspruch ist »fundamental« in dem Sinne, dass er andauert und sich wiederholt – immer in konkreten Situationen, auf der Oberfläche der Dinge und in der Gegenwart. Indem wir uns mit ihm in diesen konkreten Situationen beschäftigen, arbeiten wir mit dem »fundamentalen Widerspruch«.

Widersprüchlichkeit ist nichts, das wir einfach akzeptieren müssen und mit dem wir lernen müssen, »umzugehen«. Sie kann zur Quelle der Emanzipation von eben der Logik werden (oder als eine solche Quelle benutzt werden), die durch sie diktiert wird. Dahin führt uns die Analyse idealerweise: Der Widerspruch verschwindet nicht einfach, aber die Art und Weise, wie er im Diskurs, der unsere Realität strukturiert, funktioniert, ändert sich radikal. Und das passiert, weil wir uns voll und ganz aktiv *auf den Widerspruch einlassen* und unseren Platz darin einnehmen.

4.
Objekt-desorientierte Ontologie

REALISMUS IN DER PSYCHOANALYSE

Eine Vielzahl philosophischer Diskussionen ist in jüngster Zeit auf die eine oder andere Weise vom spektakulären Wiederaufleben der Frage nach dem Realismus gekennzeichnet. Diese wurde von Quentin Meilassoux' Buch *Nach der Endlichkeit* angestoßen, dem die breitere, wenn auch nicht homogene Bewegung des »spekulativen Realismus« folgte. Wir erleben eine machtvolle Wiederbelebung des Realismus mit neuen Konzeptualisierungen oder Definitionen desselben sowie von dessen Gegenposition (dem »Korrelationismus« anstelle des traditionellen Nominalismus).

»Realistische Ontologien« kommen schneller auf, als man ihnen folgen kann, und wir können diese Beschleunigung des Realismus als Möglichkeit begreifen, die Frage danach zu stellen, ob und inwiefern das Feld der lacanschen Psychoanalyse von dieser Debatte betroffen ist, zumal das Konzept des Realen eine zentrale Rolle in der lacanschen Theorie spielt.

Um die Koordinaten dieser Debatte zu skizzieren, möchte ich kurz Meillassoux' wesentliche Grundannahme in Erinnerung rufen. Sie besteht darin, dass die nach-kantianische Philosophie (beginnend mit Kant) die Möglichkeit, dass wir Zugang zum Sein jenseits seiner Beziehung zum Denken haben, zurückweist oder disqualifiziert. Wir hätten es nicht nur nie mit einem Objekt als solchem, getrennt von seiner Beziehung zum Subjekt, zu tun, auch gibt es kein Subjekt, das nicht schon immer in Beziehung zum Objekt stünde. Dieses Verhältnis geht jedem Objekt oder Subjekt voraus; das Verhältnis ist den Begriffen, die es miteinander in Beziehung setzt, vorgängig und wird selbst zum Hauptgegenstand der philosophischen Betrachtung. Alle zeitgenössischen (nach-kantianischen) Philosophien seien Variationen der Philosophien der Korrelation. Wie Meillassoux es formuliert:

> Allgemein gesagt, ist der ›Tanzschritt‹ der Moderne jener Glaube an die Vorrangstellung der Beziehung gegenüber den miteinander verknüpften Begriffen, d.h. der Glaube an die konstitutive Macht der wechselseitigen Relation. Das ›Ko-‹, (der Mit-Gebung, der Ko-Relation, der Gleichursprünglichkeit, der Mit-Präsenz etc.), dieses ›Ko-‹ ist die dominante Partikel der modernen Philosophie, ihre regelrechte ›chemische Formel‹. So könnte man sagen, dass bis zu Kant die hauptsächlichen Probleme der Philosophie im Denken der Substanz bestanden, während es seit Kant vielmehr darum ging, die Korrelation zu denken. Vor der transzendentalen Wende war eine der Fragen, über der sich rivalisierende Philosophien entzweien konnten: Wer ist es, der die wahrhafte Substanz denkt: Ist es der Philosoph, der die Idee denkt, das Individuum, das Atom, Gott – was für einen Gott. Nach Kant und seit Kant entzweien sich rivalisierende Philosophen nicht mehr so sehr über die Frage nach der wahrhaften Substantialität als vielmehr über die Frage, wer die Korrelation ursprünglicher denkt. Ist es der Denker der Subjekt-Objekt Korrelation, jener noetisch-noematischen Korrelation, oder jener des Sprache-Referenz Korrelation.[1]

---

[1] Quentin Meillassoux, *Nach der Endlichkeit*, übersetzt von Roland Frommel, Zürich/Berlin: diaphanes, 2008, S. 19.

Die Unangemessenheit dieser Position wird Meillassoux zufolge offenbar, wenn sie konfrontiert wird mit »anzestralen Aussagen« oder »Archifossilen«: Aussagen, die heute von der experimentellen Wissenschaft getroffen werden über Ereignisse, die vor der Entstehung von Leben und Bewusstsein eintraten (zum Beispiel »die Entstehung der Erde vor 4,56 Milliarden Jahren«). Sie stellen Meillassoux gemäß ein einfaches und immer noch unlösbares Problem für einen Korrelationisten dar: Wie können wir die Bedeutung der wissenschaftlichen Aussagen erfassen, die sich explizit auf eine Manifestation der Welt beziehen, die der Emergenz des Denkens und sogar des Lebens vorhergeht, d.h. als jeglicher Form der menschlichen *Beziehung* zu jener Welt vorgängig gesetzt werden muss? Aus korrelationaler Perspektive sind diese Aussagen streng genommen bedeutungslos.

Eines der großen Verdienste von Meillassoux' Buch ist, dass es weniger die Frage nach dem Verhältnis zwischen Philosophie und Wissenschaft (wieder)eröffnet, als vielmehr die Frage gestellt hat, ob diese beiden über die gleiche Welt sprechen. Alain Badiou hat kürzlich eine ähnliche Frage im Kontext der Politik gestellt – oder vielmehr beantwortet: »Es gibt nur eine Welt.« Diese Frage ist relevant auch für das Problem der Epistemologie oder der Wissenschaft zur Ontologie. Es könnte tatsächlich erscheinen, als ob Wissenschaft und Philosophie sich seit einiger Zeit in parallelen Welten entwickelt hätten: In der einen ist es möglich, vom Realen als solchem zu sprechen, unabhängig von seiner Beziehung zum Subjekt, während in der anderen diese Art des Diskurses bedeutungslos ist. Was kommt also heraus, wenn wir das Axiom »Es gibt nur eine Welt« auf diese Situation anwenden? Statt – auf der Seite der Philosophie – den gewöhnlicheren Weg zu nehmen und die Wissenschaft für ihren

Mangel an Reflexion zu kritisieren, geht Meillassoux einen anderen Weg: Die Tatsache, dass bestimmte wissenschaftliche Aussagen dem »Horizont des Sinns« entkommen, ist aus seiner Sicht ein Indikator dafür, dass etwas falsch an der Philosophie ist. Es zeigt dass, um das eigene Überleben als diskursive Praxis zu sichern (man könnte auch sagen: um das Fortbestehen der Metaphysik auf anderem Wege zu sichern), sie zu viel geopfert hat und zwar das Reale in seinem absoluten Sinne.

Nichtsdestotrotz sollte man vielleicht betonen, dass dieser zunächst eher ungewöhnliche Weg zu einer Art Trend in der zeitgenössischen Philosophie geworden ist. Meillassoux teilt ihn mit zahlreichen anderen Autorinnen und Autoren, die sich theoretisch sehr voneinander unterscheiden. Als Beispiel kann man Catherine Malabou und ihren philosophischen Materialismus anführen, der – zur Zeit ihres Buches *Les nouveau blessés* – darauf abzielte, eine neue Theorie der Subjektivität zu entwickeln, die auf den Kognitionswissenschaften basiert. In ihrer Polemik gegen die freudsche und lacansche Psychoanalyse stellte sie dem »libidinösen Unbewussten« das »zerebrale Unbewusste« (als Autoaffektion des Gehirns) als das wahre, materialistische Unbewusste gegenüber.[2] Während Malabous Materialismus in Richtung einer »Naturalisierung des Diskursiven« geht, oder präziser einen Versuch darstellt, die Kluft zwischen dem Organischen und dem Subjekt zu reduzieren, indem er die organischen Ursachen des Subjekts ermittelt,[3] geht Meillas-

---

2 Malabou 2007.

3 Deshalb führt Slavoj Žižek zu recht aus, dass die Kosten dieser Art von Materialismus eine Re-Spiritualisierung der Materie sind, wie im Fall von Jane Bennets Idee der *»vibrant matter«* (Žižek 2010, S. 303). Unnötig zu sagen, dass meine kursorische Referenz auf Malabou an dieser Stelle kann ihrem Argument als Ganzem

soux denselben Weg einer Reduktion der Kluft in die entgegengesetzte Richtung; er tut dies – wenn auch nicht in vollem Umfang – durch eine Diskursivierung der Natur. Seine realistische Ontologie, die zwischen primären und sekundären Qualitäten des Seins unterscheidet, behauptet nicht, dass das Sein inhärent mathematisch ist; sie behauptet, dass es absolut ist, das heißt unabhängig von jeder Beziehung zum Subjekt, wenn auch nur in dem Segment, das mathematisch formuliert werden kann. Meillassoux bewahrt daher eine bestimmte Kluft oder einen Sprung (zwischen dem Sein und seiner Mathematisierung), ohne dies explizit zu thematisieren.

Die Empfänglichkeit bestimmter Qualitäten dafür, sich in mathematischer Terminologie ausdrücken zu lassen, ist der Garant ihrer absoluten Eigenschaften (real zu sein im strengen Sinn des Wortes). Meillassoux' Realismus ist daher kein Realismus der Universalien, sondern – und paradoxerweise – ein Realismus der *Korrelate* von Universalien, die er auch Referenten nennt.

> Die Aussagen im Allgemeinen, in ihrer Eigenschaft als Bedeutung tragende Realität, sind ideell: aber ihre eventuellen Referenten sind nicht notwendigerweise ideell (die Katze auf der Fußmatte ist wirklich, obwohl die Aussage ›die Katze auf der Fußmatte‹ ideell ist). In unserem Fall hätten wir infolgedessen gesagt: Die *Referenten* der Aussagen, die sich auf die Zeitpunkte, Ausdehnungen etc. beziehen, haben vor 4,56 Milliarden Jahren existiert, so wie es diese Aussagen beschreiben – nicht jedoch die Aussagen selber, welche ihrerseits unserer Gegenwart angehören.[4]

---

und einigen sehr wertvollen Punkten, die darin enthalten sind, natürlich nicht gerecht werden.

4 Meillassoux, S. 27.

Es scheint keinen Weg um die Tatsache herum zu geben, dass das Kriterium des Absoluten nichts anderes ist als seine Korrelation zur Mathematik. Nicht dass dies notwendigerweise etwas Subjektives oder subjektiv Vermitteltes implizieren würde, aber es impliziert sicherlich etwas Diskursives. Und damit kommen wir zum Kernproblem von Meillassoux' Konzeptualisierungen, das zugleich das Interessanteste an ihnen ist. Ich betone dies besonders im Gegensatz zu einer anderen Dimension seines Ansatzes – einer Dimension, die vor allem unser *Zeitgeist* begrüßt, obwohl sie kaum von philosophischem (oder wissenschaftlichem) Wert ist und stattdessen auf freien Assoziationen basiert, die mit mehr oder weniger obskuren Gefühlen eines »Unbehagens in unserer Kultur«, um einen freudschen Begriff zu benutzen, verbunden sind. Wir können das eine psychologische Dimension nennen, die sich mit folgendem Narrativ zusammenfassen lässt: Seit Descartes haben wir das *große Außen* verloren, das absolute Außen, das Reale, und wurden zu Gefangenen unseres subjektiven oder *diskursiven Käfigs*. Das einzige Außen, mit dem wir zu tun haben, ist jenes, das wir selbst oder verschiedene diskursive Praktiken geschaffen und postuliert haben. Und es gibt ein wachsendes Unbehagen, eine Klaustrophobie in diesem Gefängnis, dieser permanenten Fixierung auf uns selbst, der Unmöglichkeit, dieses externe Innere zu überwinden, das wir konstruiert haben. Es gibt auch ein politisches Unbehagen, das hier ins Spiel kommt: das Gefühl einer frustrierenden Ohnmacht, die Unmöglichkeit, wirklich etwas zu verändern, die kleinen und großen Enttäuschungen der jüngeren und nicht so jüngeren Geschichte, die wir in uns aufnehmen. Daher der gewisse Charme der Erlösung durch ein Projekt, das erneut verspricht, in dieses große Außen auszubrechen, das Reale in seiner absoluten Dimension wiederherzustellen und die Möglichkeit eines radikalen Wandels ontologisch zu begründen.

Man sollte jedoch betonen, dass Meillassoux' Kernaussage ganz woanders liegt als in diesem Narrativ, das in seienr Theorie (vielleicht nicht vollkommen ohne sein Zutun) Unterstützung für eine gewisse Fantasie gefunden hat, nämlich die Fantasie eines »großen Außen«, das uns alle retten wird – wovon eigentlich? Von dem kleinen und dennoch nervenden Stück des Außen, um das es hier und jetzt geht, das beharrlich nagt und jeden »diskursiven Käfig« daran hindert, ihm zu nahe zu kommen. Mit anderen Worten, zu behaupten, dass das große Außen eine Fantasie ist, bedeutet nicht, dass es die Fantasie eines Realen ist, das nicht wirklich existiert; es impliziert, dass es eine Fantasie im streng psychoanalytischen Sinn ist: eine Leinwand, die die Tatsache verdeckt, dass die diskursive Realität durchlässig ist, widersprüchlich und mit dem Realen als ihrem irreduziblen Anderen verknüpft. Anders formuliert: Das große Außen ist eine Fantasie, die das Reale verbirgt, das schon immer *da ist*.

Der philosophische Kern von Meillasoux' Projekt besteht dennoch nicht in der Gegenüberstellung von Realem und Diskursivem bzw. im Traum, das Diskursive zu durchbrechen; der Kern seines Projekts liegt im Gegenteil in ihrer gemeinsamen Artikulation, die der Logik der transzendentalen Verfasstheit und folglich ihrer Ko-Abhängigkeit entkommen möchte. Diese gemeinsame Artikulation beruht auf zwei grundlegenden Annahmen: der oben erwähnten These über die mögliche Mathematisierung von primären Eigenschaften und der These von der absoluten Notwendigkeit von Kontingenz. Es ist klar, dass beide Thesen *philosophisch* sind und darauf abzielen, die Grundlagen für das zu schaffen, was die moderne Wissenschaft einfach voraussetzt: namentlich und genau die gleichzeitige Artikulation von Diskursivem und Realem. Es scheint, als würden diese Thesen einfach versuchen, den naiven Realismus der Wissenschaft zu korrigieren, indem sie ihn durch einen reflexiven, philosophisch begründeten »spekulativen« Realismus ersetzen.

Die erste wirklich interessante Frage ist bereits offensichtlich: Was ist wirklich der Status des Realismus, den die wissenschaftlichen Operationen voraussetzen? Ist es einfach eine Form von naivem Realismus, ein geradliniger Glaube, dass die beschriebene Natur absolut und »dort draußen« existiert? Meillsassoux' anfängliche Annahme scheint tatsächlich darauf hinzuweisen, dass die Wissenschaft auf dem richtigen Weg operiert, ihr aber eine eigene ontologische Theorie fehlt, die mit der Praxis korrespondieren würde.

Wenn man den Rahmen seines Projekts bedenkt, ist es in der Tat erstaunlich, wie wenig Meillassoux sich den Diskussionen um die moderne Wissenschaft widmet, ihrer fundamentalen oder einführenden Geste, ihren Voraussetzungen und Konsequenzen, kurz der Diskussion darüber, was die Wissenschaft überhaupt macht. Demgegenüber können wir sagen, dass Lacan eine sehr gut ausgearbeitete Theorie der modernen Wissenschaft und ihrer grundlegenden Geste hat (diese Theorie ist in gewissem Maße Teil einer breit gefassten strukturalistischen Wissenschaftstheorie), zu der er seinen eigenen psychoanalytischen Diskurs in Beziehung setzt. Und dort muss man beginnen. Das Verhältnis zwischen psychoanalytischem Diskurs und Wissenschaft zieht sich durch Lacans gesamtes Werk, wobei es keineswegs ein einfaches Verhältnis ist. Auf der einen Seite wird eine absolute Verwandtschaft und Gleichzeitigkeit vorausgesetzt (markiert durch unzählige Sätze wie »das Subjekt des Unbewussten ist das Subjekt der modernen Wissenschaft«, »Psychoanalyse ist nur möglich nach dem Bruch, den die moderne Wissenschaft vollzogen hat« ...). Auf der anderen Seite gibt es aber Differenzen und Dissonanzen zwischen Psychoanalyse und Wissenschaft. Unter ihnen sticht das Konzept der Wahrheit besonders hervor, einschließlich der Differenz zwischen den dazugehörigen »Objekten«. Kurz: Die Grundlage, die sich Psychoanalyse und Wissenschaft teilen, ist nichts anderes als das Reale in seiner absoluten Dimension, aber sie gehen auf unterschiedliche Weise mit diesem Realen um.

Was ist die lacansche Theorie der Wissenschaft? Im Kontext einer ähnlichen Debatte und mit Bezug auf die Arbeit von Jean-Claude Milner wurde diese Frage in seiner ganzen Bedeutung von Lorenzo Chiesa, dem ich diesen Part schulde, vor Kurzem erneut gestellt.[5] Dieser Theorie zufolge hat der Galileismus die antike Vorstellung von der Natur durch eine moderne ersetzt, für die Natur nichts anderes ist als ein empirisches Objekt der Wissenschaft. Die formale Voraussetzung für diesen Wandel besteht in der kompletten Mathematisierung der Wissenschaft. Mit anderen Worten hat nach Galilei die »Natur keine andere wahrnehmbare Substanz mehr als jene, die notwendig für das Funktionieren der mathematischen Formeln ist«.[6] Um es noch stärker zu formulieren: Die Revolution der galileischen Wissenschaft besteht darin, ihr Objekt (»Natur«) als ihr eigenes objektives Korrelat zu produzieren. In Lacans Werk finden wir eine ganze Reihe derartig starker Aussagen, zum Beispiel:

---

[5] Lorenzo Chiesa, »Hyperstructuralism's Necessity of Contingency,« in: *S: Journal of the Jan van Eyck Circle for Lacanian Ideology Critique* 3 (2010), S. 159-177.

[6] Jean-Claude Milner, *Das helle Werk*, übersetzt von Regina Karl und Anouk Luhn, »Neue Subjektile«, Wien/Berlin: Turia + Kant, 2013, S. 287-288.

»[...] Energie ist keine Substanz, [....] sie ist eine Zahlenkonstante, die der Physiker in seinen Berechnungen finden muss, um arbeiten zu können.«[7] Die Tatsache, dass die Wissenschaft dies oder jenes Gesetz der Natur und des Universums ausspricht, bedeutet nicht, dass sie die Perspektive eines großen Außen aufrechterhält (und schon gar nicht eines nicht diskursiv konstituierten Außen), sondern genau das Gegenteil. Moderne Wissenschaft beginnt, wenn sie ihr Objekt herstellt. Dies ist nicht im kantschen Sinne einer transzendentalen Konstitution von Phänomenen zu verstehen, sondern in einem etwas anderen und stärkeren Sinne. Moderne Wissenschaft kreiert buchstäblich ein(e) neue(s) Real(es/ität): Es ist nicht so, dass das Objekt der Wissenschaft durch ihre Formeln »vermittelt« wird; stattdessen ist es untrennbar von ihnen, es existiert nicht außerhalb, *dennoch ist es real.* Es hat reale Konsequenzen oder Konsequenzen im Realen. Genauer, das neue Reale, das mit der galileischen wissenschaftlichen Revolution (der kompletten Mathematisierung der Wissenschaft) entstand, ist ein Reales, in dem – und das ist entscheidend – der (wissenschaftliche) *Diskurs wirkt.* Ein Beispiel wäre die Mondlandung. Die Tatsache, dass der Diskurs Auswirkungen im Realen hat, gilt nicht für die Natur im weiten Sinn des Wortes, sondern nur für die Natur als Physik oder für die physikalische Natur. Aber natürlich gibt es immer, wie Lacan sagt,

> das realistische Argument. Wir können der Idee nicht widerstehen, dass Natur schon immer da ist, egal ob wir anwesend sind oder nicht, wir und unsere Wissenschaft, als ob die Wissenschaft wirklich unsere wäre und wir nicht von ihr bestimmt wären. Selbstverständlich werde

---

[7] Lacan 1988, S. 73.

> ich das nicht abstreiten. Natur ist da. Was sie aber von der Physik trennt, ist, dass es wert ist, etwas über die Physik zu sagen, und dass der Diskurs Auswirkungen hat, wohingegen alle wissen, dass kein Diskurs Auswirkungen in der Natur hat, weshalb wir dazu tendieren, sie so sehr zu lieben. Ein Naturphilosoph zu sein, galt noch nie als Beweis für Materialismus, noch für eine wissenschaftliche Qualität.[8]

Drei Dinge sind in diesem dichten und entscheidenden Zitat wesentlich: 1.) Die Verschiebung der Betonung von einer diskursiven Entzifferung des Realen hin zu den Auswirkungen des Diskurses auf das Reale; damit verbunden ist 2.) die Definition der neu entstandenen Realität; und 3.) das Problem des Materialismus. Verweilen wir zunächst kurz bei dem dritten Punkt, den wir bereits mit der Frage nach dem »zerebralen Unbewussten« gestreift haben. Es geht um die zentrale Dimension einer möglichen Definition des Materialismus, die man wie folgt formulieren könnte: Materialismus ergibt sich nicht aus irgendeiner Materie. Es ist nicht der Bezug zur Materie als Grundsubstanz, aus der alles entsteht (und die, aus dieser konzeptuellen Perspektive, oftmals hochgradig vergeistigt ist), der uns zum wahren Materialismus führt. Der wahre Materialismus, der – wie Lacan es mit einer energischen Direktheit in einer anderen signifikanten Passage formuliert – nur dialektischer Materialismus sein kann,[9] begründet sich nicht auf dem Vorrang der

---

8 Jacques Lacan, *Le séminaire, livre XVI. D'un autre à l'Autre.* Paris: Seuil, 2006a, S. 33.

9 »Wenn klar ist, dass, wenn es etwas gibt, was ich bin, dass es dann dies ist, dass ich kein Nominalist bin. Ich meine damit, dass ich nicht davon ausgehe, dass der Name etwas ist, das einfach so auf Reales aufgetragen wird. Und man muss wählen. Wenn man Nominalist ist, muss man den dialektischen Materialismus ganz

Materie oder auf Materie als erstem Prinzip, sondern in der Annahme eines Konflikts oder Widerspruchs, einer Spaltung und »Parallaxe des Realen«, die in ihr produziert wird. Mit anderen Worten ist das fundamentale Axiom des Materialismus nicht »Materie ist alles« oder »Materie ist primär«, sondern es bezieht sich auf das Primat des Schnitts. Dies ist natürlich nicht ohne Konsequenzen für einen Realismus, der zu diesem Materialismus gehört.

Dies führt uns zu dem ersten und zweiten Punkt des obigen Zitats, die wir insofern miteinander verbinden können, als sie auf zwei Aspekte dieses neuen »dialektisch materialistischen« Realismus verweisen. Die Trennung zwischen Natur und Physik, die Lacan vorgenommen hat, folgt nicht der Logik einer Aufteilung zwischen Natur als unzugänglichem Ding als solchem und Physik als transzendental strukturierter Natur, die unserem Wissen zugänglich ist. Die These ist eine andere und auf gewisse Weise radikaler. Moderne Wissenschaft – die trotz allem ein historisch bestimmbares Ereignis ist – schafft einen neuen Raum des Realen oder das Reale als eine neue Dimension des (»natürlichen«) Raums. Physik »verdeckt« Natur nicht (oder verdoppelt sie symbolisch),

---

und gar zurückweisen, derart, dass alles in allem die nominalistische Tradition – die streng genommen die einzige Idealismusgefahr ist, die sich in einem Diskurs wie dem meinen hier ergeben kann – ganz offensichtlich zurückgewiesen ist. Es geht nicht darum, Realist in dem Sinne zu sein, wie man es im Mittelalter war, der Universalien-Realismus, sondern es geht darum, zu bezeichnen, aufzuzeigen, dass unser Diskurs, unser wissenschaftlicher Diskurs, das Reale nur unter der Bedingung findet, dass es von der Funktion des Scheins abhängt.« (Lacan 2006b, S. 28. Übersetzung von Rolf Nemitz, https://lacan-entziffern.de/phallisches-geniessenjacques-lacan-vorlesung-vom-20-januar-1971-uebersetzung/#Lacan_ist_nicht_Nominalist_sondern_Realist, abgerufen am 13.08.2019) sondern wird ihr hinzugefügt, während die Natur dort bleibt, wo sie schon immer war. »Die Physik ist nicht etwas, das sich wie die Göttlichkeit Gottes über die ganze Natur ausbreitet.«[10] Natur bleibt nicht als undurchdringliches Reales als solches bestehen, sondern als Imaginäres, das wir sehen, mögen und lieben können, das aber zugleich irgendwie irrelevant ist. Eine amüsante Geschichte erzählt, wie einige Freunde Hegel in die Alpen schleppten, um ihn dazu zu bringen, die atemberaubende Schönheit der Szenerie wahrzunehmen und zu bewundern. Alles, was Hegel über das erhabene Spektakel, das sich ihm offenbarte, gesagt haben soll, ist: *Es ist so*. Lacan hätte das gefallen. *Es ist so,* es gibt nicht mehr über diese hübschen Berge zu sagen. Nicht weil wir sie nicht wirklich kennen könnten, sondern weil es nichts zu wissen gibt. (Wenn wir sagen, dass ein Stein, den wir sehen soundso alt ist, sprechen wir von einer anderen Realität – einer, in der die Auswirkungen des Diskurses existieren.)

Lacans Definition dieser Differenz ist tatsächlich extrem genau und präzise. Es geht nicht darum, dass die Natur als wissenschaftliches Objekt (was Physik ist) nur ein Effekt, eine Wirkung des Diskurses ist – und dass sich Physik in diesem Sinne nicht wirklich mit dem Realen, sondern nur mit ihren eigenen Konstruktionen befasst. Es geht vielmehr darum, dass der Diskurs der Wissenschaft einen Raum schafft und eröffnet, in dem der Diskurs (reale) Auswirkungen hat. Und das ist bei weitem nicht das Gleiche. Wir haben es mit etwas zu tun, das buchstäblich und von innen heraus die Welt in zwei Teile spaltet.

Die Tatsache, dass der Diskurs der Wissenschaft einen Raum schafft und eröffnet, in dem der Diskurs

[10] Lacan 2006a, S. 34.

(reale) Auswirkungen hat, bedeutet auch, dass er etwas produzieren kann, das nicht nur Teil der Realität wird, sondern diese auch ändert. »Das wird dadurch bestätigt, dass dem wissenschaftlichen Diskurs die Mondlandung gelingt, wodurch sich für das Denken der Einbruch des Realen bezeugt. Dies, ohne dass die Mathematik einen anderen als sprachlichen Apparat besäße.«[11] Dem fügt Lacan hinzu, dass der erwähnte Einbruch des Realen stattfand, ohne den Philosophen in Unruhe zu versetzen. Vielleicht können wir diese Bemerkung als eine Problematisierung eines bestimmten Aspekts der modernen (kontinentalen) Philosophie verstehen, die dazu tendiert, die entscheidende Dimension der Wissenschaft genau an diesem Ort des Realen zu übergehen und sie stattdessen auf die Logik der »instrumentellen Vernunft«, des »Technizismus« und so weiter zu reduzieren. Wir könnten diese Bemerkung auch als Hinweis auf die zeitgenössische Verknüpfung von Philosophie und »Diskurs der Universität« verstehen. Eine minimale Definition dieser Verknüpfung wäre: Der soziale Zusammenhang, in dem der Diskurs keine Auswirkungen hat.

Um zum Ausgangspunkt dieses Exkurses über die Frage des Realismus in der Wissenschaft zurückzukommen, könnte man Lacans Diagnose wie folgt zusammenfassen: Auch wenn es stimmen mag, dass naiver Realismus die Ideologie vieler Wissenschaftler darstellt, ist dieser weitgehend irrelevant für die Konstituierung des wissenschaftlichen Diskurses, seiner Effizienz und Vorgehensweise. Wie wir festgestellt haben, bedeutet dies, dass die moderne Wissenschaft die absolute Eigenschaft ihres Referenten nicht dadurch erreichen konnte, dass sie einen naiven Realismus voraussetzte, indem sie die Exis-

---

11 Lacan 1988, S. 86f.

tenz des Referenten naiv »in der Natur« vermutete, sondern dadurch, dass sie ihn auf den Buchstaben reduzierte, der allein es vermag, den Raum der realen Auswirkungen des (wissenschaftlichen) Diskurses zu eröffnen. Das Wort »reduzieren« ist nicht in dem Sinne zu verstehen, dass eine Fülle von sinnlichen Qualitäten auf ein absolutes Minimum reduziert würde, ein Minimum, bei dem wir es immer noch mit einer Fortsetzung derselben Substanz zu tun hätten; es muss hingegen im Sinne eines Schnitts und einer Substitution verstanden werden. Es geht auch nicht um die klassische Logik der Repräsentation: Der Buchstabe steht nicht für einen Aspekt der sinnlichen Natur, sondern ersetzt ihn buchstäblich. Er ersetzt ihn mit etwas, das zum Diskurs gehört (zur Ähnlichkeit), etwas, das – genau weil es zum Diskurs gehört – in Richtung des Realen formuliert werden kann. Dies bringt uns zu einem zuvor angeführten Punkt zurück: »Es ist nicht wert, über etwas anderes zu sprechen außer dem Realen, in dem der Diskurs selbst Auswirkungen hat.«[12] Das ist kein Argument dafür, dass das Reale lediglich ein Effekt des Diskurses ist. Der Zusammenhang zwischen der Diskursivität und dem Realen (das genau das ist, was Meillassoux in seinen Polemiken als zeitgenössischen Obskurantismus attackiert)[13] findet hier eine weitaus standfestere Grundlage, als wenn man einfach behauptet, dass der Referent (das »natürliche Objekt«) absolut und ausschließlich im mathematischen Aspekt besteht. Meillassoux (und das ist ein Schwachpunkt seiner Argumenta-

[12] Lacan 2006a, S. 31.

[13] Sein Argument diesbezüglich ist, dass die korrelationale Philosophie, genau weil sie behauptet, man könne nichts über die Dinge an sich sagen, uns dazu zwingt, zuzugeben, dass selbst der irrationalste, äußerst obskurantistische Blödsinn über die Dinge an sich zumindest möglich wäre.

tion) sieht die Mathematisierung der Wissenschaft nicht als Schnitt in der Realität, der (nur) die Dimension des Realen produziert, sondern als den letzten Punkt eines Kontinuums, einer kontinuierlichen Verschärfung der Weisen, in denen die Wissenschaft über die Realität spricht; und das Reale verweist auf das rein formale/formalisierte Segment eines Dings, das sich im Netz dieser geschärften Form wissenschaftlicher Sprache befindet. Wir erinnern uns: »Die *Referenten* der Aussagen, die sich auf die Zeitpunkte, Ausdehnungen etc. beziehen, haben vor 4,56 Milliarden Jahren existiert, so wie es diese Aussagen beschreiben – nicht jedoch die Aussagen selber, welche ihrerseits unserer Gegenwart angehören.«[14] Die ideale Eigenschaft einer wissenschaftlichen Formel wird in dem Netz aufgefangen, hier und jetzt, ein Fragment des Dings, das in sich selbst absolut ist (was bedeutet, dass es als solches unabhängig von diesem Netz schon vor 4,56 Milliarden Jahre existierte). Oder, um es anders zu formulieren: Das Reale ist der Teil einer Substanz, der nicht durch das Netz der mathematisierten Wissenschaft schlüpft, sondern in ihm verbleibt. Lacans Metapher, und damit seine gesamte Perspektive, unterscheidet in dieser Hinsicht in stärkster Weise: Das Reale ist nicht durch die Konsistenz der Zahlen (oder Buchstaben) gewährleistet, sondern durch das »Unmögliche«, das die Grenze seiner Konsistenz ist. Es ist es nicht wert, über das Reale (oder die Natur) *jenseits* des Diskurses zu sprechen, weil wir dort notwendigerweise auf der Ebene der Ähnlichkeit bleiben, was bedeutet, dass wir alles sagen können, was wir wollen. Das Reale dagegen wird durch die Tatsache markiert, dass nicht alles möglich ist. Hier kommen wir zu einem zentralen Element des lacanschen

[14] Meillassoux, S. 27.

Realen, das den Realismus der Wirkungen mit der Modalität des Unmöglichen verbindet. Zusammen können sie wie folgt formuliert werden: Etwas zeitigt Wirkungen, wenn es nicht alles sein kann (das heißt, wenn es in seinen eigenen Teilen unmöglich ist).

> Die Wirkungen der Artikulation des Scheins, der algebraischen Artikulation, meine ich, und dabei geht es nur um Buchstaben, das ist der einzige Apparat, mit dessen Hilfe wir das bezeichnen, was real ist. Was real ist, ist das, was in diesem Schein ein Loch macht, in diesem artikulierten Schein, der der wissenschaftliche Diskurs ist. Der wissenschaftliche Diskurs schreitet voran, ohne sich überhaupt noch damit zu beschäftigen, ob er Schein ist oder nicht. Es geht nur darum, dass sein Netzwerk, sein Netz, sein *lattice*, wie man sagt, die richtigen Löcher am richtigen Platz erscheinen lässt. Er hat keine Referenz außer dem Unmöglichen, zu dem seine Ableitungen führen – dieses Unmögliche ist das Reale. Der Diskursapparat, insofern er in seiner Strenge auf die Grenzen seiner Konsistenz stößt, das ist das, womit wir in der Physik etwas anzielen, was das Reale ist.
>
> Das ist für uns wichtig, bei dem, was uns betrifft, nämlich dem Feld der Wahrheit.[15]

Bevor wir uns der letzten Frage nach der Wahrheit widmen und dem, was sie für das Verhältnis zwischen Psychoanalyse und Wissenschaft impliziert, kehren wir zum Anfang unserer Überlegungen zurück. Es wäre nicht angemessen, Schlüsse zu ziehen, ohne die Herausforderung

---

15 Lacan 2006b, S. 28. Übersetzung von Rolf Nemitz, https://lacan-entziffern.de/phallisches-geniessen/jacques-lacan-vorlesung-vom- 20-januar-1971-uebersetzung/#Lacan_ist_nicht_Nominalist_sondern_Realist (abgerufen am 13.08.2019).

anzunehmen, die Meillassoux' Ausgangsfrage darstellt, in all ihrer beachtenswerten Direkt- und Einfachheit. Diese wäre: Was impliziert der lacansche Realismus der Konsequenzen – in seiner Verbindung mit dem Unmöglichken – für den Status der sogenannten anzestralen Aussagen? Macht die Aussage »die Erde entstand vor 4,5 Milliarden Jahren« unabhängig von uns irgendeinen Sinn, d.h. verweist sie auf ein bestimmtes *Objekt,* das tatsächlich (wenngleich gemäß unserer Zählweise und basierend auf radiometrischer Datierung) seit 4,5 Milliarden Jahren existiert?

Warum nicht eine Antwort wagen? Um sie zu formulieren, werde ich auf eine faszinierende Geschichte zurückgreifen, die genau von Fossilen handelt und die – wenn man sie in ihrer spekulativen Dimension begreift – uns eine Auffassung des Archifossils mit einer erstaunlichen lacanschen Wendung vermitteln kann. Meillassoux gibt in seinem Buch tatsächlich einen Hinweis auf diese Geschichte – aber sie bleibt sehr kursorisch verborgen und dient ihm nur als rhetorische Stütze, um sich über die Absurditäten lustig zu machen, mit denen der Korrelationismus vermeintlich kompatibel ist. Dabei verfehlt er genau das spekulative Potential der betreffenden Geschichte.

In einer seiner vortrefflichen Essays mit dem Titel *Adam's Navel* richtet Stephen Jay Gould unsere Aufmerksamkeit auf eine erstaunliche, geradezu »lächerliche«, aber dennoch elegante Theorie, die der britische Naturalist Philip Henry Gosse entwickelte.[16] Gosse war ein Zeitgenosse Darwins und er veröffentlichte das Werk, das uns interessiert, im Jahr 1857, also zwei Jahre vor

16 Stephen Jay Gould, »Adam's Navel«, in: *The Flamingo's Smile: Reflections in Natural History*. Harmandsworth, UK: Penguin, 1985.

der Veröffentlichung von Darwins *Über die Entstehung der Arten*. Gosse war ein leidenschaftlicher Naturforscher, und eine seiner größten Leidenschaften galt den Fossilen, die er studierte und mit einer besonderen Hingabe beschrieb. Zu dieser Zeit hatte die aufkommende Geologie bereits Beweise für das hohe Alter der Erde gesammelt, die klar deren Alter gemäß der Genesis (6000 Jahre) widersprachen. Und dies war Gosses grundsätzliches Dilemma – denn er war nicht nur ein hingebungsvoller Naturforscher, sondern auch ein tief religiöser Mann. Der Kern seiner Theorie bestand daher aus dem Versuch, den Widerspruch zwischen der (der Bibel gemäß relativ jungen) Kreation *ab nihilo* und der realen Existenz von Fossilen, die wesentlich älter waren, zu lösen. Er entwickelte eine ausgeklügelte Theorie, nach der Gott tatsächlich die Erde vor rund 6000 Jahren erschuf, aber dies nicht nur für die kommende Zeit, für die Zukunft, sondern auch retroaktiv, »für die Vergangenheit« tat – und als er die Erde erschuf, tat er auch Fossile in sie hinein. Wir sollten die Schönheit dieser bescheidenen Geste nicht übersehen: Gott erschafft die Erde, indem er die Spuren seiner eigenen Kreation – und damit seiner eigenen Existenz – beseitigt, um der wissenschaftlichen Erkundung der Erde einen Dienst zu erweisen. Und es ist vielleicht kein Zufall, dass die theologische Welt seine Theorie leidenschaftlicher zurückwies als die wissenschaftliche Welt. Reverend Charles Kingsley, Autor von *Die Wasserkinder* und ein Freund Gosses, wurde gebeten, eine Rezension zu Gosses Buch zu schreiben. Er weigerte sich und schrieb Gosse:

> Soll ich Ihnen die Wahrheit sagen? Es ist vielleicht das Beste. Ihr Buch ist das erste, das mich zweifeln ließ, und ich fürchte, es wird Hunderten ebenfalls so ergehen. Ihr

> Buch tendiert dahin zu beweisen, dass, wenn wir die Tatsache der absoluten Kreation akzeptieren, *Deus quidam deceptor* [»Gott zu einer Art Betrüger wird«]. Ich meine dies nicht nur in Bezug auf die Fossile, die *vorgeben*, die Knochen toter Tiere zu sein, sondern auch im Fall Ihrer neu geschaffenen Narben am Ursprung der Gattung, Ihres neu geschaffenen Nabels Adams machen Sie Gott zum Lügner. Es ist nicht meine Vernunft, sondern mein Gewissen, das hier revoltiert. [....] Ich kann nicht [....] glauben, dass Gott in die Steine eine enorme und überflüssige Lüge an die Menschheit geschrieben haben könnte.[17]

Es war doch einstimmige Auffassung, dass Gott keine »enorme und überflüssige Lüge in die Steine geschrieben haben konnte«. Gould zufolge wiesen moderne amerikanische Kreationisten diese Theorie vehement zurück, da sie »Gott einen dubiosen moralischen Charakter unterstellen würde«.

Unser Interesse an Gosses Theorie besteht vor allem darin, die Unzulänglichkeit einer einfachen linearen Theorie der Zeit im Hinblick auf die Frage nach dem Realen aufzuzeigen. Auch die bizarre Patina, die Gosses Theorie umgibt, sollte uns nicht darüber hinwegtäuschen, dass, strukturell gesprochen, sein Dilemma auch das von Meillassoux ist. Wir müssen lediglich Gottes Kreation durch eine menschliche Kreation (Natur ist subjektiv/diskursiv konstituiert) ersetzen, und wir gelangen zu einer seltsam ähnlichen Frage: Untersucht die Wissenschaft nur etwas, was wir selbst als solches erschaffen und als (äußerlich) postuliert haben, oder ist diese Äußerlichkeit unabhängig von uns und hat in genau dieser Form lange vor uns existiert? Die lacansche Antwort wäre: Sie ist unabhän-

---

17 Garrett Hardin, *Naked Emperors: Essays of a Taboo-Stalker*, Los Altos, CA: William Kaufman, 1982.

gig, doch sie *wird* dazu erst in dem Moment ihrer diskursiven »Kreation«. Das bedeutet: Mit der Emergenz – *ex nihilo*, warum nicht? – des reinen Signifikanten und mit ihm der Realität, in der ein Diskurs Auswirkungen hat, erhalten wir eine physische Realität, die unabhängig von uns besteht (was nicht bedeutet, dass wir keinen Einfluss auf sie hätten). Natürlich gilt diese Unabhängigkeit auch schon »vor uns«. Die Realität des Archifossils oder die Objekte anzestraler Aussagen unterscheiden sich nicht von der Realität zeitgenössischer Objekte – und zwar deshalb, weil weder die früheren noch die letzteren Korrelate unseres Denkens sind, sondern *objektive Korrelate der Emergenz eines Bruchs in der Realität als einem homogenen Kontinuum* (was sowohl der Bruch der modernen Wissenschaft ist, als auch der Bruch der Emergenz des Signifikanten als solchem). Dies ist der Grund, weshalb Lacans Theorie tatsächlich »dialektisch materialistisch« ist: Der Bruch impliziert nichts anderes als eine spekulative Identität des Absoluten und des Werdens. Sie stehen sich nicht gegenüber, sondern müssen zusammengedacht werden. Etwas kann (mit der Zeit) *absolut werden* (also zeitlos). Das Absolute ist *zugleich* notwendig und kontingent: Es gibt kein Absolutes ohne einen Bruch/Schnitt, der es als absolut konstituiert (das heißt als »notwendigerweise notwendig« – wobei diese Doppelung genau der Raum ist, in dem der Diskurs Auswirkungen hat), wobei der Bruch selbst kontingent ist.

Andererseits besteht Meillassoux' Geste darin, Kontingenz als die einzige Notwendigkeit zu verabsolutieren. Auf diese Weise schließt er sich der Logik einer konstitutiven Ausnahme an, die »alles« totalisiert: Alles ist kontingent, alles bis auf die Notwendigkeit dieser Kontingenz. Anders als diese Logik der konstitutiven Ausnahme könnte Lacans Axiom als »das Notwendige ist nicht-alles« formuliert werden. Es verabsolutiert Kontingenz nicht, sondern suggeriert, dass Widerspruch der Ort der Wahrheit in der absoluten Notwendigkeit ist: Das Absolute ist zugleich sowohl notwendig als auch kontingent.

Dies bringt uns schließlich zu der entscheidenden Differenz, die nichtsdestotrotz zwischen Psychoanalyse und Wissenschaft besteht und die Lacan weiterhin auf die Frage nach der Wahrheit bezieht, ausgehend von seinem berühmten Aufsatz »Wissenschaft und Wahrheit« aus 1965, in dem wir lesen:

> Es ist so, dass die Wissenschaft, wenn man genauer hinsieht, kein Gedächtnis hat. Sowie sie konstituiert ist, vergisst sie die besonderen Ereignisse, aus denen sie entstanden ist, anders gesagt eine Dimension der Wahrheit, die die Psychoanalyse da nachdrücklich zur Anwendung bringt.[18]

Lacan führt weiter aus, dass es nicht einfach um vorangehende Strukturen, Ereignisse oder sogar um die Fehler geht, die oft den Weg für große wissenschaftliche Durchbrüche ebnen (indem sie eine bestimmte »Krise« lösen), sondern vielmehr um das subjektive Drama (*le drame subjectif*), das jede dieser Krisen als Tribut fordert (Lacan erwähnt in diesem Zusammenhang J.R. Mayer und Cantor). Das Subjekt ist hier nicht einfach eines, das mit dieser oder jener neuen Idee auftaucht, sondern eines, das aus der Diskontinuität hervorgeht, die wissenschaftliche Erneuerungen definiert. Wenn die Wissenschaft kein Gedächtnis hat, kann sie sich nicht an das erinnern, aus dem der objektive Status ihrer Aussagen hervorgeht. Noch einmal: Es geht nicht darum, dass wissenschaftli-

---

[18] Lacan 2016, S. 418.

che Wahrheiten notwendig subjektiv seien (oder darum, gegen die Annahme zu argumentieren, dass wissenschaftliche Aussagen standhalten, egal von wem, warum und wie sie formuliert werden): Dieses »subjektive Drama« ist nicht etwas, das – wenn es nicht vergessen worden wäre – in irgendeiner Weise den *objektiven* Status der Annahmen geändert oder beeinflusst hätte. Was (aus dem Gedächtnis) herausfällt, ist folgendes: Im Kern jedes signifikanten wissenschaftlichen Durchbruchs befindet sich eine radikale *Diskontinuität*, die den absoluten (»ewigen« oder zeitlosen) Status ihrer Objekte etabliert; und Subjekt ist der Name für diese Diskontuität. Wie Lacan in demselben Aufsatz schreibt: »Das Subjekt steht, wenn man das so sagen darf, im inneren Ausschluss zu seinem Objekt.«[19] Dies ist exakt das Subjekt, das die Dimension der Wahrheit trägt, die die Psychoanalyse »zur Anwendung bringt«.

Und dies kommt in Gosses Geschichte schön zum Ausdruck, wenn man das Bild ein bisschen wendet: Wissenschaft ist der Gott, der, indem er Realität kreiert, nicht anders kann, als die Spuren seiner Kreation zu beseitigen, der Gott, der »kein Gedächtnis hat«. Dies ist auch der Sinn der Aussage »das Subjekt des Unbewussten ist das Subjekt der modernen Wissenschaft«. In die Steine geschrieben ist keine enorme Lüge; dass die Wissenschaft ihr Objekt kreiert, bedeutet nicht, dass dieses Objekt nicht bereits vor seiner Kreation existierte und dass die »anzestralen Aussagen« oder »Archifossile« einfach bedeutungslos wären; es bedeutet, dass die absolute Eigenschaft der Existenz der »Archifossile« die *eigentliche Form* der absoluten Kontingenz ist. Die Psychoanalyse behauptet, dass die Realität der (signifizierenden)

---

[19] Ebd., S. 408.

Kreation von einem unerwarteten Zusatz kommt: dem Unbewussten. Das Unbewusste ist der Beweis für die Existenz der Kontingenz; es ist dort, wo etwas, an das wir uns nicht erinnern können, als Wahrheit weiterarbeitet. Was diese Wahrheit vor allem und zuerst bezeugt, ist der *Schnitt*, durch den alles, was »bedeutungsvoll« ist, oder das, was als »wahr« oder »falsch« gilt, geschaffen wird. Zum Beispiel – zurück zur Wissenschaft – impliziert dies auch, dass keine »Plastizität des Gehirns« den Schnitt, der damit einherget, und somit die Signifikanten, die eine plausible wissenschaftliche Theorie jener »Plastizität« hervorbringen, beseitigen oder vermeiden kann. Sie kann diesen Schnitt nicht loswerden, ohne ihr eigenes *Reales* zu verlieren und stattdessen unvermittelt in eine andere *Weltanschauung** zu wechseln. Denn das Gehirn als bedeutungsvolle wissenschaftliche Referenz ist nicht nur ein Stück Fleisch in unseren Köpfen, sondern ein Objekt, für das (und in dem) der wissenschaftliche Diskurs Auswirkungen hat. Dies vergisst die »Hirnforschung« oftmals und daran erinnert uns das Subjekt des Unbewussten.

MENSCH, TIER

Setzen wir unsere Analyse fort, indem wir unsere Aufmerksamkeit auf die philosophische Kategorie des »Mensch-Tier« richten und die Art und Weise der Differenzierung befragen, die sie impliziert. Philosophisch gesprochen, bestand die Frage nach dem Mensch-Tier stets aus einer doppelten Differenz. Zum einen der Differenz, die uns als Menschen unterscheiden soll (sei es Vernunft, Sprache, Werkzeuge ...). Zunächst ist diese Differenz eine von vielen, die tierische Gattungen voneinander unterscheiden. Aus dieser Perspektive haben Menschen einen (genau definierten) Platz innerhalb des Tierreichs, in all ihrer Besonderheit (und trotz dieser). Diese erste Differenz könnte man inklusiv nennen, in dem Sinne, dass sie uns unseren richtigen Platz innerhalb der differenten (tierischen) Struktur *zuteilt*. Wir sind eine bestimmte Art Tier, die man »Mensch« nennt (oder Mensch-Tier).

Die kniffelige (und kontroverse) Frage beginnt erst hier und könnte wie folgt formuliert werden: Ist die menschliche Differenz eine bestimmte Art der Differenz? Dies ist die Frage nach der »menschlichen Ausnahmestellung«, die für gewöhnlich als selbst-referentiell (selbstdifferentiell) gilt und nicht einfach als Unterscheidung. Die Frage, ob wir etwas anderes sind als eine Tiergattung unter anderen, scheint eine Teilung zu bewirken, nicht einfach zwischen uns und den Tieren, sondern auch zwischen uns als Tieren und uns als etwas anderem: zwischen uns als »menschlichen Tieren« (indem wir etwa geprägt sind von grundlegenden »tierischen« Bedürfnissen) und uns als etwas, das mehr oder anders ist als das. Man könnte dies auch so ausdrücken: Als menschliche Wesen unterscheiden wir uns nicht als »ganze Wesen« von den Tieren; wir sind teils Tiere und teils etwas anderes, sogar vollkommen anders. Die Trennung zwischen Geist und Körper ist der Prototyp dieser Konfiguration, auch in ihrer laizistischen Version. In dieser Konfiguration wird die Unterscheidung und Überlegenheit des zweiten Terminus dadurch belegt, dass er den ersten Terminus, der uns an die Animalität knüpft, ignorieren oder sich aktiv gegen ihn wenden kann.

Üblicherweise scheint es zwei dominante Wahrnehmungen davon zu geben, was als »animalisch« gilt. In der einen gilt das Tier (als » Mensch-Tier«) als Figur eines *ungezähmten Exzesses*. Diese Idee wurzelt vor allem in einem bestimmten Aspekt des christlichen Imaginären, der zugleich die Autonomie des Exzesses als Sünde erfunden hat, indem er ihn in das Andere in uns (das Tier) gleichsam ausgelagert hat«. Nicht dass das irgendetwas damit zu tun hätte, wie Tiere sich tatsächlich verhalten; sich »wie ein Tier zu verhalten«, kann hier auf jegliche Form der menschlichen »Schwäche« verweisen, verstanden als mangelnde Fähigkeit, diesen Exzess zu kontrollieren, zu zähmen oder zu unterdrücken. Dies ist das Bild eines ungezügelten, exzessiven Genießens.

Als Gegensatz zu dieser Figur eines ungezähmten Exzesses dient in gewisser Weise die Figur des Animalischen als *an jeglichem (realen) Exzess mangelnd*. Ich würde behaupten, dass dies die vorherrschende moderne Figur des Mensch-Tier ist: ein organisches (und/oder symbolisches) in sich geschlossenes System, vollkommen »gesetzestreu«, unfähig etwas zu tun, das *mehr* ist als eine Verlängerung der »natürlichen Kausalität«, nicht geplagt von exzessiver Ruhelosigkeit, Sein-zum-Tode (Heidegger), *Genießen* (Lacan), Fähigkeit zur Wahrheit, die auf einem *excès errant* (Badiou), einem streunenden Überschuss beruht.

Das erste Beispiel dieser modernen Figur, das einem in den Sinn kommt, ist natürlich Kant. Was er in seiner praktischen Philosophie »pathologische«, unethische Handlungen nennt, sind einfach Handlungen des »Mensch-Tier.« Sie implizieren in keiner Weise spektakuläre, exzessive oder »bestialische« Verbrechen; ihr wesentliches »Verbrechen« ist, dass sie nichts anderes tun, als mit dem *Gesetz konform zu gehen* (dem Gesetz der natürlichen Kausalität des »Mensch-Tier«). Ein geläufiges Beispiel: Wenn wir etwas zwar richtig machen, aber dies nur aus einer Angst heraus, einschließlich der Angst vor Gott, handeln wir als menschliche Tiere, nicht als ethische Subjekte. Um uns als ethische Subjekte zu qualifizieren, genügt es nicht, dem moralischen Gesetz zu gehorchen – was nötig ist, ist das zusätzliche, exzessive »nur des Gesetzes wegen«, das allein für Kant auf etwas verweist, das über die natürliche Kausalität hinausgeht. Mit anderen Worten: Der richtige Mensch, der »menschliche Mensch« befindet sich auf der Seite des Exzesses, einschließlich der Exzessivität des moralischen Gesetzes selbst, die die natürliche Kausalität unterbricht.

Es ist vielleicht nicht überraschend, dass Nietzsche eine andere Perspektive vorschlägt, die, zumindest in einem gewissen Maße, dem näherkommt, was Freud und Lacan nahelegen: nämlich, dass das Problem des »Mensch-Tier« nicht ganz das ist, was es scheint. Mit anderen Worten: Das Problem mit den Menschen ist nicht, dass sie zur Hälfte Tiere und zur anderen Hälfte etwas anderes sind, sondern, dass sie zur Hälfte Tiere sind, Punkt. Es gibt nicht nur nichts anderes als den tierischen Teil, auch wenn dieser Teil nicht »ganz« ist, sondern ihm fehlt etwas. Und diese Differenz (der ganze »Überbau« des Menschlichen) wird am Punkt dieses Mangels generiert. Sie wird als Deckmantel, als Bekleidung dieses Mangels generiert, angesichts des Versagens, ein vollständiges Tier zu sein.

Wenden wir uns einer Passage aus der *Fröhlichen Wissenschaft* zu, die im Abschnitt »Inwiefern Moral kaum entbehrlich ist« zu finden ist:

> Der nackte Mensch ist im allgemeinen ein schändlicher Anblick [...]. Angenommen, die froheste Tischgesellschaft sähe sich plötzlich durch die Tücke eines Zauberers enthüllt und ausgekleidet, ich glaube, dass nicht nur der Frohsinn dahin und der stärkste Appetit entmutigt wäre, – es scheint, wir Europäer können jener Maskerade durchaus nicht entbehren, die Kleidung heißt.

> Sollte aber die Verkleidung der ›moralischen Menschen‹, ihre Verhüllung unter moralischen Formeln und Anstandsbegriffen, das ganze wohlwollende Verstecken unsrer Handlungen unter die Begriffe Pflicht, Tugend, Gemeinsinn, Ehrenhaftigkeit, Selbstverleugnung nicht seine ebenso guten Gründe haben? Nicht dass ich vermeinte, hierbei sollte etwa die menschliche Bosheit und Niederträchtigkeit, kurz das schlimme wilde Tier in uns vermummt werden; mein Gedanke ist umgekehrt, dass wir gerade als *zahme Tiere* ein schändlicher Anblick sind und die Moral-Verkleidung brauchen. [...] Der Europäer verkleidet sich in die Moral, weil er ein krankes, kränkliches, krüppelhaftes Tier geworden ist [...], weil er beinahe eine Missgeburt, etwas Halbes, Schwaches, Linkisches ist.[20]

Nietzsche spricht davon, wie der Mensch zu einem solchen *wird,* und zwar in einer bestimmten geographischen Region (Europa), was zu implizieren scheint, dass – irgendwo, nicht hier, irgendwann, nicht jetzt – ein reales »vollständiges« (menschliches) Tier existiert habe. Ohne dieser Perspektive zuzustimmen, würde ich einfach bei dem Bild des »Menschen« als *etwas Halbes,* als Tier, das vorzeitig »beendet« wurde, innehalten – aber auch beim Bild von Kultur und Moral als etwas, das genau an diesem Ort der ontologischen Unvollständigkeit des Tier-Seins verankert ist, und keineswegs als Mittel, das wilde Tier in uns zu verstecken und zu »zähmen«. Dies ist nicht das Bild von einem Menschen, der zur Hälfte Tier und zur Hälfte etwas anderes ist, sondern von einem Menschen, dem der tierische Teil fehlt, ein Bild von »Menschlichkeit«, die wie ein Kleid (Verkleidung) erscheint, das

---

20 Friedrich Nietzsche, *Die fröhliche Wissenschaft*, Hamburg: Nikol 2017, S. 219.

diesen Mangel, den fehlenden Teil verdeckt. Dieses Bild ist interessant, weil es nicht einfach eine (vulgäre) evolutionistische Vorstellung suggeriert, nach der angemessene Menschlichkeit eine Prothese wäre, die ein Defizit/Schwachpunkt ausgleicht und ergänzt, wie etwa ein künstliches Bein ein fehlendes menschliches Bein ersetzt. Das Bild suggeriert etwas anderes, nämlich die Verschleierung oder Verkleidung eines fehlenden Teils, das heißt die Erfindung/Produktion von »Menschlichkeit« innerhalb und um diese Leere *herum* (um die Nicht-Existenz des Animalischen), ohne diese zu eliminieren oder zu füllen (wie ein künstliches Glied oder Organ es tun würde). Ein halb-animalisches Tier verkleidet sich (es gibt keine direkte Verbindung zwischen ihm und seiner Verkleidung, sondern nur eine irreduzible Kluft) und diese Verkleidung selbst wird zur *Stätte* der (Weiter-)Entwicklung, der Erfindung der Menschlichkeit und ihres möglichen Exzesses.

Der Beitrag der (lacanschen) Psychoanalyse zu dieser Diskussion über den Tier-Mensch hat etwas mit Nietzsches Vorschlag gemeinsam: Es gibt kein » Mensch-Tier«, verstanden im Sinne eines voll-funktionierenden und sich selbsterhaltenden Tieres im Menschen. Es gibt kein Tier, das auf einem Nullniveau (»Mensch-Tier«) sich selbst überlassen wäre und wie ein Autopilot des Überlebens oder der Selbsterhaltung funktionieren würde. Es gibt keine Null-Ebene des Menschlichen (Animalischen) als quasi neutrale Ebene, von der aus ein menschliches Wesen möglicherweise zu etwas Höherem streben könnte. Das Wesen Mensch-Tier ist ein halb-fertiges Tier, um es so auszudrücken, ein Tier, das nicht so arbeitet/funktioniert, wie es sollte. Der Überschuss (was im Menschen mehr als Tier ist) nimmt den Platz des Weniger ein (was im Menschen weniger als ein Tier ist).

Auf einer sehr allgemeinen Ebene ist die psychoanalytische Theorie der Triebe (als von den Instinkten unterschieden) eine präzise Konzeptualisierung von Abweichungen bereits auf dieser Null-Ebene der organischen Funktionen, Bedürfnisse und ihrer Befriedigung. Wie ich bereits in den vorhergehenden Kapiteln betont (und an anderer Stelle ausgeführt)[21] habe, ist das Konzept der Triebe (und ihrer Objekte) nicht einfach ein Konzept der Abweichungen von natürlichen Bedürfnissen, sondern eines, das ein neues und überraschendes Licht auf menschliche Bedürfnisse als solche wirft: Bei Menschen erlaubt jegliche Befriedigung eines Bedürfnisses eine andere Befriedigung, die dazu tendiert, sich unabhängig und fortlaufend zu reproduzieren. Es gibt kein natürliches Bedürfnis, das rein wäre, das heißt frei von einem überschüssigen, spaltenden Element. Ein Trieb ist weder ausschließlich getrennt von biologischen, organischen Bedürfnissen und Funktionen (da er in ihrem Reich entsteht, indem er sie bewohnt), noch kann er auf sie reduziert werden.

Das unabhängige Leben der Triebe und dessen autonome Logik, die sich mit verschiedenen Dingen, Ideen und Objekten verbindet, diese Befriedigung jenseits von Bedürfnissen, oder Lust jenseits der Lust, ist das, was Lacan Genießen (*jouissance*) nennt. Und an dieser Stelle trifft er die Unterscheidung zwischen »Tier« und »Mensch«. Er sagt zum Beispiel: »Wenn ein Tier regelmäßig frisst, ist klar, dass es dies tut, um nicht die *jouissance* des Hungers zu erfahren.«[22]

Dies ist auch Lacans Argument in seiner Auseinandersetzung mit Heidegger und dessen *Sein-zum-Tode**

---

[21] Zupančič 2009.
[22] Lacan 2011, S. 43.

als Merkmal, das die menschliche Differenz beschreibt. Man könnte dies als wahrhafte lacansche Intervention in eine wichtige zeitgenössische philosophische Debatte begreifen. Welchen Status hat der Tod in Heideggers Sein-zum-Tode? Wenn der Tod nicht trivial aufgefasst wird, dann deshalb, weil unsere Aufmerksamkeit und unsere Beziehung/Haltung zu ihm den ganzen Unterschied macht und die metaphysische Dimension angemessen eröffnet. Um es einfach zu machen: Da es den Tod gibt, macht es einen Unterschied, ob und wie wir leben und was wir tun. Žižek hat in diesem Kontext zu recht betont, dass es in dieser zeitgenössischen Debatte falsch wäre, das »Sein-zum-Tode« und allgemeiner das Thema der Endlichkeit einfach als morbide Fixierung auf das, was der Mensch mit dem Tier gemeinsam hat und was ihn auf sein Tier-Sein reduziert, zu verstehen; es als Blindheit gegenüber der angemessenen metaphysischen Dimension zu lesen, die es dem Menschen möglicherweise erlaubt, »Unsterblichkeit« auf eine bestimmte menschliche Weise zu erlangen. Diese Lesart übersieht ein wesentliches Argument, das Heidegger in Bezug auf Kants kritischen Umbruch anbringt: Der Raum für eine spezifische »Unsterblichkeit«, an der menschliche Wesen teilhaben können, wird vom einzigartigen Verhältnis eröffnet, das menschliche Wesen zur Endlichkeit und der Möglichkeit des Todes unterhalten. Beim Thema der »Endlichkeit« und des Seins-zum-Tode geht es nicht um die Negierung einer bestimmten menschlichen Weise, mit der »Unsterblichkeit« umzugehen, sondern darum, dass diese »Unsterblichkeit« auf einer bestimmten Form der menschlichen Sterblichkeit beruht.[23]

[23] Žižek 2010, S. 41.

Wenn es um diese Frage geht, besteht kein Zweifel, dass Lacan der nach-kantianischen Perspektive folgt, wie sie von Heidegger formuliert wurde. Diese Verschiebung (und mit ihr eine wichtige Differenz zu Heidegger) findet an einem anderen Punkt statt. Die einfachste Weise, diese zu formulieren, ist vielleicht folgende: Der strukturelle Ort, den der *Tod* (als die besondere Weise der menschlichen Endlichkeit, die auf der menschlichen Unsterblichkeit beruht) bei Heidegger besetzt, wird bei Lacan zum Realen des Genießens, der *jouissance*. Lacans Punkt ist in dieser Hinsicht zugleich sehr präzise und weitreichend: Es ist nicht nur einfach unsere Haltung (und die Möglichkeit) zum Tod, die den Raum einer bestimmten menschlichen Dimension eröffnet (zum Beispiel die Möglichkeit von Handlungen, die nicht auf die Kausalität der positiven Ordnung des Seins oder auf eine beliebige kalkulierbare Lust reduzierbar sind), sondern die Tatsache, dass wir uns in einem (unerforschten) Teil des Genießens befinden, der verschiedene Haltungen zum Tod möglich macht. Der Tod als solcher beinhaltet nicht die Möglichkeit einer »dramatischen« Beziehung zu ihm; die Beziehung wird »dramatisch«, wenn das Genießen interveniert:

> Der Dialog zwischen Leben und Tod [...] bekommt den Charakter eines Dramas erst von dem Moment an, in dem in das Gleichgewicht von Leben und Tod das Genießen eingreift. Der vitale Punkt, der Punkt [...] der Emergenz [...] des sprechenden Wesens, um es klar zu sagen, das ist dieses gestörte [*dérangé*] Verhältnis zum eigenen Körper, das Genießen genannt wird.[24]

---

[24] Lacan 2011, S. 43.

Lacans Argument kann an dieser Stelle wie folgt zusammengefasst werden: Das Verhältnis zwischen Leben und Tod ist tatsächlich trivial, oder würde tatsächlich trivial sein, wenn es nicht schon immer von innen her unterbrochen und verkompliziert wäre. Auf der einfachsten Ebene verweist *jouissance*, Genießen, als »gestörtes Verhältnis zum eigenen Körper« auf die Tatsache, dass das Genießen die Befriedigung aller körperlichen Bedürfnisse kontaminiert und ihr den Geschmack des Genießens verleiht. Das Genießen führt in die (vermeintliche) Unmittelbarkeit des Lebens und der Befriedigung der Bedürfnisse einen Spalt, ein *décalage* ein, damit die Dinge einen anderen Weg einschlagen können, als den, der als normal und natürlich gilt. (Erinnern wir uns: »Wenn ein Tier regelmäßig ißt, dann, um die *jouissance* des Hungers nicht zu erfahren.«) Genießen ist das, was den (vermeintlichen) Kreislauf des Lebens unterbricht und uns zur Metaphysik führt ...

Der Punkt hier ist nicht einfach, dass im Falle des Menschen das Genießen *stärker* als das natürliche Bedürfnis und das Streben nach Selbsterhaltung sein kann; der Punkt ist, dass das Genießen die Beschaffenheit der natürlichen Bedürfnisse radikal verändert, sie von innen heraus spaltet. Wir haben es nicht mehr mit dem Bild eines grundlegenden Kerns und einer Abweichung davon zu tun – Abweichungen (und deren signifizierende Stütze) sind die *Natur* des Menschen. Dies ist, was die klassische Trennung zwischen Geist und Körper unterminiert, nicht einfach, indem die Existenz des Geistes negiert wird, und auch nicht, indem suggeriert wird, dass der Geist sich (linear) vom Körper herleiten lässt. Vielmehr suggeriert Lacan, dass sich der Geist von einem Teil des Körpers herleiten lässt, der nicht ganz da ist.

In dieser Konzeption – und im Unterschied zu seiner Perspektive aus den früheren Schriften – ist das Genießen, »das sich einschmuggelt«, nichts Spektakuläres, es bezieht sich auf keine spektakuläre Überschreitung. Um dies zu betonen, führt Lacan den Begriff der Mehrlust (*plus-de-jouir*) ein:

> Aus diesem Grunde auch artikuliere ich Mehrlust als das, was hier erscheint, und artikuliere ich es nicht mittels einer Erzwingung oder einer Übertretung. Man höre doch bitte mal ein klein wenig mit diesem Gestammel auf. Was die Analyse zeigt, falls sie etwas zeigt – [...] ist ganz genau das, dass man nichts übertritt. Sich einschleichen ist nicht übertreten. Eine angelehnte Tür sehen heißt nicht, dass man sie durchschreitet. [...] Hier ist es nicht Übertretung, sondern viel eher Einbruch, Sturz ins Feld, von etwas, das zur Ordnung des Genießens gehört – ein Überschuss.[25]

Selbst in dieser »gemäßigten« Version ist Genießen keine Endlichkeit im Sinne einer Schließung, die uns unwiderruflich im Register »Mensch-Tier« einsperrt – darin unterscheidet sich Lacan zum Beispiel von Badiou, der diesbezüglich davon spricht, »dass wir fleischlich dem Genießen, dem Leiden und dem Tod exponiert sind.«[26] Im Gegensatz dazu – und zwar genau als etwas, das unerwartet ins Feld (unseres Körpers) stürzt – ist Genießen etwas, das dieses Animalische verstört, es zu einer anderen Realität führt, zur Metaphysik (oder Politik), und dazu, alle möglichen seltsamen, »menschlichen« oder

[25] Jacques Lacan, *Die Kehrseite der Psychoanalyse, Das Seminar, Buch XVII*, übersetzt von Gerhard Schmitz, unveröffentlicht, 1997, S. 18.
[26] Badiou 2010, S. 17.

unmenschlichen Dinge zu tun. In einer anderen Passage sagt Lacan genau das:

> Worin besteht der Schlaf? Er besteht darin, das zu suspendieren, was mein Tetragon ausmacht: Schein, Wahrheit, Genießen und Mehrlust. Dafür ist der Schlaf gemacht, jeder der jemals ein Tier hat schlafen sehen, sieht das – um was es geht, ist, die Ambiguität im Verhältnis des Körpers zu sich selbst zu suspendieren, namentlich die Lust (*le jouir*). [...] Wenn man schläft, rollt sich der Körper auf, rollt sich zu einem Ball. Schlafen ist nicht gestört werden. Das Genießen ist trotzdem störend. Man wird natürlich gestört, aber schließlich wenn man schläft, kann man hoffen, nicht gestört zu werden. Deshalb verschwindet von hier aus alles Übrige. Es gibt nicht mehr die Frage nach dem Schein, noch nach der Wahrheit – weil alles das miteinander zusammenhängt, dieselbe Chose ist – noch die nach der Mehrlust. Aber der Signifikant, wie Freud uns mitteilt, arbeitet auch während des Schlafs weiter.[27]

Und hier, mit der letzten Bemerkung, stellt sich natürlich die freudsche Frage nach den Träumen und dem Genießen, das die Arbeit des Signifikanten in den Traum einschmuggelt und das uns schließlich doch stört – selbst wenn wir fest zu einem Ball zusammengerollt schlafen – und uns im Traum erweckt. Die Pointe, um die es hier geht, ist auch die Schwierigkeit [*the rub*], auf die Hamlet in einem berühmten Monolog eingeht:

> Sterben – schlafen –
> Nichts weiter! – und zu wissen, dass ein Schlaf
> Das Herzweh und die tausend Stöße endet,

[27] Lacan 2011, S. 217.

Die unsers Fleisches Erbteil – 's ist ein Ziel
Aufs innigste zu wünschen. Sterben – schlafen –
Schlafen! Vielleicht auch träumen! – Ja, da liegt's: [*there's the rub*]
Was in dem Schlaf für Träume kommen mögen,
Wenn wir den Drang des Ird'schen abgeschüttelt,
Das zwingt uns still zu stehn. Das ist die Rücksicht,
Die Elend lässt zu hohen Jahren kommen.

»Ja, da liegt's [*there's the rub*]«! Was das Problem ausmacht, was an uns *reibt*, uns zucken und zögern lässt, ist nicht der (Gedanke an den) Tod, sondern (der Gedanke an) das – in derselben Weise, wie es uns im Schlaf des Lebens verfolgt –, was uns auch im Schlaf des Todes verfolgen könnte. Was uns ängstigt, ist, dass etwas selbst im Schlaf des Todes zu uns kommen und stören könnte, uns verfolgt und uns nicht (nicht) sein lassen wird ... In genau diesem Sinne ist der »Todestrieb« (der in der Psychoanalyse der konzeptuelle Name dieser Dimension ist) nicht so sehr etwas, was – als seltsame Abweichung von der vermeintlichen Homöostase des Todes – zum Tod strebt. Dies macht den Begriff *untot* aus, den Žižek so angemessen in Bezug auf den Trieb gebraucht. Wir könnten auch sagen, dass Leben und Tod in sich selbst lediglich Teile desselben Kreislaufs sind: Das Leben als Leben ist keine Deklination vom Tod oder das Gegenteil zum Tod; stattdessen ist es seine Fortführung mit anderen Mitteln.[28] Oder wenn das Leben eine Deklination des Todes ist, ist

[28] Wir finden diese Idee auch bei Nietzsche, wenn er sagt: »Hüten wir uns, zu sagen, dass Tod dem Leben entgegensetzt sei. Das Leben ist nur eine Art des Toten, und eine sehr seltene Art.« (Nietzsche 2017, S. 110). Wir finden eine ähnliche Idee (mit einer zusätzlichen Wendung) bei Freud und werden darauf am Schluss zurückkommen.

es eine einfache Deklination; eine folgerichtigere Deklination passiert in der Deklination der Deklination, welche einen dritten Prozess hervorbringt: Die Deklination des Lebens vom Leben produziert nicht einfach Tod, sondern den »Todestrieb« als etwas Untotes, das sowohl den Tod als auch das Leben verfolgt. Das Leben wäre nur eine seltsame Verlängerung des Todes, sein eigener seltsamer Umweg, wenn es nicht noch einen Umweg innerhalb dieses Umwegs gäbe: das *Genießen* oder der Trieb.

Alle diese wichtigen Präzisierungen tragen dennoch ein bestimmtes Problem oder eine Ambiguität in sich. Denn es scheint, dass, wenn wir den Trieb (und seine konstitutive Abweichung) als etwas postulieren, was die *menschliche Ausnahme* markiert, etwas Essentielles in dem Konzept des Triebes verloren geht. Um dieses Problem genauer zu fassen, können wir uns der sonst hochproblematischen frühen Übersetzung von Freuds *Trieb** zuwenden: »*instinct*« auf Englisch, »*instinct*« auf Französisch, später ersetzt durch »*drive*« bzw. »*pulsion.*« Trotz ihres problematischen Charakters weisen diese frühen Übersetzungen auf ein reales Problem hin. Lacan ist sich dessen – wenig verwunderlich – sehr bewusst:

> Bemerken wir die Zweideutigkeit selbst, die in der psychoanalytischen Dummheit das Wort *Trieb** angenommen hat [...]. Sein Nutzen im analytischen Diskurs verdiente wirklich, dass man es nicht überstürzt mit »*instinct*« übersetzt. Schließlich aber kommt es zu diesen Ausrutschern nicht ohne Grund, und obwohl wir lange auf dem aberranten Charakter dieser Übersetzung insistiert haben, haben wir doch das Recht, Nutzen aus ihr zu ziehen.[29]

---

[29] Lacan 1997, S. 15 [Übersetzung leicht verändert].

Wir könnten behaupten, dass diese frühen (»fehlerhaften«) französischen Übersetzungen nicht einfach oder lediglich das Resultat eines falschen Verständnisses von Freud sind, sondern das Ergebnis einer realen Schwierigkeit. Es scheint tatsächlich so, als ob etwas unwiederbringlich in beiden Übersetzungen, »*instinct*« und »*drive*«, verloren geht. Es gibt keinen Zweifel daran, dass das, was Freud als *Trieb** entdeckte und benannte, kein »*instinct*« im Sinne der gewöhnlichen »tierischen Instinkte« ist – eine Art angeborener Autopilot, der auf Selbsterhaltung und Überleben abzielt. Es ist wichtig, auf diese Differenz hinzuweisen. Doch auf der anderen Seite riskieren wir, etwas zu verfehlen, wenn wir einfach sagen, dass der Trieb etwas *komplett anderes* ist, dass er nichts mit »Natur« oder »Tierischem« zu tun hat und wir ihn zum (psychoanalytischen) Träger der »menschlichen Ausnahme« machen. Denn das würde bedeuten, zu weit zu gehen und einen höchst schwierigen und wesentlichen Punkt zu überspringen. Was ist dieser Punkt? Es ist die Tatsache, dass *Trieb** (oder das Genießen) weder das eine noch das andere ist, weder (das) Tierische noch einfach (das) Menschliche.

Die Topologie des Triebs kann tatsächlich auf zwei Weisen verstanden werden. Sie kann so verstanden werden, dass beim *Menschen* die Abweichung von den organischen Bedürfnissen (die das Tier steuern) ursprünglich ist und dass diese Abweichung in ihrer Ursprünglichkeit die menschliche Differenz und Ausnahme markiert. Das wäre die normale Lesart. Doch es gibt noch eine andere mögliche Lesart, die diese Position weitertreibt und radikalisiert. Diese andere Lesart legt nahe, dass der Mensch – als ein Wesen des Triebs – weder Teil einer (organischen) Natur ist, noch eine Ausnahme davon (oder etwas dazwischen), sondern der Punkt, an dem sich *die der Na-*

tur inhärente Unmöglichkeit, die Sackgasse als solche artikuliert. Aus dieser Perspektive wird die Differenz zwischen Mensch und Tier höchst eigentümlich: »menschliche Differenz« (oder Singularität) trägt der Tatsache Rechnung, dass ihr Anderes (das Tier) nicht existiert (dass es selbst inkonsistent ist, irreduzibel auf eine Art reiner Autopilot der Überlebenskraft). Lorenzo Chiesa hat kürzlich unsere Aufmerksamkeit auf eine signifikante Verschiebung gelenkt, die zwischen Lacans frühem und spätem Werk hinsichtlich der Frage nach der »tierischen Sexualität« stattfindet.[30] Im *Seminar I* zögert Lacan nicht, diese als Übereinstimmung zwischen einem Schlüssel und einem Schlüsselloch zu definieren und damit zu implizieren, dass das Tier existiert. Auf der anderen Seite warnt uns Lacan im *Seminar XIX* vor dem »vermeintlich animalischen Modell« einer perfekt unzweideutigen reproduktiven Komplementarität. »Das animalische Bild der Kopulation, das uns als ausreichendes Modell dafür erscheint, dass es ein Geschlechterverhältnis gibt« – von dem wir als biologische Ausnahme abweichen, ist nichts anderes als ein Nebeneffekt der »animistischen Fantasie« [*fantasme animique*], durch die *wir* imaginär das Tier »observieren«.[31]

Bedeutet dies, dass die Differenz zwischen Tier und Mensch einfach kollabiert? Nicht unbedingt. Wir können immer noch behaupten, dass das Genießen etwas spezifisch Menschliches benennt. Doch dieses spezifisch menschliche Ding ist eher eine Singularisierung einer allgemeinen Inkonsistenz, die im tierischen Leben am Werk ist. Es ist (im mathematischen Sinne) eine einelementige

---

[30] Lorenzo Chiesa, *The Not-Two: Logic and God in Lacan.* Cambridge, MA: MIT, 2016.

[31] Lacan 2011, S. 96-98.

Menge dieser Inkonsistenz. Wir könnten sagen, dass während tierische Sexualität einfach inkonsistent ist (und dies teilt sie mit der menschlichen Sexualität), ist das Genießen eine Menge, die diese Inkonsistenz als ihr einziges Element enthält. Mit anderen Worten: Was uns von den Tieren unterscheidet, ist das Herausstellen der Negativität, die wir sehr wohl mit ihnen *gemeinsam haben*. Das macht den ganzen Unterschied aus. Und das Herausstellen passiert durch den Signifikanten und seine Logik. Aus dieser Perspektive sind Menschen keine Ausnahme vom Tier noch sind sie einfach Tiere; stattdessen sind sie das Fragezeichen in der Auffassung vom Tier als konsistenter Entität. Menschen sind buchstäblich der lebende Beweis dafür, dass das Tier nicht existiert.

Man könnte hier noch weitergehen und diese Annahmen radikalisieren, indem man sie auf »Natur« oder materielle Realität als solche ausweitet und dabei vorschlägt, dass die Abweichung vom Gang der natürlichen Gesetze (oder von der Norm) nicht koextensiv mit dem Menschen ist (in ihm wurzelt), sondern konstitutiv für die Realität und die Norm als solche und synonym mit dem, was Žižek die »unvollständige ontologische Konstitution der Realität« nennt. Das sprechende Wesen ist weder Teil der (organischen) Natur noch ihre Ausnahme (oder etwas dazwischen), sondern ihr *Reales* (der Punkt ihrer eigenen Unmöglichkeit, ihrer Sackgasse). Das sprechende Wesen ist die reale Existenz einer ontologischen Sackgasse. Es geht nicht darum, dass sich der Mensch durch die Deklination von der Natur und ihren Gesetzen unterscheidet; der Mensch ist keine Ausnahme (die den ganzen Rest der Natur konstituiert), sondern der Punkt, an dem die Natur (nur) durch die Inklusion ihrer eigenen Unmöglichkeit *existiert*.

Von hier aus folgt, dass die »natürliche Norm« (zum Beispiel der unproblematische Instinkt, die Homogenität der Bedürfnisse und ihrer Befriedigung und, breiter gefasst, die biologischen, chemischen und physikalischen Gesetze) sekundär ist im Verhältnis zu der »unvollständigen ontologischen Konstitution« der Natur. Dies bedeutet nicht, dass die Normen und Gesetze nicht wirklich existieren würden oder dass sie einfach Mittel wären, mit denen der Mensch die chaotische und unvollständige Natur domestiziert und denkt. Die unvollständige ontologische Konstitution ist nicht synonym mit Chaos. Mein Punkt hier ist ein anderer: Natur ist nicht als solche chaotisch, sie ist »gesetzestreu« (im wissenschaftlichen Sinn), doch diese »Gesetzestreue« ist nichts anderes als eine Strukturierung ihres inneren Antagonismus, Widerspruchs und »Unvollständigkeit«. Sie ist *seine eigentliche Form*. In diesem Sinne existieren Naturgesetze genau durch die Nichtexistenz der Natur. – Und aus dieser Perspektive ist es kein Zufall, dass die Physik Galileis mit einer Aussage beginnt, die man wie folgt formulieren könnte: »Die Natur existiert nicht.« (Was heißt: Die Natur als bedeutsames Ganzes existiert nicht.) Die Gesetze der Natur (inklusive der biologischen Gesetze) sind nicht das Andere zur Natur als etwas Inkonsistentem, sondern genaugenommen eins mit der Nichtexistenz der Natur.

Die Einführung des Begriffs des Triebs hat uns zu einigen gewagten Spekulationen geführt und es ist sicher kein Zufall, dass der psychoanalytische Begriff des Triebs (und insbesondere der »Todestrieb«) weitreichende philosophische Folgen hat – nicht nur unter lacanianischen Philosophinnen und Philosophen, sondern auch zum Beispiel für jemanden wie Deleuze. Es ist genau der Begriff des Triebs, durch den Sex tief in ontologische Fragestellungen führt und daran arbeitet, diese umzuformen. Als Freud den Begriff des Todestriebs in »Jenseits des Lustprinzips« einführte, begab er sich bereits in wilde und hoch kontroverse Spekulationen: Spekulationen die, genau aus diesem Grund, unsere ganze Aufmerksamkeit und Berücksichtigung verdienen.

TODESTRIEB I: FREUD

Unter lacanianischen Philosophinnen und Philosophen spielt der Begriff des Todestriebs durchgehend eine sehr wichtige Rolle, vor allem im Zusammenhang mit den Kernpunkten verschiedener konzeptueller Aussagen. Trotz zahlreicher Erklärungen (und Beispiele) dazu, worauf sich der Begriff bezieht und was er benennt, herrscht weiterhin viel Verwirrung in Bezug auf ihn. Es mag sein, dass sich diese Verwirrung aus der Tatsache speist, dass, soweit er die Psychoanalyse betrifft, dieser Begriff eine Baustelle ist und bleibt. Nicht dass andere freudsche Begriffe einfach etabliert und fixiert wären, ohne die Chance auf ein weiteres konzeptuelles Leben, aber dem Todestrieb scheint auf ganz besondere Weise eine Art initiale oder fundamentale Verankerung zu fehlen. Der Grund dafür ist sehr einfach: Was Freud in »Jenseits des Lustprinzips« mit dem Terminus des Todestriebs einführt, ist nicht exakt das, was »wir« (ich zähle mich zu den Lacanianerinnen, die oft mit dem Begriff arbeiten) damit meinen.

So spekuliert Freud zum Beispiel über den möglichen Ursprung dessen, was er Todestrieb nennt:

> Irgend einmal wurden in unbelebter Materie durch eine noch ganz unvorstellbare Krafteinwirkung die Eigenschaften des Lebenden erweckt. [...] Die damals entstandene Spannung in dem vorhin unbelebten Stoff trachtete

> danach, sich abzugleichen; es war der erste Trieb gegeben, der, zum Leblosen zurückzukehren.[32]

Der »Instinkt« oder der Trieb, den vermeintlichen ursprünglich homöostatischen, spannungslosen Urzustand wieder zu erreichen, ist, was Freud den Todestrieb nennt. Und hier nun Žižek zum Todestrieb:

> Der Todestrieb bedeutet ja gerade, dass die radikalste Tendenz eines lebenden Organismus darin besteht, einen Spannungszustand aufrechtzuerhalten und die finale ›Entspannung‹ zu vermeiden, die durch das Erreichen eines Zustands der völligen Homöostase eintreten würde. Der ›Todestrieb‹ als ›jenseits des Lustprinzips‹ situierter ist genau dieses Insistieren eines Organismus auf der endlosen Wiederholung des Spannungszustands.[33]

Es ist dennoch wichtig, darauf zu bestehen, dass es sich hier nicht einfach um ein »Missverständnis« (bestenfalls) oder eine »mutwillige Erfindung« (schlimmstenfalls) handelt, sondern dass es tatsächlich eine psychoanalytische (freudsche) *Logik* gibt, die vom ersten zum zweiten führt. In diesem Abschnitt werde ich versuchen, diese Logik zu umreißen, indem ich einige Stellen aus Freuds »Jenseits des Lustprinzips«, einer der faszinierendsten und komplexesten Aufsätze Freuds, einem *Close reading* unterziehe. Der Aufsatz ist keineswegs »linear«, sondern beinhaltet mehrere Verschiebungen von Freuds Position. Wir werden in der Mitte beginnen, wo Freud einige höchst erstaunliche spekulative Reflexionen wagt, um

---

[32] Sigmund Freud, »Jenseits des Lustprinzips«, in: Ders., *Studienausgabe, Bd. 3*, Frankfurt a.M.: Fischer, 1975 [1920], S. 245.

[33] Slavoj Žižek, *Organlose Körper. Bausteine für eine Begegnung zwischen Deleuze und Lacan*, Frankfurt a.M: Suhrkamp, 2005, S. 42.

den Begriff des Todestriebs einzuführen. Diese wenigen Seiten verdienen eine ernsthafte Beachtung, nicht nur, weil sie den Begriff einführen, sondern auch, weil sie eine faszinierende Dekonstruktion unseres unmittelbaren Verständnisses des Lebens (und des Vitalismus) vollführen, indem sie den Begriff des Lebens von jeglicher ontologischen Konsistenz oder Basis entledigen. Von dort werde ich mehrere Verschiebungen und Widersprüche in Freuds Aufsatz aufzeigen, um die Konstruktion einer anderen Vorstellung des Todestriebs vorzuschlagen, die jedoch in verschiedenen Punkten des Aufsatzes bereits impliziert ist, gerade in den Verschiebungen und Zweifeln, zu denen Freud immer wieder zurückkehrt. Ich werde behaupten, dass das genuine psychoanalytische Konzept des Todestriebs in der Tat mit den Phänomenen zu tun hat, die Freud als gegensätzlich zu seinem Begriff des Todestriebs auffasst, nämlich Sexualität (»Sexualtriebe«, die er als »Lebenstriebe« begreift), und dass es genau die Ebene der Sexualität ist, auf der wir den Schlüssel zur Logik des Übergangs von Freuds ursprünglichem zum lacanschen Konzept des Todestriebs finden.

Beginnen wir *in medias res* und schauen uns eine lange und faszinierende Passage aus »Jenseits des Lustprinzips« an:

> Wenn wir es als ausnahmslose Erfahrung annehmen dürfen, dass alles Lebende aus *inneren* Gründen stirbt, ins Anorganische zurückkehrt, so können wir nur sagen: *Das Ziel alles Lebens ist der Tod, und zurückgreifend: Das Leblose war früher da als das Lebende.*
>
> Irgend einmal wurden in unbelebter Materie durch eine noch ganz unvorstellbare Krafteinwirkung die Eigenschaften des Lebenden erweckt. [...] Die damals entstandene Spannung in dem vorhin unbelebten Stoff trachtete

> danach, sich abzugleichen; es war der erste Trieb gegeben, der, zum Leblosen zurückzukehren. Die damals lebende Substanz hatte das Sterben noch nicht leicht, es war wahrscheinlicher nur ein kurzer Lebensweg zu durchlaufen, dessen Richtung durch die chemische Struktur des jungen Lebens bestimmt war. Eine lange Zeit hindurch mag so die lebende Substanz immer wieder neu geschaffen worden und leicht gestorben sein, bis sich maßgebende äußere Einflüsse so änderten, dass sie die noch überlebende Substanz zu immer größeren Ablenkungen vom ursprünglichen Lebensweg und zu immer komplizierteren Umwegen bis zur Erreichung des Todesziels nötigten. Diese Umwege zum Tode, von den konservativen Trieben getreulich festgehalten, böten uns heute das Bild der Lebenserscheinungen.[34]

Was sagt Freud hier? Von der Perspektive des Ergebnisses aus betrachtet (alles Lebende wird sterben und es stirbt aus inneren Gründen), erscheint der Tod als das fundamentalste Ziel des Lebens. Freud schlägt vor, dass der Todestrieb primär ist (als Trieb, der dem Leben als solchem inhärent ist), und definiert konservative Triebe als Kräfte, die die Umwege dieses fundamentalen Triebs untermauern. Die Lebenstriebe (oder Triebe der Selbsterhaltung) seien keine affirmativen (und spontanen) Kräfte des Lebens, sondern sekundäre Formationen, die dem primären Trieb dienen, der der Todestrieb ist. Dies ist eine erstaunliche Umkehr dessen, was unsere spontane Wahrnehmung ausmacht: Aus der Perspektive Freuds gibt es nichts Ursprüngliches oder Spontanes in der Affirmation und Bewahrung des Lebens. Lebenstriebe sind automatisch (auf Autopilot), aber sie sind nicht ontologisch primär (für Freud gibt es hier ziemlich buchstäblich

[34] Freud 1975 [1920], S. 248.

ein ontologisches Primat des »Seins-zum-Tode«). Lebenstriebe sind eine Form von »Wissen« (*know-how*), das notwendig für die Erhaltung dieses Umwegs der fundamentalen, dem Leben impliziten Negativität ist, die Tod(estrieb) genannt wird. Der Todestrieb benennt eine Art fundamentaler oder *ontologischer Fatigue* des Lebens als solchem. Er ist der stetige Unterton im Leben in all seinen farbenfrohen und üppigen Ausformungen. Er ist nicht das Gegenteil dieser Formen, sondern in all ihnen präsent.

Diese Spekulationen mögen seltsam klingen, sollten dennoch nicht zu schnell abgetan werden. Dadurch, dass Freud die automatische (wenn auch problematische, sogar phantasmatische) Annahme einer ursprünglichen *Kraft* oder eines Willens zum Leben in Frage stellt, kann er den Grund für eine wirklich interessante Hypothese ebnen. Was er im Wesentlichen sagt, ist folgendes: Das Leben ist zufällig und es gibt keinen (mysteriösen) Willen, der leben *will*: Was wir als »vitale Kräfte« ansehen, sind Triebe, die sich in dem Prozess der Reiteration des Zufalls herausbilden, der Leben heißt. Sie »wissen«, wie man die Wege dieser Reiteration konserviert (bewahrt), aber sie *wollen* nichts oder zielen auf nichts ab.

Was Freud hier sagt, unterscheidet sich wesentlich von einer Rhetorik des Kampfes zwischen Lebens- und Todestrieben (die er auch an einem bestimmten Punkt bemüht). Diese Rhetorik geht von der Existenz zweier unabhängiger Kräfte aus (eines »Willens zum Leben« und eines »Willens zum Sterben«), zweier Prinzipien, die gegeneinander kämpfen. Dies *macht* jedoch *keinen Sinn*, wenn wir uns genau ansehen, was Freud in der oben zitierten Passage sagt. Es gibt hier keinen Kampf: Das Leben ist ein Umweg zum Tod und konservative Triebe pflastern seine Wege, sie sind untrennbar mit ihm verbunden. Sie »wollen« nicht, sie »kämpfen« nicht mit dem Tod, sie machen nur einfach ihren Job, indem sie an einen bestimmten Umweg zum Leblosen in Gang halten. Streng genommen arbeiten sie daran, diesen Weg und nicht einfach das »Leben aufrechtzuerhalten«. Freud ist in dieser Hinsicht mehr als explizit:

> Die theoretische Bedeutung der Selbsterhaltungs-, Macht- und Geltungstriebe schrumpft, in diesem Licht gesehen, ein; es sind Partialtriebe, dazu bestimmt, den eigenen Todesweg des Organismus zu sichern und andere Möglichkeiten der Rückkehr zum Anorganischen als die immanenten fernzuhalten, aber das rätselhafte, in keinen Zusammenhang einfügbare Bestreben des Organismus, sich aller Welt zum Trotz zu behaupten, entfällt.[35]

Aus dieser Perspektive *ändern* die Selbsterhaltungstriebe – noch nicht einmal temporär – das fundamentale Ziel des Lebens (den Tod) nicht, sie führen nur eine Zeitlichkeit in es ein. Und der Modus dieser Zeitlichkeit ist wesentlich *Wiederholung*. Konservative Triebe wiederholen erworbene/eingerichtete Wege des Lebens, es sei denn sie werden (aus externen Gründen) dazu gezwungen, sie zu ändern; in diesem Fall tendieren sie dazu, die modifizierten Wege zu wiederholen und wir nehmen dies fälschlicherweise als Triebe wahr, die einen Wandel, eine Entwicklung oder die Produktionen neuer Formen antreiben.[36] Nichts *treibt* diesen Wandel an – es gibt keinen Antrieb dazu.

Was ist also das Leben, wenn wir Freuds Reflexionen folgen und ihre Implikationen ausbuchstabieren? Leben hat keinen ihm eigenen Grund oder Ursprung. Es ist

---

[35] Ebd., S. 248f.
[36] Ebd., S. 246.

etwas, das dem Leblosen *passiert,* es ist ein Zufall, der sich im Leblosen ereignet (möglicherweise dem ihm inhärenten Widerspruch oder seiner Inkonsistenz geschuldet). Es ist nicht nur sein Anderes. Es ist eine Unterbrechung, eine Störung des Leblosen: Leben gibt der inhärenten Kluft, aufgrund derer das Leblose nicht einfach mit sich zusammenfällt, eine singuläre, separate Form.

In Übereinstimmung mit den großen Materialisten und in der Absicht, die anthropozentrische (oder »korrelationale«) Sicht auf die Realität zu diskreditieren, sagt man gerne, dass das Leblose gegenüber dem Leben indifferent ist, dass es schon lange existierte, bevor es Leben gab und noch lang existieren wird, nachdem das Leben ausgestorben ist. Doch die obigen Überlegungen laden uns dazu ein, sogar noch etwas weiter zu gehen. Anstatt zu sagen, dass es dem (leblosen) Universum scheißegal ist, ob wir leben oder sterben (und dass aus der Perspektive des Universums unsere Existenz ziemlich bedeutungslos ist), sind wir dazu eingeladen, eine Möglichkeit zu erwägen, die uns noch weniger exzeptionell macht: nämlich, dass wir nur die reinen Perversionen, seltsamen Lüste des *Leblosen selbst* sind. Nicht im Sinne, dass wir integrale, harmonische Teile eines großen Ganzen oder eines runden Universums wären (um das »ozeanische Gefühl« hervorzurufen, das ebenfalls von Freud ins Spiel gebraucht wird), sondern im Sinne, dass wir dessen Ticks und Grimassen sind.

Das Leben ist nur ein Traum des Leblosen. Genauer, es ist ein *Alptraum* des Leblosen (seine alptraumhafte Verstörung), weil das Leblose nichts anderes will, als allein gelassen zu werden. In diesem Sinne könnten wir sagen, dass der Todestrieb nicht so sehr Trieb ist, als vielmehr eine ontologische *Fatigue* als fundamentaler *Affekt* des Lebens – nicht, dass er notwendigerweise als *Fatigue* erfahren oder gefühlt wird; er ist als eine Art »objektiver Affekt« gegenwärtig ...[37]

Bisher haben wir das diskutiert, was Freud ungefähr in der Mitte seines Aufsatzes schreibt. Gehen wir nun zum Anfang zurück, wo Freud (erneut) seine Überzeugung hinsichtlich der primären Eigenschaft dessen behauptet, was er das »Lustprinzip« genannt hat:

> In der psychoanalytischen Theorie nehmen wir unbedenklich an, dass der Ablauf der seelischen Vorgänge automatisch durch das Lustprinzip reguliert wird, das heißt, wir glauben, dass er jedesmal durch eine unlustvolle Spannung angeregt wird und dann eine solche Richtung einschlägt, dass sein Endergebnis mit einer Herabsetzung dieser Spannung, also mit einer Vermeidung von Unlust oder Erzeugung von Lust zusammenfällt. [...] Wir haben uns entschlossen, Lust und Unlust mit der Quantität der im Seelenleben vorhandenen – und nicht irgendwie gebundenen – Erregung in Beziehung zu bringen, solcherart, dass Unlust einer Steigerung, Lust einer Verringerung dieser Quantität entspricht.[38]

Es wird in dieser Passage deutlich, dass das »Lustprinzip« für Freud sich nicht auf irgendeine Art von hedonistischer Suche und Streben nach Lust, aktiver Ausschau nach Erfüllung und Befriedigung bezieht, sondern hauptsächlich nach Befreiung (von Spannung und Erregung) strebt, um in dem Versuch, einen homöostatischen Zustand zu erreichen, die »Spannung zu verringern«. Wenn wir nun diese eröffnenden Sätze mit unseren bisherigen

---

[37] Ich wurde zu dieser Verbindung zwischen freudschem Todestrieb und Fatigue geführt, als ich von Joan Copjec eingeladen wurde, im Rahmen ihres Pembroke Research Seminar (Brown University, 2015-2016) zu »Fatigue« zu sprechen.

[38] Freud 1975 [1920], S. 217f.

Ausführungen vergleichen, wird klar, dass das »Lustprinzip« mit seiner homöostatischen Tendenz ein mentales Äquivalent zu dem ist, was später in Freuds Spekulationen als die fundamentale Tendenz allen Lebens erscheint, in einen leblosen Zustand zurückzukehren und somit die Spannung zu reduzieren, die durch die Entstehung von Leben (in einer leblosen Materie) hervorgerufen wird.[39] In diesem präzisen Sinn und wie paradox es auch klingen mag, ist der Todestrieb, wie ihn Freud allererst einführt, tatsächlich einfach ein anderer Name für das »Lustprinzip.« Und wenn Freud im weiteren Verlauf beschreibt, wie das »Realitätsprinzip« (im Verhältnis zur Erhaltung von Leben) uns dazu zwingt, Ausnahmen vom fundamentalen Lustprinzip zu machen, benutzt er dasselbe Bild eines Umwegs, dass er später im Kontext der Diskussion um das Verhältnis zwischen Leben und Todestrieb benutzt:

> Unter dem Einfluss der Selbsterhaltungstriebe des Ichs wird es vom Realitätsprinzip abgelöst, welches, ohne die Absicht endlicher Lustgewinnung aufzugeben, doch den Aufschub der Befriedigung, den Verzicht auf mancherlei Möglichkeiten einer solchen und die zeitweilige Duldung der Unlust auf dem langen Umwege zur Lust fordert und durchsetzt.[40]

Wir haben hier genau dasjenige Bild, welches wir bereits diskutiert haben: das Leben als Störung und temporärerer Aufschub dessen, was als eine Art metaphysischer Lust (Homöostase) des Leblosen erscheint. Leben/das

---

[39] »Die damals entstandene Spannung in dem vorhin unbelebten Stoff trachtete danach, sich abzugleichen; es war der erste Trieb gegeben, der, zum Leblosen zurückzukehren.« (Ebd., S. 245)
[40] Ebd., S. 219f.

Realitätsprinzip ist ein Aufschub. Das Lustprinzip ist synonym mit dem Todestrieb, der – trotz der Umwege und temporären Aufschübe – das fundamentale Ziel/Lebensprinzip bleibt ... Es gibt eine direkte, Eins-zu-Eins-Entsprechung, die man zwischen den beiden erstellen könnte, zwischen dem Lustprinzip und dem Todestrieb (der Tendenz, zum Leblosen zurückzukehren) als in allem Leben gegenwärtig. Und genau wie die Selbsterhaltungstriebe nicht das Gegenteil vom Todestrieb sind, sondern nur dessen inhärente Umwege, so steht das Realitätsprinzip nicht dem Lustprinzip gegenüber, sondern funktioniert als seine weitschweifige Verlängerung. Es gibt genau genommen kein »*Jenseits* des Lustprinzips«, das von ihm unterschieden werden könnte. Im Gegensatz zu dem, was man erwarten würde, entspricht Freuds (ursprünglicher) Begriff des Todestriebs nicht dem, was gemeinhin als »Jenseits des Lustprinzips« gilt, und somit dem, was Freud dazu führte, den Aufsatz überhaupt zu schreiben (nämlich das Phänomen, dass Menschen an *dezidiert unlustvollen* Erfahrungen hängen und diese wiederholen).

Der wirkliche Gegensatz erscheint erst in dem nächsten Schritt, als Freud – nachdem er mit der Hypothese gearbeitet hat, dass der Todestrieb der einzige Trieb ist – das einführt, was er die »wahren Lebenstriebe« nennt, die er als sexuell identifiziert. »Sexualtriebe« (im Unterschied zu den Selbsterhaltungstrieben) sind jetzt die einzigen Triebe, die aus dem Kreislauf von Leben und Tod, der vom Lustprinzip und seinem fundamentalen Ziel, zum Leblosen zurückzukehren, beherrscht wird, auszubrechen scheinen. Sie streben nach (zumindest etwas) Erregung und Spannung, sind biologisch verwandt mit der »endlosen« Fortsetzung des Lebens und werden von »Spannung« aufrechterhalten. Ob im Fall von Reproduktion (der Verbindung zweier Zellen), Liebe (in all ihren verschiedenen Formen) oder von all den großen Sublimierungen (wie Kunst), verlassen sie ihren Weg und umfassen *Alterität*, Differenz und den Anderen (zumindest einen Hauch des Anderen). Lust (im freudschen Sinne) braucht dagegen keinen Anderen; der Andere (als Anderer) stört sie eher ... Sexuelle Triebe richten sich nicht so sehr *gegen* das Lustprinzip, sondern scheinen es in erster Linie zu suspendieren, es *als Prinzip* zu entwerten. Sie scheinen eine Art Anti-*Fatigue* zu sein und ihre eigene Logik und Triebkraft zu haben. Es ist sehr wichtig, sich bewusst zu machen, dass sie nicht einfach eine treibende Kraft des *Lebens* sind, sondern etwas, das einzigartig *im* Leben stattfindet. Die einfache Gleichung von »Sexualtrieben« und »Lebenstrieben« ist irreführend, weil die ersteren auf etwas im Leben verweisen, was mehr (oder weniger) als (nur) Leben ist.

Dies ist der Teil in Freuds Text, in dem er (nachdem er seine Hypothese erläutert hat, dass der einzige Trieb des Lebens der Todestrieb ist) das einführt, was er eine *dualistische* Sicht nennt, mit einem klaren Gegensatz zwischen *Lebens- oder Sexualtrieben** und *Todestrieben** (ein Gegensatz, der einfach als Opposition zwischen Eros und Thanatos zusammengefasst werden kann). Todestriebe entsprechen dem, was wir bislang diskutiert haben (der *Fatigue* als fundamentalem und objektivem Affekt des Lebens), während die Sexualtriebe sich von dieser Ausrichtung und Logik abspalten und in eine andere Richtung arbeiten; sie sind nicht nur Aufschübe des Todes, Umwege auf dem Weg des Lebens zum Tod: Sie sind Umwege, die tatsächlich einen Unterschied machen/einführen, die etwas »Neues« produzieren; sie schaffen sogar eine »potentielle Unsterblichkeit« (der Art, um den Preis des Todes des individuellen Organismus).

Doch diese dualistische Sicht stellt sich als unhaltbar heraus, und was sie unterminiert oder verkompliziert, ist einfach, dass Sexualität nicht unter den Begriff der »Lebenstriebe« subsumiert werden kann. Wenn Sexualität mit den »Lebenstrieben« korrespondieren würde, gäbe es keine Psychoanalyse, weil eine ihrer grundlegenden Entdeckungen ausgerechnet darin besteht, dass es kein fundamentales Prinzip (oder Gesetz) gibt, das menschlicher Sexualität eine Richtung geben würde. Die Idee von etwas (in uns), das auf die Fortsetzung des Lebens *abzielt*, und etwas, das darauf abzielt, zum Leblosen zurückzukehren, ist überhaupt nicht das, was den Begriff des Triebs – der ein weitaus interessanterer und komplexerer Begriff ist, der Spaltung, Wiederholung, Mehrlust und konstanten Druck beinhaltet – angemessen wiedergibt. An dieser Stelle scheint sich Freud in einer knappen Bezugnahme auf Jung an folgende Tatsache zu erinnern: Der Dualismus der Triebe (»Lebenstriebe« und »Todestriebe«) ist die Kehrseite der Auffassung von Libido als »neutraler«, entsexualisierter Substanz. Jung, so Freud, gebraucht »kurz entschlossen, Libido für Triebkraft überhaupt.«[41]

Genau darum ging es in Freuds Abspaltung von Jung, um diese Entsexualisierung der Libido im Namen einer neutralen Ursubstanz, die anschließend in verschiedene Triebe geteilt wird, die alle Teile eines »großen

[41] Freud 1975 [1920], S. 261. Jung übernahm den freudschen Begriff der Libido und gab ihm, mit einer nur scheinbar leichten Modifikation, eine gänzlich andere Bedeutung. Mit Jung wird die Libido zum psychischen Ausdruck einer »vitalen Energie«, deren Ursprung nicht nur sexuell ist. Aus dieser Perspektive ist die Libido ein allgemeiner Name für psychische Energie, die nur teilweise sexuell ist. Freud sah sofort, dass, indem man der jungschen Bewegung folgt, man »auf allen Gewinn aus der bisherigen psychoanalytischen Beobachtung« verzichten würde. (Freud 1905, S. 122)

Ganzen« namens Libido sind und wesentlich zwei (komplementären) Prinzipien angehören ... Freuds fundamentale Bewegung bestand auf der anderen Seite darin, Sexualität zu entsubstantialisieren: Das Sexuelle ist kein Prinzip, das angemessen be- und umschrieben werden könnte, es ist die Unmöglichkeit seiner eigenen Umschreibung oder Eingrenzung. Es kann weder sauber von biologischen, organischen Bedürfnissen und Funktionen getrennt werden (weil es in ihrem Bereich wurzelt, es beginnt dort, indem es sie bewohnt), noch kann es auf sie reduziert werden. Das Sexuelle ist kein abgetrenntes Prinzip oder Domäne des menschlichen Lebens und kann deshalb alle Bereiche des menschlichen Lebens bewohnen. Letztendlich ist es nichts anderes als der inhärente Widerspruch des »Lebens«, das dadurch seinen selbstevidenten Charakter verliert.

Die Bezugnahme auf Jung an dieser Stelle des Textes scheint Freud daran zu erinnern und lässt einen neuen und anderen Wind in seine Argumentation wehen. Jetzt bewegen wir uns in die Richtung einer Hypothese, nach der es *nur Sexualtriebe* gibt (oder alle Triebe sexuell sind). Aus den Erkenntnissen der Psychoanalyse, behauptet Freud, ergibt sich nichts, das auf andere Triebe als die libidinösen hinweist, und libidinöse Triebe sind sexuell. Freud tendiert nun zu einem »Monismus«, aber nicht im Sinne Jungs (welcher der Monismus der Substanzlibido ist), sondern er tendiert zu dem, was ich den Monismus (die Singularität) von Antagonismus, Widerspruch oder Spaltung nennen würde. Freud siedelt diesen Antagonismus oder Spaltung auf dem Grund der Sexualtriebe selbst an und nicht bei »seinem« Todestrieb, der, wie wir gesehen haben, recht monolithisch ist. Zum Beispiel kann das Liebesobjekt selbst zwischen Liebe und Hass gespalten sein oder, wie Lacan es prägnant formuliert: »Ich liebe dich, weil aber, unerklärlich, ich in dir etwas liebe, das mehr ist als du – das Objekt klein *a*, muss ich dich verstümmeln.«[42] Freud bekräftigt nun seine Überzeugung, dass all das, was die Wissenschaft uns sagen kann, bestätigt, dass es nur Sexualtriebe gibt. Genauer, dass nur die Sexualtriebe uns woanders hinführen als zur Rückkehr in einen früheren (homöostatischen) Zustand. Dies kann noch gezielter formuliert werden, indem man behauptet, dass nur Sexualtriebe uns »antreiben«, und zwar in jedem Sinne des Wortes (im Unterschied zum »Magnetismus des Leblosen«, der eine Modalität der *Fatigue* und kein richtiger *Trieb** zu sein scheint).

Indem er seine zentrale These über die sexuelle »Natur« der Libido als solche nochmals bestätigt, arbeitet Freud in dem letzten Teil seines Textes mit der Hypothese, dass es nur sexuelle *Triebe* gibt. – Fast unmerklich hat sich die Perspektive (wieder) dramatisch verschoben. Vom Monismus des Todestriebs (*qua* Lustprinzip) bewegen wir uns zum Dualismus von Eros und Thanatos (also von Sexualtrieben und Todestrieben) und von dort zum Monismus der Sexualtriebe.

Inwiefern können wir nun sagen, dass dieser kein Monismus einer Substanz ist, sondern derjenige der Spaltung oder des Hindernisses, das die Substanz daran hindert, etwas Einheitliches zu sein? Erstens werden Sexualtriebe nicht länger als Lebenstriebe betrachtet, weil sie die eigentliche Spaltung zwischen Leben und Tod wiederholen; durch die Sexualtriebe ist der Tod dem Leben *inhärent*, und sie bedingen seine Aufrechterhaltung (und – in aller Kürze – diese Negativität [dieses »Minus«] im Leben wird zur eigentlichen Sphäre des *psychischen* Le-

---

42 Lacan 2015a, S. 277.

bens, insofern das letztere ko-extensiv mit dem Unbewussten ist).

Die Wiederholung des Todes innerhalb des sexuellen Lebens wird von Freud sowohl auf der Ebene der Zellen als auch auf der individuellen Ebene aufgezeigt, wenn es um sexuelle Reproduktion geht.[43]

Lacan erklärt das wie folgt:

> Wir wissen, dass die den größten Teil aller Lebewesen beherrschende Trennung der Geschlechter den Fortbestand einer Art sichert. [...] Sagen wir, die Art besteht fort in Form ihrer Individuen. Darum ist nicht weniger wahr, dass das Überleben des Pferds als Art einen Sinn hat – jedes Pferd ist vergänglich, und jedes Pferd stirbt. Sie sehen also, dass die Verbindung von Geschlecht und Tod, Tod des Individuums, eine grundsätzliche ist.[44]

Lacan kehrt oft zu dieser Implikation des Todes im Herzen des Geschlechtlichen zurück und beteuert sie immer wieder; er tut dies teils in den Begriffen des »Todes« und teils in einer formaleren Sprache der »Reduktion« oder des »Verlustes«, die in der sexuellen Reproduktion involviert sind (zum Beispiel, wenn er auf die Vereinigung zweier Chromosomenpaare Bezug nimmt).

Durch die sexuelle Reproduktion wird der Tod dem Leben inhärent; er ist nicht einfach sein Ende oder finales Ziel (wie die »Rückkehr in einen leblosen Zustand«), son-

---

43 Keimzellen sind zu einer unabhängigen Existenz fähig: »Unter günstige Bedingungen gebracht, beginnen sie sich zu entwickeln, das heißt das Spiel, dem sie ihre Entstehung verdanken, zu wiederholen, und dies endet damit, dass wieder ein Anteil ihrer Substanz die Entwicklung bis zum Ende fortführt, während ein anderer als neuer Keimrest von neuem auf den Anfang der Entwicklung zurückgreift.« (Freud 1920, S. 249)

44 Lacan 2015a, S. 157.

dern seine inhärente Negativität und interne Bedingung. Dies ist genau der Punkt, an dem ein anderer (lacanscher) Begriff des Todestriebs beginnt, Form anzunehmen, obwohl – wie wir sehen werden – diese Spaltung in sich selbst den eigentlichen Todestrieb noch nicht ausmacht.

Zum Verständnis der Verschiebung vom freudschen zum lacanschen Konzept des Todestriebs ist das (freudsche) Konzept der Sexualität (und seine Beziehung zum Unbewussten) zentral. Zwischen Freud, der darauf besteht, dass, wenn man alles berücksichtigt, es nur Sexualtriebe gibt (oder dass Triebe per Definition sexuell sind), und Lacan, der sagt, dass »jeder Trieb virtuell ein Todestrieb ist«, liegt die fehlende Verbindung (*missing link*) ganz einfach darin, dass der Tod das ist, was inmitten der Sexualtriebe aufscheint. Nicht als ihr Ziel, sondern als ihren negativen Wert oder als ihr implizites Minus, das sie wiederholen. Versuchen wir nun den lacanschen Begriff des Todestriebs ausgehend von Freuds Aufsatz zu rekonstruieren.

Wir können bei dem beginnen, was Freud als *Wiederholung* begreift, die in den konservativen Trieben arbeitet (Selbsterhaltungstriebe): Selbsterhaltungstriebe wiederholen festgelegte Lebenswege (festgelegte Umwege des Lebens auf seinem Weg zum Tod). Triebe wiederholen die Umwege zum Tod (die die Lebenserscheinungen, so wie wir sie kennen, konstituieren).[45] Statt den Todestrieb als fundamentale omnipräsente Tendenz zur Rückkehr zum Leblosen zu begreifen (als eine Art Magnetismus zum Leblosen), müssen wir ihn nun in einer anderen (Form der) Wiederholung verorten, die in dieser »konservativen« Wiederholung stattfindet; als *Wiederholung in-*

[45] In diesem präzisen Sinne wird Lacan Triebe mit einem »Wissen im Realen« als genau dem »Wissen« dieser Wege identifizieren.

nerhalb der Wiederholung: nämlich Wiederholung einer (partialen und sozusagen extracurricularen) Befriedigung, die zufällig innerhalb der konservativen Wiederholung entstanden ist. Dies stimmt weitgehend mit der Weise überein, in der Freud in »Drei Abhandlungen zur Sexualtheorie« Sexualität und Sexualtriebe herleitet: als eine Mehrbefriedigung/Erregung, die innerhalb des Funktionalen und als Befriedigung verschiedener organischer Funktionen stattfindet. (Wie die berühmte »Lust des Mundes«, die während der Befriedigung des Nahrungsbedürfnisses eintritt.) Dieser Zusatz ist keine externe, sondern eine interne Ursache von Spannung und ein konstanter Druck; paradoxerweise zielt dieser Trieb zudem nicht auf eine Herabsetzung oder Auflösung der Spannung/Erregung ab, sondern im Gegenteil auf Wiederholung, immer und immer wieder. Darüber hinaus fällt diese zufällige »extracurriculare« Befriedigung nicht mit irgendeiner Besänftigung zusammen, da sie nicht die Befriedigung eines Bedürfnisses ist und daher keine »Beruhigung« der Spannung, die das Bedürfnis geweckt hat, erzeugt. Die Dynamik ist hier eine ganz andere, weil es eine Befriedigung gibt, die nicht auf ein vorhergehendes Bedürfnis antwortet. Hier geht die Antwort der Frage voraus. Und statt dass sie eine Besänftigung einer zusätzlichen Erregung produzieren würde, *generiert* die Befriedigung (und ihre Wiederholungen) weitere *Erregung*. Die Wiederholung dieser zusätzlichen Befriedigung richtet sich in diesem Sinne gegen das Lustprinzip (als das Prinzip, die Spannung herabzusetzen), doch dies nicht auf Kosten eines obskuren Willens zu sterben, sondern auf Kosten eines zusätzlichen Triebs, der innerhalb des Lebens selbst als unerwarteter Ableger stattfindet.

Doch – und dies ist zentral – dürfen wir Freuds Darstellung nicht verwenden, um eine Art *linearer* Genese des (Todes-)Triebs nahezulegen, in der dieser sich einfach als direktes Nebenprodukt in der Befriedigung organischer Bedürfnisse vollzieht. *Mehr-Befriedigung als solche macht sie noch nicht zu einem Trieb.* Es ist nicht unvorstellbar, dass Tiere eine zusätzliche Befriedigung erfahren, wenn sie ihre Bedürfnisse befriedigen, doch damit diese als Partialobjekt (oder als Objekte des Begehrens) funktionieren kann, muss sie zugleich als objektive Verkörperung (Objekt-Repräsentation) der Negativität oder der Kluft in dem signifizierenden Gerüst des Seins funktionieren.

Dies ist der ganze Punkt im *Konzept* des Todestriebs. Dies meint Lacan, wenn er sagt, dass »jeder Trieb virtuell ein Todestrieb ist«: Der Todestrieb ist nicht einer unter anderen (Partial-)Trieben, sondern verweist auf eine aktive Spaltung oder Deklination *innerhalb jedes* Triebs. Der Todestrieb weist auf die Negativität, um die die verschiedenen Partialtriebe kreisen und die sie – in diesem Sinne – alle gemeinsam haben. Es ist der den Trieben inhärente Spalt als solcher, der nicht derselbe ist, wie die Spaltung des Triebs von seinen organischen Funktionen. Auf der einen Seite gibt es Triebe, die in jeder partiellen Mehr-Befriedigung involviert sind und der bekannten Liste (oral, anal, skopisch) angehören; aber es gibt auch den Trieb als die rein pulsierende störende Negativität, die ihnen ihren singulären Rhythmus und Wendung verleiht. Im *Seminar XI* zum Beispiel betont Lacan die Differenz zwischen Objekt *a* als Markierung einer Negativität (Verlust oder Kluft) als solcher, um die herum der Trieb zirkuliert, und allen Formen von Objekten *a,* die »nur Stellvertreter, Darsteller« sind.[46] Das Ziel der Wiederholung der Triebe ist nicht nur einfach (zusätzliche)

[46] Lacan 2015a, S. 188.

Befriedigung, sondern diese Negativität/Unterbrechung, die nur wiederholt werden kann, indem man die Mehr-Befriedigung wiederholt. Dies ist genau das, was den Trieb von dem »reinen und einfachen Autoerotismus der erogenen Zone« unterscheidet.[47]

Mit anderen Worten ist das Objekt *a* als Objekt des Triebes immer und notwendig ein Doppeltes: Es ist Mehr-Befriedigung, indem es *an der Leerstelle klebt* (an der Kluft in der Ordnung des Seins); und es ist gleichsam die Leerstelle und ihre »Kruste« – weshalb Partialobjekte als »Stellvertreter« dieser Leerstelle dienen. Dies erlaubt uns nahezulegen, dass das reale Objekt des Triebs nicht einfach Mehr-Befriedigung ist (Lust oder Befriedigung als Objekt), sondern diese Negativität, die an ihr »klebt« und von ihr wiederholt wird.

Um es nochmals anders zu formulieren: Wir müssen im Kopf behalten, dass wir es beim Trieb mit zwei verschiedenen Spaltungen (oder »Abweichungen«) zu tun haben und nicht nur mit einer. Es gibt zunächst die Spaltung, die in der Mehr-Befriedigung involviert ist und in der Befriedigung der organischen Bedürfnisse und Funktionen produziert wird. Die Wiederholung, die mit dem Funktionieren und der Befriedigung organischer Funktionen einhergeht, produziert eine zusätzliche, unerwartete Befriedigung, die dann zum Trieb einer anderen Wiederholung wird, einer Wiederholung in der Wiederholung, der Wiederholung der Mehr-Befriedigung. Und dieser Trieb wird stärker als das organische Bedürfnis in dem Sinne, dass er nun beide dominiert. Darum geht es zum Beispiel bei der Fresssucht: Die zusätzliche Befriedigung – zusätzlich im Verhältnis zum organischen Bedürfnis –, die beim Essen produziert wird (die Lustempfindung des

[47] Ebd., S. 188.

Mundes, etc. ...), dereguliert nicht nur die organische Funktion, sondern dreht die Kausalität dieser Konfiguration um. Wenn der Zusatz zuerst nur ein Nebenprodukt des organischen Bedürfnisses nach Nahrung war, wird die Befriedigung des organischen Bedürfnisses nach Nahrung nun zum Nebenprodukt der Wiederholung des zusätzlichen Bedürfnisses. Dies erklärt die eine Seite der Entstehung des Triebobjekts: Da ist zunächst das Objekt als Nahrung, und dann die Befriedigung als Objekt.

Aber dies ist noch nicht die ganze Geschichte oder die einzige Spaltung. Sie erklärt die Entstehung der zusätzlichen Befriedigung, aber sie erklärt noch nicht, warum diese zusätzliche Befriedigung solch einen »revolutionären« Effekt haben und zu einer kompletten Umkehrung der Ordnung der Dinge (oder zumindest zu einer relativen Autonomie des Triebes von den organischen Funktionen) beitragen kann. Es wäre auch eine Vereinfachung, Fresssucht nur als unstillbares Streben nach zusätzlicher Befriedigung zu verstehen, denn wir müssen auch nach einem anderen (symbolischen) Verlangen fragen, von dem dieses Streben gefüttert wird. Also warum kann die zusätzliche Befriedigung so einen Effekt haben und die Ordnung der Dinge komplett umkehren? Wie wir schon vorgebracht haben, erklärt sich dies dadurch, dass die Struktur des Triebs etwas anderes (und mehr) impliziert als diese zusätzliche Befriedigung, nämlich eine Negativität, um die herum sie zirkuliert und die den Trieb/die Struktur des Triebs in ein Verhältnis zur Urverdrängung setzt: zu einer *eingebauten Negativität* – einer Negativität, die in der »positiven« ontologischen Ordnung des Seins mittransportiert wird.

Wir sollten daher Jacques-Alain Millers These ergänzen, der zufolge das Triebobjekt die »Befriedigung als Objekt« ist, indem wir präzisieren, dass die Befriedigung nur deshalb zum *Objekt* wird (als Triebobjekt zu funktionieren beginnt), weil sie diese Negativität verkörpert und nicht einfach als Befriedigung der Befriedigung willen. Mit anderen Worten, wenn der Trieb (von uns) verlangt, dass wir die zusätzliche Befriedigung wiederholen, will er dies nicht nur des Genießens willen.

Der Trieb will (uns) nicht genießen (lassen). Das Über-Ich möchte (uns) genießen (lassen). Das Über-Ich (und seine Kultur)[48] reduziert den Trieb auf eine Sache der Befriedigung (Genießen), macht uns zu Geiseln seiner Launen und blockiert aktiv den Zugang zu der Negativität, die es antreibt. Mit anderen Worten – und dies ist zentral – Befriedigung (der Befriedigung willen) ist nicht das Ziel des Triebs, sondern sein *Mittel*. Genießen ist das Mittel, während das »Ziel« die Wiederholung des Mangels an Sein inmitten des Seins ist ...

Ein anderer wichtiger damit verbundener Aspekt betrifft das Verhältnis zwischen Mehr-Befriedigung (oder Genießen) und Sexualität. Sexualität selbst (sexuelle Reproduktion und der in ihr implizierte Tod/die Negativität) macht noch nicht das aus, was als Sexualität bezeichnet werden kann; wirkliche Sexualität beinhaltet einen weiteren Schritt, mit dem das »Minus«, die Negativität, die zu Sexuierung und sexueller Reproduktion gehört, eine positive Existenz in den Partialobjekten erhält, die in der Topologie des Todestriebs involviert sind. Diese Partialobjekte sind nicht nur »Befriedigungen als Objekte«, sie funktionieren zugleich als Darsteller und Stellvertreter dieser Negativität. Nur durch diese doppelte Bewegung schreiten wir von der Sexuierung zur wirklichen Sexualität (einer Sexualität der sprechenden Wesen).

---

48 In »Das Ich und das Es« definiert Freud bekanntermaßen das Über-Ich als »Reinkultur des Todestriebs«.

Eine andere Weise, dies auszudrücken, wäre zu sagen, dass, während alle Triebe sexuell sind, es keinen Sexualtrieb gibt. (Es gibt keinen Sexualtrieb als Ganzes; Sexualität hat keine totalisierende Funktion, sie ist nicht das, was die Triebe totalisiert.) Es gibt keinen »Sexualtrieb« als Ganzes und Sexualität wird durch Vereinigungen von »Partialtrieben« vorangetrieben, die nur eines gemeinsam haben, namentlich und präzise das »Minus« oder die Leerstelle. Es ist letztere, die sie vereint – »vereint« in dem Sinne, dass sie die Kluft, um die herum alle Partialtriebe zirkulieren, während sie auf ihre Partialobjekte abzielen, konstituiert; und es ist diese gemeinsame Kluft, die rechtfertigt, dass all diese verschiedenen und diversen polymorphen Partialbefriedigungen sexuell genannt werden. Die Partialtriebe sind nicht einfach eine neutrale fragmentierte Multiplizität (in der jeder Trieb um sein Partialobjekt kreist), sie sind »verzerrt« [*biased*] durch die Negativität, die sie gemeinsam haben; diese Negativität gibt ihnen ihre Wölbung. Diese Negativität ist »Teil« jedes (»partiellen«) Triebs und es ist die einzige/gleiche in allen Trieben. Deshalb gibt es die doppelte Schlaufe des Triebs.

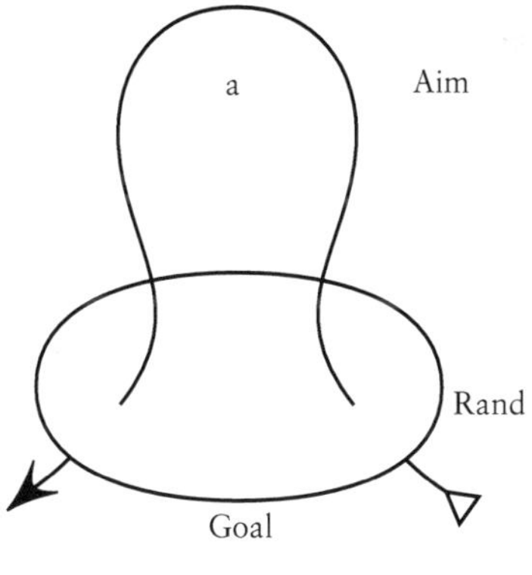

Zurück zu Freud und seinen Reflexionen in »Jenseits des Lustprinzips«, können wir unsere Ausführungen wie folgt abschließen: Was das fundamentale Ziel des Lebens, zum Leblosen zurückzukehren, verschiebt, ist paradoxerweise genau der Todestrieb. Es ist der Todestrieb, der den Raum (die Szene) der Errungenschaften eröffnet, die über das Gewöhnliche, das *Business as usual* hinausgehen. Wir haben gesehen, wie Freud die Selbsterhaltungstriebe als »Partialtriebe« beschreibt, »dazu bestimmt, den eigenen Todesweg des Organismus zu sichern und andere Möglichkeiten der Rückkehr zum Anorganischen als die immanenten fernzuhalten.« Wir können nun sagen, dass der Todestrieb, in unserem Sinn verstanden, genau darin besteht, *andere* Wege der Rückkehr zum Anorganischen zu ebnen (und anzutreiben), *als diejenigen*, die dem Organismus immanent sind. Der Organismus stirbt, aber zu sagen, dass es Dinge (Kreationen gibt), die ihn überdauern, ist mehr als eine ideologische oder religiöse Phrase. Genau an diesem Punkt muss das Konzept des Todestriebs verortet werden, und man muss darauf bestehen, dass die Dualität der Triebe aufgegeben wird: Es gibt nur den Todestrieb. Doch er kann nicht in Begriffen von destruktiven Kräften beschrieben werden, die uns zum Leblosen zurückführen wollen, sondern als Errichtung von *alternativen (anderen als den dem Organismus immanenten) Wegen zum Tod*. Wir könnten sagen: Der Todestrieb erlaubt es uns, *anders zu sterben*. Und vielleicht zählt am Ende das, was aus der *Fatigue* des Lebens ausbricht: nicht die Kapazität, ewig zu leben, sondern die Kapazität, anders zu sterben. Wir könnten sogar die berühmte Zeile von Beckett paraphrasieren und das Motto des Todestriebs wie folgt formulieren: *Die again, die better!*

Bislang haben wir in unserer Diskussion des freudschen Todestriebs einen wesentlichen Aspekt von »Jenseits des Lustprinzips« außer Acht gelassen, nämlich die Frage, die Freud dazu gebracht hat, den Aufsatz überhaupt zu schreiben: die Frage nach der Wiederholung und insbesondere nach dem Zwang, bestimmte traumatische Ereignisse zu wiederholen. Neben dem, worauf die Analyse oft in der Behandlungen von Neurosen trifft, präsentiert Freud eine Reihe von verschiedenen Beispielen dieses Phänomens aus dem Alltagsleben. Wir treffen auf Personen, schreibt Freud,

> bei denen jede menschliche Beziehung den gleichen Ausklang nimmt: Wohltäter, die von jedem ihrer Schützlinge nach einiger Zeit mit Groll verlassen werden, so verschieden diese sonst auch sein mögen. [...] Männer, bei denen jede Freundschaft den Ausgang nimmt, dass der Freund sie verrät; andere, die es unbestimmt oft in ihrem Leben wiederholen, eine andere Person zur großen Autorität für sich oder auch für die Öffentlichkeit zu erheben, und diese Autorität dann nach abgemessener Zeit selbst stürzen, um sie durch eine neue zu ersetzen; Liebende, bei denen jedes zärtliche Verhältnis zum Weibe dieselben Phasen durchmacht und zum gleichen Ende führt.[49]

Und dann gibt es noch den Fall, der unter dem Namen *fort-da* bekannt wurde – die Worte, die ein kleines Kind benutzte, als es mit einer Holzspule spielte, die mit einem Bindfaden umwickelt war und die das Kind wiederholt fortwarf und zurückholte. Noch faszinierender sind die Fälle, in denen das Subjekt eine scheinbar passive Erfah-

---

[49] Freud 1975 [1920], S. 232.

rung erlebt, auf die es keinen Einfluss hat, aber in der es dennoch auf eine verhängnisvolle Wiederholung trifft. Da gibt es den Fall einer Frau, die nacheinander drei Männer heiratete, die kurz nach der Hochzeit krank wurden und bis zum Tod gepflegt werden mussten ... Selbst auf der Ebene der Träume, die vermeintlich vollkommen vom Lustprinzip und der »Wunscherfüllung« bestimmt werden, hat die Psychoanalyse einen überraschenden Wiederholungszwang bestimmter traumatischer Erlebnisse entdeckt.

Das Hauptproblem, das sich der Psychoanalyse durch den Wiederholungszwang stellt, ist folgendes: Wenn man, wie Freud, von dem Primat des Lustprinzips ausgeht, das auf eine Maximierung der Lust abzielt (und bei dem Lust als eine »Herabsetzung von Spannung« definiert wird) oder auf eine Minimierung von Unlust, dann widersprechen die Phänomene des Wiederholungszwangs diesem Rahmen. Warum sollte jemand eine besonders unlustvolle Erfahrung wiederholen?

Freuds Erklärung lautet, dass das, was wir am Ursprung der Wiederholung finden, die Verdrängung eines traumatischen Ereignisses ist: Wiederholung erscheint anstelle der Erinnerung; jemand wiederholt, woran er sich nicht erinnert. Wiederholung ist daher wesentlich die Wiederholung (in verschiedenen »Ausformungen«) eines konkreten, ursprünglich traumatischen Ereignisses oder einer traumatischen Erfahrung. Obwohl Freud die wesentlichen Umrisse dieser Erklärung beibehielt, erkannte er auch einige Probleme und unbeantwortete Fragen, zu denen er immer wieder zurückkehrte. Ungefähr alle interessanten und produktiven Lesarten von Freud zu diesem Thema betonen die Notwendigkeit einer weiteren Wendung, die das oben genannte Schema verkompliziert und die Wiederholung in eine neue Perspektive rückt. Neben einigen wichtigen Unterschieden stimmen diese Lesarten in dem Punkt überein, der auch von Ray Brassier im Kontext von Negativität und Nihilismus hervorgehoben wurde: Was der Wiederholungszwang wiederholt, ist keine traumatische und daher verdrängte Erfahrung, sondern etwas, das gar nicht als Erfahrung zählt. Das Trauma, das wiederholt wird, befindet sich außerhalb des Erfahrungshorizonts (und konstituiert ihn stattdessen). Dies hervorzuheben, ist absolut entscheidend: Das Trauma ist real, aber nicht erfahrbar. Und dies verschiebt die Debatte außerhalb des gewöhnlichen Rahmens, der vor allem in der Frage (oder Alternative) zwischen Realem und Imaginärem (Fantasiertem) besteht, sprich in der Unterscheidung zwischen materieller und psychischer Realität (Fantasie).[50]

[50] Im Kontext der freudschen Theorie zur sexuellen Verführung von Kindern (und dem möglichen Trauma, das damit verbunden ist) hat Laplanche überzeugend dargestellt, dass diese Art von Unterscheidung falsch ist, oder zu einfach. Freud setzte die sexuelle Verführung von Kindern zunächst als real, als tatsächliches/empirisches Ereignis in der Geschichte eines Kindes, welches dann verdrängt wird und zur Grundlage und Ursache von verschiedenen Symptomen und neurotischen Störungen werden kann. Später hat Freud diese Theorie durch eine Theorie von der Fantasie der Verführung ersetzt: Verführung ist kein Ereignis, das in der empirischen Realität stattgefunden hat, sondern eine Fantasie, die später, in der Zeit des sexuellen Bewusstseins, konstruiert wird und nur in der psychischen Realität des Subjekts existiert. Ausgestattet mit dem Werkzeug der Unterscheidung zwischen materieller Realität und psychischer Realität (Fantasie), führt die Frage nach der sexuellen Verführung entweder zu der Annahme, dass alles materielle Verführung ist (soweit wir diese überhaupt isolieren und definieren können: Ist die Berührung der Lippen oder des Pos eines Babys bereits eine Verführung?), oder zu der Schlussfolgerung, dass es sich bei der Verführung gänzlich um eine Fantasie handelt, vermittelt durch die psychische Realität der Person, die sich »verführt fühlt«. Laplanches Antwort auf dieses Konflikt zwischen rohem Materialismus und psychischem Idealismus ist hochgradig materialistisch

Brassier gründet seine Lesart genau auf dem Teil von »Jenseits des Lustprinzips«, in dem Freud den Todestrieb im Verhältnis zur »Rückkehr zum Leblosen« behandelt. Da Freud realistischerweise auch betont, dass leblose Dinge vor den lebenden existiert haben, kann das Anorganische als »ursprünglicher Zustand« und »Ziel des Lebens« nicht einfach als innere Bedingung für die Entwicklung des Lebens verstanden werden. Genauso, wie die Realität des Anorganischen nicht nur einfach eine Funktion der Existenz des Organischen ist, ist auch die Realität des Todestriebs nicht nur einfach eine Funktion der Vergangenheit oder Zukunft des Lebens.

> Daher wiederholt die vom Tod angetriebene Wiederholung nicht diesen, als ob er ein früherer Zustand wäre, der durch das Leben oder das Bewusstsein erfahren worden wäre, und zwar deshalb, weil das Trauma, das die Wiederholung antreibt, eben nicht gelebt oder bewusst wahrgenommen werden kann. Obwohl das Trauma real ist, kann seine Realität nicht durch das Leben des Organismus vermessen werden, genauso wie es den Ressourcen des Bewusstseins nicht entsprechen kann. Es kann nur als Fehlfunktion des Organismus registriert werden oder als Unterbrechung des Bewussten, und es ist diese Fehlfunktion oder Unterbrechung, die wiederholt wird. Gerade weil das »ursprüngliche« traumatische Ereignis

---

in dem Sinne, dass er eine *materielle Ursache* anerkennt, eine Ursache jedoch, die nicht darauf reduziert (oder abgeleitet) werden kann, was empirisch in der Interaktion zwischen Kind und Erwachsenem stattgefunden hat. Mit anderen Worten besteht nach Laplanche der wahre Auslöser der nachträglichen Konstituierung des Unbewussten weder in der rohen materiellen Realität noch in der idealen Realität der Fantasie, sondern in der Materialität einer dritten Realität, die Laplanche die materielle Realität der rätselhaften Botschaft nennt. Vgl. Laplanche 1999.

> nur durch das Unbewusste registriert wurde, gibt es den Zwang, es (wieder) zu erleben. Aber es kann nur wiedererlebt werden als etwas, das niemals erlebt oder erfahren wurde, weil Trauma die Auslöschung von Leben und Erfahrung markiert. Dennoch weist die Tatsache, dass Erfahrung sich nicht selbst auslöschen kann, auf die Realität des Traumas, das nicht einfach als Funktion der Erfahrung konstruiert werden kann.[51]

»Traumatische Erfahrung« ist genau genommen keine Erfahrung, sondern etwas (eine Negativität oder »Narbe«), das in die Bedingung unserer Erfahrung eingebaut ist und die Bedingung dessen konstituiert, was wir als »traumatisch« (im strengen Sinne des Worts) erfahren.[52] Die Objektivität des Traumas (seine Unabhängigkeit von unserem »psychischen Leben«) ist die Bedingung dafür, dass wir ein »psychisches Leben« haben (und etwas als »traumatisch« erleben). Dies ist ein wichtiger Punkt im Zusammenhang mit Malabous Kritik der Psychoanalyse, wonach diese das Trauma nicht als real fassen kann, sondern nur als (notwendig) psychisch vermittelt (vgl. Malabou 2007). Die einfachste Antwort darauf ist, dass, wenn Trauma überhaupt »psychisch vermittelt« ist, dann genau weil diese *Vermittlung* »von außen kommt«, das heißt in Beziehung mit einem Realen unabhängig von uns steht. Vermittlung ist keine Leinwand, die uns vom Realen trennt, sondern sie ist selbst Teil des Realen. Wir könnten daher sagen, dass die Vermittlung

[51] Ray Brasssier, *Nihil Unbound*, New York: Palgrave Macmillan, 2007.

[52] Wieder finden wir eine ähnliche Bewegung in Laplanches Theorie, nach der die »psychische Realität« nicht von uns geschaffen wurde, sondern essentiell invasiv ist; sie kommt, sie dringt von außen, wo sie bereits (als das Unbewusste der anderen) konstituiert ist, in uns ein. Vgl. Laplanche 1999.

das Trauma (das Trauma als Reales) ist. Es gibt natürlich Wunden, die nicht im psychologischen Sinn als traumatisch gelten, sondern einfach und direkt unser Gehirn oder unseren Körper beschädigen; doch die Frage, ob eine bestimmte Wunde (im psychologischen Sinne) »traumatisch« funktioniert, hängt von einer anderen Wunde ab, die sich genau genommen außerhalb unserer Erfahrung befindet (beginnend mit unserer physischen Erfahrung), weil sie mit der Konstitution von Erfahrung zusammenfällt.

Kehren wir nun zu Brassier zurück. Er vertieft seine Lektüre, indem er auf eine Passage von Freuds Aufsatz verweist, in der Freud faszinierende Spekulationen über die Entstehung der organischen Individuation aufstellt, die auch mit unserer vorangegangenen Diskussion zum Belebten und Unbelebten zu tun haben. Diesen Spekulationen Freuds zufolge sind primitive organische Bläschen (eine kleine Blase, Zelle, Pompon oder hohle Struktur) in der Lage, den konstanten und potentiell tödlichen Reizstrom zu filtern, indem sie einen Teil von sich aufgeben, um einen Schutz gegen übergroße Reizmengen zu bilden. Während sie dies tun, findet eine Teilung zwischen organischem Inneren und anorganischem Äußeren statt. Diese Trennung zwischen organischem Innen und anorganischem Außen wird um den Preis des Todes eines Teils des primitiven Organismus erreicht. Brassier drückt dies wie folgt aus:

> Individuelles Leben wird auf Kosten dieses ursprünglichen Todes gewonnen, wobei der Organismus dazu im Stande ist, sich selbst von einem anorganischen Außen abzuspalten. Dieser Tod, der organische Individuation hervorbringt, bedingt dabei die Möglichkeit einer organischen Phylogenese ebenso wie der sexuellen Reproduk-

> tion. Folglich geht dieser Tod nicht nur dem Organismus voraus, er ist die Vorbedingung für die Fähigkeit des Organismus, sich zu reproduzieren und zu sterben. Wenn der Todestrieb als Wiederholungszwang die originäre ursprüngliche Kraft ist, die das organische Leben antreibt, dann deshalb, weil der Motor der Wiederholung – die wiederholende Instanz – die Spur des ursprünglichen Traumas der organischen Individuation ist. [...] Der Todestrieb ist die Spur dieses Schnitts: eines Schnitts, der niemals erfolgreich gebunden (angelegt) wird, weil er ein *ungebundener* [*unbindable*] Exzess ist, der Bindung möglich macht.[53]

Das ist ein zentraler Punkt und wir werden darauf zurückkommen. Er isoliert ein drittes Element in Bezug auf die Trennung zwischen Leben und Tod (organisch und anorganisch, belebt und unbelebt) und »lokalisiert« den Todestrieb in diesem Element. Es gibt den Tod als Gegensatz des Lebens, aber es gibt Tod auch als Vorbedingung dieser Opposition und von ihr vorausgesetzt. Mit anderen Worten fällt der Todestrieb sowohl im Verhältnis zum Leben als auch zum Tod aus der Reihe. Er ist kein obskurer Wille zurück zum Leblosen, er ist die Spur eines Traumas, das nicht als solches *erfahren* werden kann, weil er der Erfahrung vorhergeht. Er ist ein ursprünglicher Verlust (ein »Minus«), der gerade nicht als Verlust wahrgenommen (erfahren) werden kann – und in diesem Sinne ist nichts »psychologisch« an diesem Trauma. Wir erinnern uns, dass Freuds ursprüngliche »Herleitung« des Todestriebs eine ähnliche Konfiguration aufwies: Der Übergang vom Leblosen zum Leben beinhaltet einen Verlust (des homöostatischen Zustands),

[53] Brassier 2007, S. 237-238.

doch es gibt nichts (und niemanden), das diesen Verlust als Verlust *erfahren* könnte. Wenn Leben zu Leben wird, beruht es bereits auf dem Verlust des homöostatischen Zustands (des Leblosen). Aus dieser Perspektive, die Freud nicht explizit entfaltet, gibt es einen Verlust am Ursprung des Todestriebs, der niemals als Verlust erfahren wurde ... Nur aus dieser Perspektive macht es Sinn zu sagen, dass »Leben zum Leblosen *zurückkehren* will«; denn genau gesagt ist es nur das (unterbrochene) Leblose, von dem man sagen könnte, dass es zum Leblosen zurückkehren will (einem Zustand, den es einst kannte). Auf der anderen Seite kann das Leben zu nichts zurückkehren, als zu dem, was es nie hatte, aber dennoch verloren hat. Das heißt: Das Leben kann zu nichts zurückkehren, außer zu dem, mit dessen (eingebautem) Mangel es zu Leben wurde.

Doch trotz dieser Betonung bleibt Brassiers Lesart innerhalb des klassischen freudschen Schemas, in dem das Lustprinzip (durch Herabsetzung von Spannung) das primäre Prinzip ist. In Brassiers genuin freudscher Lesart bleibt der Wiederholungszwang im Dienste der Beherrschung des ungebundenen Exzesses (der Erregung), der in Beziehung zum ursprünglichen Trauma steht, auch wenn dieses nicht als solches *erfahren* werden kann. Der Wiederholungszwang wird durch einen Mechanismus erklärt, durch den »die Psyche danach strebt, jene Angst herzustellen, die nötig ist, um eine erfolgreiche *Besetzung** des Exzesses der Erregung zu erreichen, die vom traumatischen Durchbruch ihrer Verteidigung freigesetzt wurde. Diese Besetzung liegt ›jenseits des Lustprinzips‹«.[54] Mit anderen Worten: Wenn der gewöhnliche Verteidigungsmechanismus (einschließlich Verdrängung) – der

---

54 Ebd., S. 234.

immer noch die exzessive Erregung innerhalb des Registers des Lustprinzips meistern kann – nicht mehr funktioniert, wird Angst als letzte Rettung aufgebracht, um diese Besetzung auszuführen, was in diesem Fall »jenseits des Lustprinzips« stattfindet. Und die Rolle des Wiederholungszwangs (als unlustvolle Erfahrung) besteht darin, Angst zu produzieren. Trotz ihrer unangenehmen Eigenschaft ist die Angst immer noch eine Verteidigung (gegen eine noch größere Unlust); und die Wiederholung, die diese drastische Verteidigung zur Verfügung stellt, befindet sich immer noch im Dienste des Lustprinzips, indem sie Spannung herabsetzt – es ist eine paradoxe Ausweitung des Lustprinzips selbst. Und so geht es auch dem Todestrieb. Wenn nicht, müsste man zwischen dem Todestrieb als solchem und dem Zwang, dieses oder jenes (empirische) traumatische Erlebnis zu wiederholen, unterscheiden. Kurz: Man müsste den Todestrieb klar von der Wiederholung trennen. Und es gibt eine Bewegung in Brassiers Arbeit, die diese Richtung nahelegt, diejenige, die darin mündet, die Wiederholung selbst vom Exzess der Erregung zu trennen und sie auf zwei gegensätzliche Seiten zu stellen: Der Exzess (oder der Todestrieb) ist die Spur eines ursprünglichen Traumas, das jeder Erfahrung vorhergeht, während der Zwang, ein empirisches traumatisches Erlebnis zu wiederholen, ein Mittel ist, um die Angst zu erzeugen, die diesen Exzess zu meistern und zu *besetzen* erlaubt. Dies würde jedoch implizieren, dass der Tod(estrieb) nicht intrinsisch mit der Wiederholung verbunden ist. (Darüber hinaus ist in dieser Darstellung nicht ganz klar, wie das ursprüngliche Trauma zu jenem »ungebundenen Exzess« [der Erregung] wird oder als solcher erscheint, der dann durch die Angst besetzt werden muss – eine Angst, die ihrerseits durch die Wiederholung einer unlustvollen Erfahrung hergestellt wird.)

Diese Überlegungen und Schwierigkeiten könnten einen guten Ausgangspunkt bilden, von dem aus man sich auf die vielleicht überraschende Nähe zwischen Lacan und Deleuze in ihren Lesarten Freuds hinsichtlich dieser Fragen blicken kann. Diese Nähe geht einen recht langen Weg, obwohl sich an einem Punkt ihre Pfade klar trennen: Sie divergieren an der Frage einer möglichen »Ontologie« des Todestriebs.

TODESTRIEB II: LACAN UND DELEUZE

Die zentrale konzeptuelle Bewegung, die Lacan und Deleuze hier teilen, ist die rigorose Zurückweisung der These, nach der das Lustprinzip, gefasst als das Prinzip der »Herabsetzung von Spannung«, das fundamentale, primäre Prinzip wäre. Folgerichtig weisen sie auch die Möglichkeit zurück, dass der Todestrieb in Beziehung zum homöostatischen Prinzip steht (der »Rückkehr in einen leblosen Zustand«), und damit auch seine Unterordnung – in letzter Instanz – unter das Primat des Lustprinzips.

Auch wenn er reichlich Gebrauch von Freuds Begriff des »Eros« (als Lust) und »Thanatos« (als Todestrieb) macht, begreift Deleuze sie nicht als zwei konkurrierende Prinzipien, sondern er bekräftigt eindeutig das *Primat des Todestriebs*: Die beiden befinden sich für ihn nicht auf derselben Ebene. Diese Affirmation des Todestriebs durch den vermeintlich »vitalistischen« Deleuze mag uns überraschen, doch gibt es daran keinen Zweifel. In der Einleitung von *Differenz und Wiederholung*, wo er eine der interessantesten philosophischen Interpretationen des Todestriebs entwickelt, legt Deleuze explizit nahe, dass der Todestrieb »die Rolle eines transzendentalen

Prinzips [spielt], während das Lustprinzip nur psychologischer Natur ist«.[55] Oder: »Eros und Thanatos unterscheiden sich darin, dass Eros wiederholt werden muss und nur in der Wiederholung gelebt werden kann, dass Thanatos (als transzendentales Prinzip) aber Eros zur Wiederholung veranlasst und ihn der Wiederholung unterwirft«.[56] Mit anderen Worten: Eros ist Teil der Logik des (Erscheinens) von Thanatos oder Todestrieb und hat nicht den Status eines anderen komplementären (oder sogar primären) Prinzips. Der Todestrieb ist das fundamentale (und einzige) Prinzip und hat nichts zu tun mit irgendeiner Form der Herabsetzung von Spannung oder »Rückkehr in ein Nirwana«.

Obwohl Lacan nicht in die kantsche Richtung geht, die von Deleuze vorgeschlagen wird (den Todestrieb als »transzendental« zu setzen), argumentiert er auf ähnliche Weise gegen eine Dualität der Triebe, indem er behauptet, dass jeder Trieb »virtuell ein Todestrieb ist«. Er spricht sich auch gegen das aus, was er als Rest aristotelischer Metaphysik in Freud sieht. Er verhöhnt die Idee, »man könne dem Primärvorgang das Prinzip aufbürden, das dadurch, dass es Lustprinzip genannt wird, nichts weiter bewiese, als dass wir an der Seele haften wie eine Zecke in der Hundehaut. Denn was ist diese berühmte geringste Spannung, von der her Freud die Lust (*plaisir*) artikuliert, anderes als die aristotelische Ethik?«[57]

Die Idee von einem primären Prinzip als eines der »Herabsetzung von Spannung« wird von Lacan und Deleuze als Erbe einer bestimmten philosophischen Physik aufgefasst, einschließlich einer »spontanen Metaphysik«

---

[55] Gilles Deleuze, *Differenz und Wiederholung*, übersetzt von Joseph Vogl, München: Wilhelm Fink, 1992, S. 34.
[56] Ebd., S. 36.
[57] Lacan 1988, S. 74.

der Wissenschaft, der gegenüber Freud nicht immun war, auch wenn er als Erster auf Dinge hinwies, die diese spontane Metaphysik gefährlich unterminieren. Genaugenommen ist Lacans und Deleuzes »Modifikation« von Freud in diesem Punkt näher an Freud selbst, an seinen zentralen Entdeckungen und Einsichten, als die einfache Annahme einer ursprünglichen Tendenz zur Herabsetzung von Spannung es sein könnte.

Was ist dann aber der Todestrieb (und sein Primat), von dem Deleuze und Lacan sprechen? Er ist sicher kein Primat eines obskuren *Willens* oder einer Tendenz zu Aggression, Destruktion und Tod. Deleuze, der das Konzept des Todestriebs wegen seiner inhärenten Verbindung zur Wiederholung begrüßt, sieht in der Wiederholung nicht weniger als den Ort einer ursprünglichen Affirmation. Deshalb lautet für ihn die wahre Frage: »Wie kann das Thema des Todes, das doch das Negativste im psychologischen Leben zusammenzufassen scheint, an sich zum Positivsten, transzendental Positiven werden, und zwar derart, dass es die Wiederholung bejaht?«[58] Beim Todestrieb geht es definitiv nicht um Destruktion oder Tod, er ist ein komplexer Begriff, den man bedenken muss, wenn man *Affirmation* in anderen Begriffen fassen will, als die von Nietzsche angeprangerten, nämlich diejenigen eines Esels, der die ganze Zeit und zu allem »Ja« (»I-A«) sagt. Für Deleuze ist der Todestrieb das Vorrecht einer wahren Affirmation, insofern sie in sich »selektiv« ist und nicht nur einfach (und dumm) das Gegenteil von Negativität darstellt. Und Lacan – in seiner berühmten Passage aus dem *Seminar XI*, in der er die »Lamelle« einführt – bezieht den Todestrieb auf das, was

[58] Deleuze 1992, S. 34.

er »unsterbliches Leben« nennt.[59] Was beide nahelegen, ist, dass der Todestrieb nicht in der einfachen Opposition zwischen Leben und Tod gedacht werden soll, und zwar, weil er genau das ist, was diese Opposition Lügen straft und sie überhaupt erst (re)konfiguriert.

Der andere zentrale Punkt, den Lacan und Deleuze teilen, betrifft das Verhältnis zwischen dem erratischen »umherschweifenden Exzess« (unbesetzte überschüssige Erregung) und der Wiederholung. Beide insistieren darauf, dass der Exzess (an Erregung) nicht irgendwo unabhängig (und vor der) Wiederholung existiert, sondern nur in der und durch die Wiederholung selbst. Wiederholung ist nicht einfach ein Mittel, um die Angst entstehen zu lassen, die den unbesetzten Exzess (der zum ursprünglichen Trauma gehört) besetzt. Sie ist paradoxerweise auch das, was den Exzess »produziert« oder das mit sich bringt, was die durch die Wiederholung hervorgebrachte Angst »besetzen« soll. Der Exzess an Erregung existiert nur durch die Wiederholung, die danach strebt, ihn zu besetzen, und dadurch auf die *Spaltung im Kern der Wiederholung selbst* hinweist. Das ist der vielleicht schwierigste, aber auch wichtigste Aspekt ihrer Konzepte der Wiederholung im Verhältnis zum Todestrieb und der überschüssigen Erregung.

In Deleuzes Arbeit zeigt sich dieses Paradox in seiner komplexen Ontologie, in der die Wiederholung selbst zwei Seiten hat. In jeder empirischen, konkreten Wiederholung gibt es auch (wiederholt sich) etwas anderes, nämlich die Differenz als solche, *reine Differenz*. Wiederholung wiederholt nicht nur etwas (ein »Objekt«), sie wiederholt auch die Differenz als solche.

---

59 Lacan 2015a, S. 207.

Reine Differenz wiederholt sich mit jeder individuellen Differenz und nur durch und im Verhältnis zur Wiederholung als reiner Differenz existieren Dinge, die wir als verschieden, ähnlich oder gleich beschreiben können.[60] Deshalb sollte man die Wiederholung nicht nur im engen Sinne als Wiederholung einer identischen Konfiguration verstehen, sondern als etwas, das in der bunten Vielfalt der Differenzen am Werk ist. Der Punkt ist, dass »etwas« (nämlich reine Differenz) in sehr verschiedenen Formen wiederholt werden kann, wobei es nicht irgendwo dort draußen und unabhängig von diesen Formen existiert. Es hat keine unabhängige Existenz, lässt sich jedoch zugleich nicht einfach auf die Elemente reduzieren, die es wiederholt. Es ist ihre inhärente und konstitutive Differenz. Oder, in einer längeren zentralen Passage von Deleuze, die direkt die Wiederholung mit dem Todestrieb in Beziehung setzt:

> Der Tod hat nichts mit einem materiellen Tod zu tun. Es genügt, wenn man demgegenüber den Todestrieb in seinem spirituellen Verhältnis zu den Masken und Travestien begreift. Tatsächlich ist die Wiederholung das, was sich verkleidet, indem es sich konstituiert, und sich nur insofern konstituiert, als es sich verkleidet. Sie liegt nicht unter den Masken, sondern bildet sich von einer Maske zur anderen, wie von einem ausgezeichneten Punkt zu einem anderen, wie von einem privilegierten Augenblick zu einem anderen, mit und in den Varianten. Die Masken verdecken nichts, nur andere Masken. Es gibt keinen ers-

---

[60] Deleuze schreibt zum Beispiel, dass selbst wenn wir es mit etwas zu tun haben, das als Wiederholung des Gleichen erscheint (zum Beispiel die Zeremonien in der Zwangsneurose), wir in dem Element, das wiederholt wird, sprich in der Wiederholung des Gleichen die Maske einer tieferliegenden Wiederholung erkennen sollen (Deleuze 1992, S. 35).

> ten Term, der wiederholt würde. [...] Es gibt keine nackte Wiederholung, die von der Verkleidung selbst abstrahiert oder erschlossen werden könnte. Dasselbe Ding verkleidet und ist verkleidet. Es war ein entscheidender Moment in der Psychoanalyse, als Freud in gewissen Punkten auf die Hypothese realer Kindheitsereignisse als letzter verkleideter Terme verzichtete, um sie durch die Macht der Phantasie zu ersetzen, die in den Todestrieb eintaucht, wo alles schon Maske und Verkleidung ist. Kurz, die Wiederholung ist in ihrem Wesen symbolisch, das Symbol, das Trugbild ist der Buchstabe der Wiederholung selbst. Kraft der Verkleidung und der Ordnung des Symbols ist die Differenz in der Wiederholung enthalten.[61]

Der letzte Teil wäre eine deleuzianische Version von Brassiers Annahme: Es gibt kein erfahrenes Trauma, das der Wiederholung vorhergeht. Was wiederholt wird, ist keine traumatische und dann verdrängte *ursprüngliche* Erfahrung. Deleuze treibt dies noch weiter, indem er jede Kausalität, die zur Wiederholung führt, zurückweist und die Wiederholung als den absoluten Anfang setzt. Dies führt ihn zu einer direkten Umkehrung von Freuds Annahme und zu folgender Aussage: »Man wiederholt nicht, weil man verdrängt, sondern man verdrängt, weil man wiederholt. Und – was aufs Selbe hinausläuft – man verkleidet nicht, weil man verdrängt, sondern man verdrängt, weil man verkleidet, und man verkleidet kraft des bestimmenden Zentrums der Wiederholung.«[62] Der traumatische Überschuss wird nur in und durch die Wiederholung produziert; dann ist die Wiederholung (und der Exzess oder das überschüssige Objekt, das durch sie

---

[61] Ebd., S. 34f.

[62] Ebd., S. 140. Deleuze schreibt diese Umkehrung Freud und seiner Hypothese der »Urverdrängung« zu.

geschaffen wird) die Ursache der Unterdrückung, nicht anders herum.

Um diese dichten Spekulationen zu dekomprimieren, könnte es nützlich sein, zu unserer früheren Auseinandersetzung mit dem Todestrieb zurückzukommen und daran zu erinnern, dass wir es mit zwei Spaltungen oder zwei verschiedenen Differenzen zu tun haben, die zwei Seiten des Objekts des Todestriebs betreffen.

Auf der einen Seite unterscheidet sich das Objekt des Todestriebs vom Objekt des Bedürfnisses und beinhaltet eine andere, zusätzliche Befriedigung, die ihrer eigenen Logik folgt; auf der anderen Seite ist dieses »zusätzliche Objekt« selbst (oder auch) ein Lückenfüller, ein »Darsteller« oder »Stellvertreter« einer gesichtslosen Negativität. Diese gesichtslose Negativität ist nichts anderes als der »unmögliche Verlust«, der niemals als Verlust wahrgenommen wurde, das »ursprüngliche Trauma«, das kein individuelles Trauma ist, aber das bei sprechenden Wesen eins mit dem (ursprünglichen) Signifikanten ist: der immanente Verlust, um den es im Konzept der »Urverdrängung« geht und damit auch im Konzept des Unbewussten.

Wenn wir dies auf Deleuze beziehen (der, nicht überraschend, den Begriff der »Urverdrängung« empathisch befürwortet),[63] könnten wir sagen, dass sein Konzept der Differenz, die sich selbst mit jeder Differenz wie-

---

[63] »Wenn nämlich Freud jenseits der »eigentlichen« Verdrängung, die sich auf *Vorstellungen* [*représentations*] bezieht, die Notwendigkeit zur Annahme einer Urverdrängung aufzeigt, die zunächst reine *Darstellungen* [*présentations*] oder die Art betrifft, wie die Triebe notwendigerweise erlebt werden, so glauben wir, dass er damit einem inneren positiven Grund der Wiederholung am nächsten kommt, der ihm später im Todestrieb bestimmbar erscheinen wird und die Blockierung der Vorstellung in der eigentlichen Verdrängung erklären soll – und keineswegs durch diese erklärt wird.« (Deleuze 1992, S. 36)

derholt, genau auf die Topologie des Triebs verweist. Reine Differenz (im Herzen der Wiederholung) ist diese Negativität, die Deleuze als die affirmativste produktive »Kraft« bestimmt. Und wir haben bereits in den früheren Kapiteln gesehen, wie diese Negativität in der Psychoanalyse als »vereinigende« Singularität aufgefasst werden kann: Die vermeintlich freie und chaotische, fragmentierte (empirische) Mannigfaltigkeit der Triebe ist *bereits ein Resultat* einer »vereinigenden« Negativität – nämlich der Kluft, um die die Triebe zirkulieren und die sie antreibt. Diese fundamentale Negativität ist dennoch »vereinigend« in einem sehr spezifischen Sinn, der – wiederum – einige überraschende Ähnlichkeiten mit Deleuze' Begriff der *Univozität* hat.

Deleuze hat zwei maßgebliche Begriffe, mit denen er die Negativität denkt, um die es hier geht: Differenz (die radikale, vereinzelnde Differenz, wie sie in *Differenz und Wiederholung* konzeptualisiert wird) und der »Riss«, *fêlure*, der eine signifikante Rolle in *Logik des Sinns* spielt. Die Konzeptualisierung dieser vereinigenden Negativität im Begriff des »Risses« ist weniger bekannt und diskutiert worden, ein Grund mehr, an sie zu erinnern und in den hiesigen Kontext zu stellen.

Deleuze führt das Konzept des Risses (*fêlure*) in Bezug zu F. Scott Fitzgeralds Roman *Der Knacks* (französisch *La fêlure*), macht aus ihm ein wirkliches Konzept und entwickelt es in seiner Auseinandersetzung mit Zola weiter, die – an prominenter Stelle – *Logik des Sinns* abschließt. Deleuze nimmt die folgende außergewöhnliche Passage aus Zolas *Die Bestie im Menschen* zum Ausgangspunkt:

> In der Familie war nicht alles ganz im Lot, viele hatten einen Dachschaden. In manchen Stunden spürte er ihn

> genau, diesen erblichen Riss; nicht etwa, dass er eine schlechte Gesundheit gehabt hätte, denn nur die Furcht und die Scham vor seinen Anfällen hatten ihn früher abmagern lassen, aber in seinem Wesen traten Gleichgewichtsstörungen auf, Risse gleichsam, Löcher, durch die sein Ich inmitten einer Art großer Dunstwolke, die alles verzerrt erscheinen ließ, entwich ...[64]

Deleuze betont zunächst vorsichtig, dass der Riss nicht den Weg bezeichnet, dem entlang morbide, aus grauer Vorzeit stammende Elemente einschlügen, um den Körper zu zeichnen. »Die Vererbung verläuft nicht über den Riss, sie ist der Riss selbst: *die Bruchstelle oder das Loch, beide nicht wahrnehmbar.*«[65] Er unterscheidet weiter diese »große«, »epische« Vererbung von dem, was er »kleine« Vererbung nennt, die das ist, was wir gewöhnlich mit dem Begriff meinen: die Übertragung von etwas Determiniertem, die Übertragung als »Reproduktion« des Gleichen.

Obwohl sie keineswegs aufeinander reduzierbar sind, sind sie doch eng verwandt. Eine Art, dieses Verhältnis zu begreifen, wäre (wieder mit Zola) in Begriffen einer Beziehung des Risses zu seiner Umgebung. Um den Riss herum verteilt ist das, was Zola Temperamente nennt, die Instinkte, die großen Begierden. Deleuze übernimmt den Begriff der »Instinkte« (und ihre Objekte), um auf die körperliche (»empirische«) Erscheinung des Risses zu verweisen[66] – eine körperliche Erscheinung, ohne die der Riss eine »diffuse Potentialität« bleiben würde. Er schlägt dann folgende Formulierung der Be-

[64] Zitiert nach: Gilles Deleuze, *Logik des Sinns*, übersetzt von Bernhard Dieckmann, Frankfurt a.M.: Suhrkamp, 1993, S. 385.
[65] Deleuze 1993, S. 386.
[66] Ebd., S. 387.

ziehung zwischen den beiden Ebenen vor, die einen direkten Widerhall seiner Beschreibung des Verhältnisses zwischen der Wiederholung (als reiner Differenz/Sein) und ihren Masken (das, was erscheint) in *Differenz und Wiederholung* darstellt, und ebenso an Lacans Auseinandersetzung mit der Topologie der Triebe erinnert:

> Zwar trifft es zu, dass die Instinkte sich nur am Rande des Risses bilden, doch verfolgt der Riss seinen Weg, erweitert seinen Verlauf, wechselt seine Richtung, aktualisiert sich in jedem Körper umgekehrt nur in Beziehung zu den Instinkten, die ihm den Weg bahnen, ihn bald wieder ein wenig zusammenkleben und bald verlängern oder vertiefen. [...] Die beiden Ordnungen verbinden sich aufs innigste, Ring in einem größeren Ring, fallen aber niemals zusammen.[67]

Dies ist nun die Konfiguration, die Deleuze in Bezug zu den zwei Ordnungen oder Ebenen der Topologie der Triebe vorschlägt: der Riss als gesichtslose Negativität, die sich in jedem Objekt des Triebes wiederholt und dieses Objekt (als Objekt) in der Wiederholung konstituiert. Der Riss und das Partialobjekt sind zwei verschiedene und dennoch untrennbare Dimensionen des Triebes.

Die Nähe zu Lacans Begriff und Topologie des Triebs wird in der folgenden Passage aus *Logik des Sinns* noch deutlicher:

> Was der Riss bezeichnet oder besser das, was er ist, diese Leere, das ist der Tod, der Todesinstinkt. Die Instinkte können noch soviel reden, noch soviel lärmen, sich melden, sie können dieses tiefere Schweigen nicht überdecken, nicht das verbergen, woraus sie hervorgehen und

[67] Ebd., S. 390.

worin sie zurückfallen: den Todesinstinkt, *der kein Instinkt unter anderen ist*, sondern der verkörperte Riss selbst, um den herum alle Instinkte wimmeln.[68]

Dies klingt tatsächlich als käme es direkt aus Lacans *Seminar XI*.[69] Der Todestrieb ist nicht einer unter den anderen Trieben, sondern der Riss, um den herum die Triebe wimmeln. (Darum sagt Lacan, dass »jeder Trieb virtuell ein Todestrieb ist.«) Jeder Partialtrieb (oder sein Objekt) ist eine Wiederholung dieses Risses – eine Wiederholung, die wiederum das Objekt als Objekt konstituiert.

Dies ist auch sehr interessant im Zusammenhang mit Lacans Diskussion der Beziehung zwischen Sexualität und den (immer) partiellen Trieben. Sexualität erscheint aus einer phänomenologischen Perspektive als aus verschiedenen Partialtrieben zusammengesetzt, denen sie eine mehr oder weniger vollbrachte Vereinigung bietet. (Und dies entspricht im Grunde Freuds Sicht auf diese Angelegenheit.) Was wir dem aus Lacans Perspektive hinzufügen können – und wir bewegen uns hier ganz

---

68 Ebd., S. 391.

69 In Bezug auf den »Mythos« der Lamelle (im Verhältnis zum Todestrieb) schreibt Lacan: »Es ist die Libido als reiner Lebensinstinkt, das heißt als Instinkt des unsterblichen, nicht unterdrückbaren Lebens, des Lebens, das seinerseits keines Organs bedarf, des vereinfachten, unzerstörbaren Lebens. Es ist das, was den Lebewesen entzogen ist, weil sie dem Kreislauf der geschlechtlichen Reproduktion unterworfen sind. Dies ist der Grund, weshalb es der Repräsentanten, der Äquivalente bedarf, und all der Gestalten des Objekts *a*, die hier aufzuzählen wären. Diese Objekte *a* sind nun Stellvertreter, Darsteller. Die Brust – als äquivok, als charakteristisches Element der Organisation der Säugetiere: die Plazenta zum Beispiel – repräsentiert diesen Teil seiner selbst, den das Individuum bei der Geburt verliert und der dazu dienen kann, das tiefste verlorene Objekt zu symbolisieren. Dasselbe Verhältnis wäre bei allen andern Objekten aufzuzeigen.« (Lacan 2015a, S. 207)

klar auf einer spekulativen Ebene – ist, dass wir die Sexuierung als den Partialtrieben vorgängig begreifen können: nicht als eine primäre Substanz, sondern als Loch/Riss, um das/den herum die Triebe »wimmeln« (und in diesem Sinne als das Reale). Wie bereits erwähnt, betont Lacan, dass es keinen Sexual-/(»Genital«-)trieb gibt: Sexualität (im Sinne diverser sexueller »Aktivitäten«) erscheint an dem Punkt ihres eigenen fundamentalen Mangels. Auf dieser Ebene »vereinigt« Sexualität die Triebe nicht durch eine Vereinigung zu einem mehr oder weniger kohärenten Ganzen (der sexuellen Aktivität), sondern als genau den Riss, um den herum sie zirkulieren und zu dem sie zurückkehren. Das »Sexuelle« bezieht sich auf den »Riss«, der von den verschiedenen Trieben geteilt (und wiederholt) wird. Auf dieser Ebene ist Sexualität tatsächlich synonym mit dem Todestrieb und steht nicht im Gegensatz zu ihm wie Eros zu Thanatos. (Und Normativität – kulturell vorgeschriebene normative Sexualität – interveniert an diesem Punkt des Risses; ihr primäres Ziel ist nicht, die ursprüngliche Heterogenität der Partialtriebe zu »zähmen« und zu vereinigen, sondern vielmehr diesen begründenden Riss und seine »Produktivität« zu *verschleiern* und zugleich *auszubeuten*.)[70] Dies

[70] In diesem Sinne ist es korrekt, was Foucault über die »Repressionshypothese« sagt (und er wiederholt hier Lacans Argument): In der modernen Wissenschaft ist die Sexualität alles andere als unterdrückt; wir wurden Zeugen und Zeuginnen – im Hinblick auf die Sexualität – einer gigantischen »Ausbreitung der Diskurse«, einer »Implementierung von Perversionen«, einer Geste, die Sexualität ins Zentrum und Rampenlicht stellt, sie überall sieht und sogar ununterbrochen zu Wort bringt. Was in Foucaults Argument fehlt, ist ganz einfach ein Begriff des Unbewussten und einer »Verdrängung« im freudschen Sinn, die kein einziges Mal im ersten Teil von *Sexualität und Wahrheit* erwähnt wird. Aus einer lacanianischen Perspektive wurde die diskursive Belebung der Sexualität (und ihre Ausbeutung) nur durch die strukturelle Beziehung zum Unbewussten

ist auch oft das, was in der Kritik an Lacans Interpretation von Sexualität und sexueller Differenz übersehen wird: Die lacanianische Psychoanalyse vertritt keine (konservative) Norm, sondern legt das Ding frei, das die Norm füttert und aufrechterhält; dieses Ding ist nicht einfach eine chaotische Mannigfaltigkeit der Triebe, sondern der »Riss im System«. Sie behauptet überdies, dass es falsch sei zu denken, dass der Riss, der menschliche Sexualität (in-)formiert, einfach verschwindet, wenn wir die Idee akzeptieren, dass es eine bunte Mannigfaltigkeit der sexuellen Identitäten gibt. Aus einer lacanianischen Perspektive ist »sexuelle Identität« ein Begriff, der sich widerspricht. Die viel kritisierte psychoanalytische Vorliebe für die Zwei (auch wenn sie die Form der »Nicht-*Zwei*« annimmt) kommt nicht aus der Biologie (oder Anatomie) der sexuellen Reproduktion, sondern aus dem, was in dieser Reproduktion, in der Biologie *wie auch in der Kultur,* fehlt. Mit anderen Worten kommt sie von der Tatsache, dass die Kopulation draußen ist, »wie sie es in der menschlichen Realität ist, die sie gleichwohl aus den Phantasmen unterhält, aus denen sie konstituiert ist.«[71]

Und – vielleicht ist dies nicht mehr überraschend – Deleuze verbindet in seiner Auseinandersetzung mit dem »Riss« diesen mit der Sexuierung: Im Gegensatz zum »Soma« (die somatischen Zellen, die biologischen Zellen, die den Körper eines Organismus formen) ist die »Keimzelle aber [...] der Riss, nichts anderes als der Riss«.[72] Die »Keimzelle« – das Element, das in der sexuellen Reproduktion involviert ist – ist die wahre Instanz der

---

als »gründender Negativität« der Sexualität selbst möglich. Für eine ausführlichere Diskussion vgl. Alenka Zupančič, »Biopolitics, Sexuality and the Unconscious«, *Paragraph* 29 (I), 2016.

71 Lacan 2015b, S. 122f.

72 Deleuze 1993, S. 386.

fêlure. In *Differenz und Wiederholung* behauptet Deleuze bekanntlich mit Nachdruck, dass der Antrieb der Wiederholung keine Unmöglichkeit (zu wiederholen) ist; was Wiederholung antreibt, ist nicht der Mangel, kein Defizit; es gibt nichts Äußeres, das Wiederholung motiviert; die Wiederholung ist sowohl der primäre »Motivator« als auch der Motor. Dennoch dürfen wir diese deleuzianische Haltung gegen »Negativität« und »Mangel« nicht zu hastig behandeln. Wie wir in seiner Ausarbeitung (und Aneignung) des Todestriebs gesehen haben, sind die Dinge interessanter und komplizierter. Der Punkt ist eher, dass diese singuläre »Negativität« (der Riss, das Loch) für ihn die primäre Stätte der Affirmation ist. Wiederholung ist das Loch/der Riss, der sich selbst wiederholt und dabei wiederholt, was darum herum und in Beziehung zu ihm steht. Anders ausgedrückt ist Wiederholung Negativität im absoluten Sinn: nicht Negativität im Verhältnis zu etwas, sondern ursprüngliche Negativität, Negativität, die selbst produktiv ist gegenüber dem, was ist, und dem, was differenziert, verglichen, zum Scheitern verurteilt wird etc. Wir könnten auch sagen, dass Deleuze diese Negativität als solche als ursprüngliche Kraft begreift – im Gegensatz zu einem sekundären Begriff der Negativität (und Differenz). Und die ganze Frage ist nun, wie man die »schlechte« Negativität von der »guten« trennen könnte. Mit dieser Frage stellen sich einige signifikante Differenzen zwischen Lacan und Deleuze ein.

Bevor wir auf diesen Punkt näher eingehen, können wir bereits eine wichtige Differenz zu Lacan erkennen, wenn es um das Konzept der Negativität und der deleuzianischen »Übersetzung« dieser in eine sehr positive *Kraft* geht.

Aus einer lacanianischen Perspektive *gibt es* etwas, das Wiederholung »motiviert« und dieses etwas ist genau eine Unmöglichkeit – auch wenn diese in einem sehr spezifischen und präzisen Sinn verstanden werden muss. Es impliziert zum Beispiel nicht, dass etwas wegen seiner einzigartigen Singularität »unmöglich wiederholbar« ist; stattdessen impliziert es das *Nicht-Sein* dessen, was wiederholt wird. *Es ist unmöglich es zu wiederholen, weil es nicht da ist im üblichen Sinne des Wortes.* Dies ist die lacanianische Version der Theorie, dass das, was wiederholt wird, keine ursprünglich traumatische Erfahrung ist, die etwas unterbricht, was vorher stattfand, sondern die Unterbrechung selbst (die in Beziehung zum Realen steht). Dies bringt uns zu einem zentralen Punkt, den ich in diesem Buch entwickelt habe, zurück, als auch zum eigentlichen psychoanalytischen (lacanianischen) Konzept eines »ungebundenen Überschusses«: dem Genießen. Ich habe behauptet, dass Genießen an dem Ort des nicht existierenden (»ursprünglich fehlenden«) Signifikanten erscheint, der – in seiner Nicht-Existenz – die Logik der signifikanten Kette diktiert, sie auf gewisse Weise »dekliniert«. Und er dekliniert sie mithilfe des Genießens, das an den (anderen) Signifikanten klebt. Genießen ist das (einzige) »Sein«, die »Substanz« dessen, was ontologisch nicht ist, des fehlenden (»ursprünglich verdrängten«) Signifikanten. Und dieses Genießen ist der »Kleber«, der dadurch, dass er verschiedene Signifikanten in einer bestimmten Ordnung miteinander verbindet, die ursprüngliche Negativität wiederholt. Ich glaube, dies ist auch in Brassiers Einsicht implizit, nach der »der unbesetzbare Exzess [das ist], was Besetzung möglich macht«.[73]

---

[73] Brassier 2007, S. 238.

Verschiedene existierende signifikante Verbindungen (Symptome) oder signifikante Komplexe (»Formationen«) sind dennoch nicht einfach Verkleidungen, unter denen sich die ursprüngliche Negativität wiederholt, sie sind auch seine – mehr oder weniger phantasmatischen, mit Genießen gefüllten – Repräsentationen, die in Beziehung zum Subjekt des Unbewussten stehen. Man muss sagen, dass – für die Psychoanalyse – der Nexus zwischen Repräsentation und Genießen vor dem Hintergrund einer ursprünglichen Negativität (nennen wir sie Urverdrängung, Ein-weniger, Minus, Spalt oder Riss) als *drittes* Element im Verhältnis zum ungebundenen Exzess (Genießen) und den Signifikanten begriffen werden muss. Lacan untermauert diesen Spalt, dieses Dritte, mit seinem Konzept des Realen (und verbindet ihn mit dem Punkt, an dem ein »neuer Signifikant« intervenieren könnte).

Auf der anderen Seite tendiert Deleuze, der auch mit einer ähnlichen dreiteiligen Topologie beginnt, dazu, sie in die doppelte Bewegung eines Einen kollabieren zu lassen. Der Spalt oder Riss wird selbst zu einer reinen Bewegung eines ungebundenen Exzesses, der in verschiedenen signifikanten Masken und »Verkleidungen« erscheint.

In der Psychoanalyse gibt es jedoch einen Unterschied zwischen der fundamentalen Negativität (einem »Minus«) und dem exzessiven Überschuss (Genießen), das an ihrem Platz auftaucht und die ursprüngliche Negativität wiederholt, indem er die Signifikanten, die mit der Negativität hervortreten, *in einer bestimmten Ordnung* verbindet, »verklebt«. Für Deleuze dagegen ist dieser Exzess/Überschuss *unmittelbar* der pure produktive Exzess der Negativität (Riss, Differenz), die sich selbst in verschiedenen Verkleidungen und mit verschiedenen Signifikanten oder Symbolen wiederholt. Darauf bezieht sich auch grundlegend die »Ebene der Immanenz«: »Das selbe Ding verkleidet und ist verkleidet.« Noch einmal, was hier verschwindet, ist genau die Differenz zwischen der ursprünglichen Negativität und dem Überschuss, der an ihrer Stelle auftaucht und die Signifikanten in einer bestimmten Ordnung verbindet (die notwendig von den Kontingenzen einer individuellen Geschichte abhängen).

In dem, was Deleuze »verwirklichte Ontologie« nennt, ist alles, was bleibt, die Differenz (reine Differenz, keine Differenz zwischen diesem und jenem). Diese Differenz ist reines Sein *qua* Sein in seiner Univozität. Und sie gleicht reiner *Bewegung*, genau wie der »Riss«, der letztendlich nicht so sehr ein Spalt ist, sondern vielmehr eine reine Bewegung oder Kraft. Diese Verschiebung von *topologischen* zu *dynamischen* Tropen ist in der Tat zentral für Deleuze: Die topologische Nicht-Koinzidenz zwischen Sein und Erscheinen, ihr *Spalt*, wird zu einem Sein als reiner *Bewegung* der Differenz »verschmolzen«.

Indem er die Differenz (Nicht-Koinzidenz) zwischen Sein und Erscheinung zu einer rein differenzierenden Bewegung des Seins »verschmilzt«, tilgt Deleuze das Reale, das nicht aufhört, sich in dieser Differenz zu wiederholen. Dies wäre zumindest die lacanianische Ansicht dazu. Mit dem Begriff des Realen unterstützt Lacan konzeptuell den Spalt, den Riss, der implizit, aber unsichtbar in der Entfaltung der Differenzen ist und durch sie wiederholt wird. Er extrahiert es von seiner Unsichtbarkeit und behauptet, dass Psychoanalyse in der Position ist, ihm eine minimale Konsistenz zu geben.

Während Deleuze in die Richtung geht, das Reale zu ontologisieren und es zum realen Sein *qua* Sein zu machen, ist es für Lacan essentiell, sie voneinander getrennt zu halten. Die lacanianische Trennung zwischen Sein und Realem impliziert nicht, dass das Sein nicht real wäre – das Reale ist gerade keine Eigenschaft. Lacans

Zurückhaltung gegenüber so etwas wie einer psychoanalytischen Ontologie ist wohl bekannt. Er hat nicht den Wunsch, eine eigene Ontologie zu entwickeln. Doch der Grund liegt vielleicht nicht in seiner Überzeugung, dass Ontologie (nach der transzendentalen Wende) bedeutungslos und notwendig »metaphysisch« sei; im Gegenteil. Wenn es jemanden gibt, der sich weigert, in der Psychoanalyse eine Ausnahme von einer ontologischen Befragung zu sehen, dann ist es Lacan. Sein Punkt ist stattdessen, dass der Begriff der Ontologie (als »Wissenschaft des Seins *qua* Sein«) um ein weiteres Konzept (dasjenige des Realen) erweitert werden müsste, das den Ort seines inhärenten Widerspruchs/seiner Unmöglichkeit markiert. Und das Subjekt ist Effekt dieses *Widerspruchs*, kein Sprössling des Seins. Es gibt ein Subjekt, weil es ein Reales gibt.

An diesem Punkt scheinen Lacan und Deleuze am weitesten voneinander entfernt zu sein: Während für Deleuze »Realismus« eine radikale Entsubjektivierung impliziert, ist für Lacan (der Effekt der) Subjektivierung der Inbegriff (oder der »Beweis«) eines irreduziblen Realen.

Es ist in dieser Hinsicht auch nicht erstaunlich, dass im sogenannten »Neuen Materialismus«, der häufig auf deleuzianischen Grundlagen beruht,[74] die wichtigste philosophische Front (das wichtigste Schlachtfeld) gewöhnlich entlang der Linie verläuft, die von der Frage des Subjekts gebildet wird. Die meisten konzeptuellen Vorschläge im Zusammenhang mit den neuen Materialismen zielen sowohl darauf ab, »dem Subjekt zu entkommen« (dem vermeintlichen diskursiven oder transzendentalem Käfig) oder »das Subjekt loszuwerden« (aus der Land-

[74] Obwohl man betonen sollte, dass sie sehr häufig nicht einmal nahe an die Komplexität von Deleuze' Philosophie herankommen.

schaft der Ontologien) – oder ihm zumindest einen nicht besonders bedeutsamen Ort in dieser Landschaft zuzuschreiben.

Die Frage, die ich hier gerne stellen würde, ist einfach diese: Kann es einen ernsthaften Materialismus ohne Subjekt – das heißt, ohne ein starkes Konzept des Subjekts, wie wir es zum Beispiel bei Lacan finden – geben? Es ist hier – nebenbei bemerkt – bezeichnend, dass die neuen Materialismen, obwohl sie ihren Ausgangspunkt gewöhnlich darin haben, den sogenannten »*linguistic turn*« und alles, was »Strukturalismus« oder »Poststrukturalismus« genannt wird, zurückzuweisen, mit diesen genau die Überzeugung teilen, dass das »Subjekt« ein fauler Apfel im Bottich der philosophischen Konzepte ist. Ein Grund, warum Lacan aus dem Kontext des (Post-)Strukturalismus heraussticht, ist genau, dass er diese Sicht nicht unterschreibt. Um es einfach auszudrücken: Wenn Sprache, Diskurs oder Struktur konsistente ontologische Kategorien wären, gäbe es kein Subjekt.

Aber um unseren Weg zu diesen Fragen zu bahnen, beginne ich mit einem einfachen Punkt. Eine der Definitionen und Bilder der Materialismen (und Realismen) ist folgendes: Im Gegensatz zu trügerischen und haltlosen Idealen und Idealisierungen zeigen Materialismen die brutale, schnörkellose Realität, die materielle Wahrheit oder Grundlage der Dinge, die für sich allein zu stehen scheinen. Ich leihe mir ein Beispiel von Žižek, und zwar das folgende Zitat aus Marcus Aurelius' *Selbstbetrachtungen:*

> Gleichwie man bei Fleischgerichten und anderen Eßwaren der Art denken soll: das ist also der Leichnam eines Fisches, das der Leichnam eines Vogels oder eines Schweines und hinwiederum beim Falernerwein: er ist nichts als der ausgedrückte Saft einer Traube; oder beim Purpur: er

> ist nur Schafswolle, in das Blut einer Schnecke getaucht; und beim geschlechtlichen Umgang: er ist die Reibung eines Eingeweides und Ausscheidung von Schleim mit Zuckungen verbunden; solche Vorstellungen sind nämlich den Gegenständen wirklich ganz entsprechend und durchdringen ihr Wesen, so dass man sieht, was eigentlich an ihnen sei: ebenso nun muss man's im ganzen Leben machen, und wo einem Dinge in noch so beifallswürdiger Gestalt vorgespiegelt werden, sie entlarven, ihren Unwert sich anschaulich machen und ihnen die schimmernde Einkleidung, womit sie sich brüsten, nehmen.[75]

Materialismus würde in dieser Darstellung bedeuten: die Realität minus der Illusion, die sie begleitet und in etwas anderes transformiert. Das von Aurelius beschriebene Manöver zielt darauf ab, die Blase des Imaginären platzen zu lassen und uns zu zwingen, der Realität, wie sie ist, ins Angesicht zu blicken. Žižek nennt noch ein anderes Beispiel dieser Strategie, das dazu gedacht war, (katholische) Männer vor den Sünden des Fleisches zu bewahren: Wenn man von einem sinnlichen weiblichen Körper in Versuchung gebracht wird, sollte man sich vorstellen, wie er in ein paar Jahrzehnten aussehen wird, oder besser, sich vorstellen, was bereits jetzt unter der Haut lauert: rohes Fleisch und Knochen, Körperflüssigkeiten, halbverdautes Essen und Exkremente ...

Mit anderen Worten ist die materialistische Perspektive in Bezug auf das Paar des erhabenen und des schauerlichen Körpers auf der Seite des schauerlichen Körpers: Die ernüchternde Perspektive enthüllt hinter der schönen

[75] Žižek 2016, S. 51. Ich werde Žižeks Argument, dem ich nur beipflichten kann, hier nicht wiederholen, sondern dieses Zitat für meine eigenen Zwecke benutzen.

und täuschenden Erscheinung das hässliche rohe materielle Reale ... Zu Žižeks Art und Weise, diese Perspektive überzeugend zu entlarven, möchte ich einen anderen möglichen Weg zu derselben Fragestellung hinzufügen: Die Begriffe selbst der Beschreibung (erhaben versus schauerlich) weisen bereits auf ein Problem im Kern dieser Konzeption hin. Ich werde dies in zwei Schritten darlegen.

(1) Der vermeintlich ernüchternde Effekt des realistischen Materialismus weist tatsächlich auf einen Riss/eine Lücke im Realismus selbst. Realität »so wie sie ist« (ohne Schönfärberei) erscheint in all diesen Konfigurationen – direkt oder indirekt – als hässlich und grauenvoll. Mit anderen Worten: Um uns zu »ernüchtern« (uns aus der Illusion zu wecken), muss sie als *mehr* wahrgenommen werden, als sie ist; sie muss mit einer Reihe von ziemlich subjektiven Affekten angereichert werden – Abscheu, Aversion und ähnlichem. Um Zugang zur Realität »so wie sie ist« zu bekommen, wird ein (subjektiver) Überschuss gebraucht (oder produziert), ein Überschuss oder Exzess, der genau nicht auf die »Realität, so wie sie ist« reduzierbar ist. (Die Tatsache, dass faulendes Fleisch Affekte des Ekels hervorruft, oder zumindest Begehren sofort tilgt, wird genauso durch das Fenster unserer Fantasie vermittelt, wie das, was als erhaben erscheint.)

(2) Doch – und das ist der zweite Schritt – dies bedeutet nicht, dass wir entgegen einem naiven Materialismus, der danach strebt, die nackte materielle Realität der Dinge selbst zu entdecken (und dies nie erreicht), einfach die Unzugänglichkeit der Dinge in sich selbst und die notwendige subjektive *Vermittlung* dessen verteidigen, was »immer schon« stattgefunden hat. Stattdessen geht es um eine andere Art von Materialismus, der gerade nicht auf dem Gegensatz zwischen »nackter«, von allen subjektiven Illusionen entkleideter Realität (einer Reali-

tät, wie sie unabhängig vom Subjekt existiert) und »schon immer« subjektiver/subjektivierter (oder subjektkonstituierter) Realität beruht. Denn dieser Gegensatz ist falsch, oder besser, er ist nicht genuin »materialistisch«. Wir können uns nur durch den Exzess hindurcharbeiten (und seinen Verzerrungen folgen), um zu dem Ding selbst zu gelangen, weil das Ding in sich selbst bereits widersprüchlich ist.

Die These in ihrer einfachsten Form wäre, dass wir folgende Möglichkeit in Erwägung ziehen: Wenn die Realität mit einem irreduziblen Überschuss ihrer selbst erscheint, ist dieser Exzess (oder die Nicht-Koinzidenz mit sich selbst) nicht einfach oder ausschließlich eine subjektive Verzerrung, sondern sollte als Anzeige innerer Spaltung oder eines Widerspruchs in dieser Realität selbst begriffen werden. Wie kann diese Annahme überzeugen? Genau indem sie für ein spezifisches Konzept des Subjekts argumentiert, das damit beginnt, die Diskussionsgrundlage von der Frage nach der Affirmation oder Verneinung der Existenz einer Realität unabhängig vom Subjekt auf eine Perspektive zu verschieben, die die zwei folgenden Behauptungen aufstellt und kombiniert: 1. Es gibt tatsächlich eine Realität, die unabhängig vom Subjekt existiert (das heißt unabhängig von einer subjektiven Vermittlung oder Konstitution); 2. Das Subjekt (die Struktur des Subjekts im strengen Sinne des Begriffs, in seiner Exzessivität) ist genau das, was uns Zugang verschafft zu dieser Realität unabhängig vom Subjekt.

Wenn wir einfach das Subjekt und seine Verzerrungen/Exzessivität entfernen, mögen wir eine »neutrale Realität« bekommen; doch genau genommen können wir *nichts anderes* als eine Form von Neutralität bekommen, und darin liegt das Problem. Denn was ist, wenn Realität nicht neutral ist, sondern zerfetzt von seiner inhärenten

Unmöglichkeit und Widersprüchlichkeit? Oder genauer, was ist, wenn Neutralität selbst nicht »neutral« ist, sondern schon eine subjektive Last impliziert, eine normative »Neutralisierung«? In diesem Fall bringt uns die subjektive Exzessivität näher zur Wahrheit als auch zu der Möglichkeit, mit den Widersprüchen der Realität umzugehen.

Hier liegt das Problem des Realismus, der mit einem Begriff von Realität als »unabhängig von uns« operiert. Das Problem ist, dass wir uns nicht einfach von der Realität ausnehmen können, dessen Teil wir sind, und dass wir nicht reflexiv unsere Verzerrung abziehen können, um auf diesem Wege eine reine, unabhängige Realität zu erhalten. Das Problem sitzt tiefer und ist fundamentaler: Die Realität, wie sie unabhängig von uns erscheint (in den Blick kommt), »hängt von uns« *als Subjekten* ab – nicht in dem Sinne, dass sie von uns geschaffen oder konstituiert wäre, sondern in dem Sinne, dass die der Realität inhärente Negativität/Widersprüchlichkeit als Teil dieser Realität genau in der Form des Subjekts erscheint. (Neben anderen Dingen) ist das Subjekt eine *objektive* Verkörperung der Widersprüchlichkeit der Realität. Ich denke, dass dies der Hauptpunkt in Lacans Materialismus ist: Natürlich bin ich als Subjekt von Dingen determiniert, die unabhängig von mir existieren; doch die subjektive Position, oder Subjektivierung, ist nicht nur eine konkrete und einzigartige Weise, in der die Dinge mich determinieren, es ist auch und zugleich die Subjektivierung eines Paradoxes/Widerspruchs, der in diese Dinge, die mich determinieren, involviert ist (dieses Paradox/dieser Widerspruch existiert »in sich selbst« nur in dieser Objektivierung/Subjektivierung oder Objektivierung durch das Subjekt).

Was darin impliziert ist, könnte wie folgt formuliert werden: Wir erhalten bestimmte Aspekte unserer objektiven Realität nur durch das Insistieren auf der Irreduzibilität des Subjekts. Und nicht zum Beispiel durch eine hastig herbeigeführte Objektivierung des Subjekts selbst, die wir zum Beispiel im Materialismus einiger Versionen der objektorientierten Ontologie finden, die das Subjekt einfach als ein weiteres Objekt postulieren – als ein Objekt unter anderen Objekten, mit seinen eigenen spezifischen Eigenschaften.[76]

Wenn das Subjekt einfach ein Objekt unter anderen wäre, gäbe es keine Notwendigkeit für ein Konzept des Subjekts (im strengen philosophischen und psychoanalytischen Sinn); der Begriff »Person« (oder »Mensch«) würde genügen. Das Subjekt benennt ein Objekt, das genau *nicht* nur Objekt unter anderen ist – dies ist der entscheidende Punkt und es gibt keinen Grund, warum diese Aussage in uns einen plötzlichen Anfall von selbstlimitierender Bescheidenheit provozieren und uns dazu bringen sollte, auf Transparente zu schreiben: »Nieder mit den Privilegien des Subjekts! Nieder mit seinem Ausnahmestatus!« Denn damit würden wir – neben anderen Dingen – genau die politische Dimension der Ontologie gefährden, die diese Art von demokratischem und egalitärem Projekt inspiriert.

Die stärkere These, die ich zu verteidigen vorschlage, ist folgende: Das Subjekt ist nicht einfach ein Objekt unter anderen Objekten, es ist auch eine Form der Existenz desjenigen Widerspruchs, Antagonismus, der in der Existenz der Objekte als Objekte am Werk ist. Es bezieht sich auf die Weise, in der die Sackgasse/Widersprüchlichkeit der Realität, in der verschiedene Objekte erscheinen, in

---

[76] Dies ist zum Beispiel die grundlegende Bewegung, die wir in der ansonsten komplexen Arbeit von Levi Bryants Arbeit *The Democracy of Objects* finden. Levi R. Bryant, *The Democracy of Objects*, Ann Arbor: Open Humanities Press, 2011.

derselben Realität existiert. Das Subjekt existiert neben anderen Objekten, doch es existiert dort als Punkt, der Zugang verschafft zu einer möglichen Objektivierung ihres inneren Antagonismus, ihrer Einschreibung in die Realität. In diesem präzisen Sinn könnte die gut klingende These von der »Demokratie der Objekte« (alle Objekte sind ontologisch gleich und sie sind alle derselben Aufmerksamkeit wert) als eigentliche (und ziemlich »subjektive«) Verschleierung der Realität »wie sie ist« (nämlich antagonistisch) betrachtet werden. Das Subjekt zieht sich bescheiden und demütig auf einen nicht besonders ausgewählten Platz in der unendlichen Realität zurück und maskiert dort seine Spaltung, produziert die Realität als in sich neutral und unproblematisch (oder als zumindest als in ihrem problematischen Charakter unantastbar). Im Gegensatz dazu kann man das Subjekt als eine Existenz/Form einer bestimmten Schwierigkeit (des Realen) begreifen und als eine »Antwort« darauf. Diese Antwort kann subjektiv/pathologisch sein, aber sie kann nie auf ihre Pathologie reduziert werden; sie trägt auch das Reale (eines möglicherweise universalen Seins) mit sich, das – in sich selbst – unzugänglich ist, außer eben durch die Figur des Subjekts. Wenn man das Subjekt (un)bescheiden als mehr oder weniger insignifikanten Punkt im Universum platziert, beraubt man sich der Möglichkeit, radikal und ernsthaft die wirkliche »Ungerechtigkeit« (Asymmetrie, Widersprüchlichkeit) zu denken, aufgrund derer man ein egalitäres ontologisches Projekt überhaupt erst entwickeln wollte.

Das (lacanianische) Subjekt ist nicht einfach eines, das denkt, es ist auch und vor allem eines, das bestimmte Widersprüche dem Denken zugänglich macht; es ist die Art und Weise, in der diese Widersprüche als »Gegenstand des Denkens« erscheinen. Und ohne diesen spezifischen »Gegenstand des Denkens« ist es schwierig, von *Materialismus* zu sprechen. Eine andere Weise, dies auszudrücken, wäre: Lacans Geste, die oft als seine Version des »Korrelationismus« missverstanden wurde, besteht in einem Kurzschließen der epistemologischen und der ontologischen Ebene (des Denkens und des Seins) in Form ihrer gemeinsamen/geteilten Negativität (der Mangel an Wissen fällt in den Mangel an Sein) – das Konzept des Subjekts (als Subjekt des Unbewussten) ist genau an dieser Verbindungsstelle angesiedelt.

Deshalb können wir zum Beispiel – und das ist zentral – nichts ohne Widerspruch denken, wir sollten keinen Schritt von dieser Unmöglichkeit zurücktreten (sie als Unmöglichkeit, oder als dem Denken unzugänglich wahrnehmen und akzeptieren); stattdessen, und im Gegenteil, müssen wir diese Widersprüchlichkeit und Unmöglichkeit als *das wirkliche Reale nehmen, das dem Denken zugänglich IST*. Ich habe bereits betont, wie logische Paradoxien, Sackgassen der Formalisierung die Punkte *sind,* an denen das Denken das Reale denkt; dies war eines von Lacans stärksten Überzeugungen. Ein Paradox oder einen Widerspruch zu denken, bedeutet nicht, sie mit einer Faszination anzustarren, wie in einer Art mystischer Offenbarung des Absoluten; es meint genau, was es sagt – *es zu denken.*

Dies wäre vielleicht eine gute Formulierung des Materialismus: Materialismus ist ein Denken, das befähigt, Widersprüche zu denken.[77] Und das macht die Psycho-

---

[77] In diesem Sinne war Hegel der philosophische Materialist *par excellence.* Wie Mladen Dolar gezeigt hat: In direkter Opposition zu einer langen (aristotelischen) Tradition, die Wahrheit mit dem Prinzip des Nicht-Widersprüchlichen verband, tat Hegel einen ganz anderen Schritt in seiner »Habilitationsschrift« (die als Grundlage seiner Verteidigung im August 1801 diente), als er sagte: »Contra-

analyse zu einer materialistischen Theorie (und Praxis): Sie beginnt, indem sie ein Problem/eine Schwierigkeit/einen Widerspruch denkt, nicht indem sie die Welt als solche und als unabhängig vom Subjekt zu denken versucht.

Nach diesem Exkurs zur Frage nach dem Subjekt kehren wir zu unserer vorherigen Diskussion darüber zurück, was Lacan und Deleuze in ihrer größten Nähe unterscheidet. Im Zusammenhang mit der zentralen Frage der Wiederholung teilen sie beide eine grundsätzliche konzeptuelle Matrix, nach der das, was sich selbst wiederholt, mit dem Begriff des »Eins-Plus« formuliert werden kann: etwas (eine wahrnehmbare Entität) plus dem Überschuss, der es besetzt und antreibt. Deleuze identifiziert dieses *Plus* direkt mit der Bewegung der absoluten Differenz und daher mit dem Realen des Seins. Dies ist der Ursprung der fundamentalen deleuzianischen Dualität und ihrer (einfachen) Umkehr, vollzogen durch die Wiederholung. In graphischen Begriffen: Die Wiederholung des Eins-Plus, angetrieben durch das Plus, muss – mithilfe einer zentrifugalen Kraft – in genau diese beiden Begriffe (»Eins« und »Plus«) differenziert werden; es muss die Verbindung durchbrechen und das Eine eines hypostasierten Seins (oder einer bestimmten Differenz und daher Identität) als Singularität einer reinen Bewegung fortschleudern. Auf diese Weise »reinigt« sich die Wiederholung sozusagen *selbst,* trennt sich von ihrer schweren Last. So liest Deleuze zum Beispiel Nietzsches ewige Wiederkunft: »Das Rad in der ewigen Wiederkunft ist zugleich Erzeugung der Wiederholung ausgehend von der Differenz, und Selektion der Differenz aus-

---

dictio est regula veri, non contradictio falsi« – Widerspruch ist die Regel der Wahrheit, Nicht-Widerspruch des Falschen. (Mladen Dolar, *Fenomenologija duha I*. Ljubljana: Društvo za teoretsko psihoanalizo 1990, S. 20) gehend von der Wiederholung.«[78] Wenn man die Verbindung zwischen Wiederholung und Differenz berücksichtigt, könnte man sagen, dass das, worum es hier geht, die Wiederholung als innere (oder »reine«) Differenzierung der Differenz ist. Was bedeutet das? Was wiederholt wird, kommt von der reinen Negativität der Differenz, die in der Wiederholung immer schon etwas ist (sozusagen eine Entität, die unter die Kategorie von Analogie, Ähnlichkeit, Identität fällt); diese Wiederholung selbst ist eine »zentrifugale *Kraft*«, die alles von der Differenz fortschleudert, das etwas in dieser gleichen Wiederholung »bewirkt«.[79] Um es anders zu sagen: Sie schleudert alles fort, das unter die Kategorien der Analogie, Ähnlichkeit und Identität fällt.

Die zentrifugale Kraft der Wiederholung in ihrer radikalsten Form führt nicht nur die Differenz ins Zentrum der Wiederholung ein, sondern »verwirklicht« auch diese Differenz – sie realisiert sie, indem sie die Wiederholung selbst aus der Wiederholung extrahiert; indem sie das *Neue* vom Mechanismus der Wiederholung extrahiert, das sie produziert hat. Dies könnte in Deleuze' Begriffen als Konzept-Projekt bezeichnet werden, und Letzteres wäre nichts weniger als das Projekt einer *verwirklichten Ontologie*: »Die Wiederholung aber ist die einzige verwirklichte Ontologie, *das heißt*: die Univozität des Seins.«[80] Differenz ist das einzige und ursprüngliche Sein, doch zugleich muss sie (noch) realisiert werden, also *wiederholt* und dadurch getrennt von all der metaphysischen und dialektischen Last, die die Geschichte des Seins und seines Denkens konstituiert. Diese Aufgabe

[78] Deleuze 1992, S. 66.
[79] Ebd., S. 369.
[80] Ebd., S. 376.

kann von der »zentrifugalen Kraft« der Wiederholung selbst geleistet werden, die auch die Trennung zwischen der, wie ich sie bereits genannt habe, »guten« und der »schlechten« Negativität herbeibringt. Und der Triumph der »guten« ist – in der ganzen Serie der deleuzianischen positiven Eigenschaften (horizontal rhizomatisch versus vertikal hierarchisch; Negativität als positiver Exzess versus Negativität als Mangel; Mannigfaltigkeit versus Einem; nomadisch versus statisch; different versus ähnlich oder identisch; außergewöhnlich versus gewöhnlich…) – sozusagen in die Kraft der Wiederholung eingeschrieben. Deshalb sieht die »verwirklichte Ontologie« sehr nach einem *politischen Projekt* aus, oder präziser, nach etwas, das auch ohne Politik auskommt, weil es seine Aufgabe der Ontologie überlässt.

Vor einigen Jahrzehnten ging der Niedergang der wirklichen Politik (und die Auffassung vom Politischen als effektivem Denken) einher mit dem Aufstieg der »Ethik«. Der (philosophische und soziale) Erfolg der Ethik war mit einem Versprechen verbunden, die Aufgabe der Politik besser auszuführen als die Politik selbst. So präsentierte sich der aufstrebende ethische Diskurs: Die neue Ethik ersetzt die alte Politik. Konzepte wie »Antagonismus«, »Klassenkampf«, »Emanzipation« und »Politik« wurden von Begriffen wie »Toleranz«, »Anerkennung des Anderen« und die selbstauferlegten Regeln der politischen Korrektheit ersetzt.[81] Seit Beginn der letzten ökonomischen und politischen Krise in den frühen 2000er Jahren wurden die Grenzen dieser »Ethik der Politik« deutlicher, und der Begriff des Politischen als Politik betrat erneut die Bühne. Zugleich wurden wir (und

81 Slavoj Žižek hat diesen Punkt zu mehreren Gelegenheiten entwickelt.

sind es immer noch) Zeugen und Zeuginnen eines erstaunlichen Vormarsches sogenannter Neuer Ontologien und Neuer Materialismen (größtenteils, doch nicht ausschließlich von Deleuze inspiriert), die ebenfalls und paradoxerweise durch ein ähnliches Versprechen wie das der Ethik zuvor erfolgreich sind. Das Versprechen lautet, in der Lage zu sein, die Aufgabe der Politik besser zu übernehmen als die Politik selbst. Der massive Gebrauch (und die Popularität) des Wortes »Ontologie« ist in dieser Hinsicht symptomatisch. Viele andere Begriffe, die diese neuen Ontologien beschreiben, sind es ebenfalls; »Demokratie der Dinge« ist nur einer von ihnen.

Inwiefern unterscheidet sich Lacans konzeptuelles (und »praktisches«) Manöver davon? Wo Deleuze von einer *Selektion d*er Differenz basierend auf der Wiederholung spricht, spricht Lacan von der *Produktion* eines neuen Signifikanten, der die Wiederholung beendet. Obwohl beide eine »Selektion« hervorheben, das heißt eine Trennung in Bezug auf etwas im Kern der Wiederholung/Differenz, liegt die zentrale Divergenz in der Art und Weise, wie diese Trennung stattfindet, sowie in der Natur dessen, was sie (als ihre Neuheit) produziert. Für Lacan ist es keine zentrifugal-selektive Kraft, die die Trennung innerhalb der wiederholenden Entität (des Eins-Plus) hervorbringt; die Trennung ist nur durch einen dritten Term möglich, der in der Analyse produziert wird: S_1, *ein neuer Signifikant* (der am Platz der »Produktion« im analytischen Diskurs angesiedelt ist). Der Signifikant ist eine neue Art des Einen – eines Einen, das sich von dem Einen unterscheidet, das wiederholt wird (in der Neurose oder im Alltagsleben). Das Eine, das wiederholt wird, ist Eins-Plus, ein Verbund aus einem Signifikanten und dem Genießen. Hier sind wir auf der Ebene der signifikanten Kette und ihrer inhärenten Wendung.

Der Ausdruck »signifikante Kette« bezieht sich auf die Tatsache, dass ein Signifikant nie für sich allein steht, sondern *virtuell* – durch den Mangel, der ihn konstituiert (das Eins-Weniger) – mit allen anderen Signifikanten verbunden ist und *aktuell* mit denjenigen, in denen ein Mehr-Genießen diese Verbindung durch Wiederholung verwirklicht (»verklebt«) hat. Denn es ist genau dieser Überschuss, der verschiedene Einen (Signifikanten) unter konkreten Bedingungen (ver)bindet. Die Analyse dagegen führt zur Produktion eines anderen, selbst-stehenden Einen: *zu Einem als Einem allein*.

> Das Eine, um das es in S_1 geht, das das Subjekt am idealen Punkt in der Analyse produziert, steht dem Einen, dem Einen als Einem allein [*Un seul*], um das es in der Wiederholung geht, gegenüber. Es ist das Eine insofern als, was auch immer an Differenz existieren mag, von allen Differenzen, die existieren und die alle denselben Wert haben, es nur eines gibt, und das ist die Differenz.[82]

Dies bezieht sich auch auf ein weiteres bedeutsames Konzept, das von Lacan im Detail in demselben Seminar (... *ou pire*) ausgearbeitet wird: nämlich das, was er als *Il y a de l'Un* schreibt (was er weiter abkürzt in *Y a de l'Un* und sogar *Yad'lun*): »s'gibt was von'nem'Einen« mit dem französischen Teilungsartikel *de*, der paradoxerweise eine unbestimmte Quantität dieses Einen suggeriert. Dieser Term wird von Lacan entworfen, um in der Annahme des (zählbaren) Einen dasjenige zu inkludieren, was normalerweise daraus ausgeschlossen ist, nämlich die reine Differenz, aus der und mit der es entsteht. Diese reine Differenz (oder das »Loch«, *trou*) ist, wie er vorschlägt, »die

82 Lacan 2011, S. 165.

Grundlage des Einen«. Dieses Fundament kann als eine »Eingangstür ausgehend von dem Mangel, vom Platz, an dem ein Loch ist, vorgestellt werden. Wenn Sie ein Bild möchten, würde ich Ihnen dieses Fundament des *Yad'lun* gerne als einen Sack präsentieren. Eines (*l'Un*) kann nicht existieren, außer in der Figur eines Sacks, eines Sacks, der ein Loch aufweist. Nichts ist Eines, das nicht aus diesem Sack kommt oder in ihn hineingeht. Das ist, intuitiv betrachtet, das Urfundament des Einen (*l'Un*)«.[83]

Diese neue Art des Einen (S_1) in seiner Singularität ist eng verwandt mit diesem fundamentalen »Loch«. Seine Funktion besteht darin, dem Riss, dem Spalt, die in der Entfaltung von Differenzen (Symptomen) impliziert aber unsichtbar sind bzw. mit diesen wiederholt werden, eine Signifikanten-Stütze zu geben. Auf diese Weise ist der scheinbar abstrakte Begriff des *Y a de l'Un* (abgekürzt mit *Yad'lun*) auch mit der analytischen Praxis verbunden. Lacan bezeichnet dieses Verhältnis (oder vielleicht sollte man sagen diese Koinzidenz) mit der Homonymie »*y'a d'l'inconscient*« (»s'gibt was von'nem' Unbewussten«) Das freudsche/lacansche Konzept des Unbewussten ist also direkt mit dem Begriff des *Yad'lun* verbunden (und seinem impliziten Realen). Das Unbewusste ist kein *Bereich* des Seins; das Unbewusste »existiert«, weil es einen Riss im Sein gibt, dem entweicht, was es auch immer an diskursiver (ontologischer) Konsistenz gibt. Und die Produktion eines neuen Signifikanten bringt uns an den Punkt dieses »Anfangs« – der kein Beginn in der Zeit ist, sondern Anfang als ein Punkt in der Struktur, an dem Dinge generiert werden. Der neue Signifikant ist dazu bestimmt, die Differenz zu benennen,

[83] Ebd., S. 147.

die den Unterschied ums Ganze und jeden einzelnen Unterschied ausmacht.

Es ist entscheidend anzumerken, dass in Lacans Zitat weiter oben, die Betonung auf »Produktion« liegt: Es geht nicht darum, dass man im Verlauf der Analyse einen fehlenden Signifikanten *findet* – er ist genau nicht etwas, das gefunden werden könnte, ausgegraben aus dem Unbewussten. Weil er buchstäblich nicht da ist (und darum gibt es das Unbewusste – das Unbewusste ist der Riss, der vom Eins-Weniger implementiert wird). Es ist kein verdrängter Signifikant, sondern ein Signifikant, dessen Nicht-Sein das Einzige ist, das Verdrängung möglich macht und ihr strukturell vorhergeht. (Dort führt Freud die Hypothese der »Urverdrängung« ein.) Der neue Signifikant S_1 ersetzt nicht das »Loch«, mit dem die signifikante Ordnung erscheint, er schließt es nicht oder schafft es nicht ab; sondern er produziert es (indem er seinen Buchstaben produziert) als etwas, das wie eine befreiende Waffe wirken kann. In welchem Sinne?

> Ein Modell der Neurose zu bilden, ist schließlich, kurz gesagt, die Operation des psychoanalytischen Diskurses. Warum? Weil es sie von ihrer Dosis Genießen befreit. Das Genießen fordert in der Tat kein Privileg, davon gibt es nur eine Art und Weise, die für alle gilt. Jede Reduplikation tötet es. Es überlebt nur insoweit, als seine Wiederholung eine hohle [*vaine*] ist, das heißt immer die gleiche. Die Einführung eines Modells ist das, was diese hohle Wiederholung beendeet. Eine fertige Wiederholung löst es auf, da es eine vereinfachte Wiederholung ist.[84]

Dem Modell einer Neurose gelingt es, ihr Genießen zu wiederholen und es dabei abzutöten. Doch auch wenn

[84] Ebd., S. 151f.

dies das ideale Ende der Analyse ist, beruht ihr Beginn sehr wohl auf dem Genießen und lässt es arbeiten – es ist nur und genau seine Arbeit, die einen »neuen Signifikanten« produzieren kann. Daher müssen wir fragen: Was macht zuerst die Konstruktion eines »Modells« der Neurose möglich und endet mit der Produktion eines neuen Signifikanten? Es ist sicher nicht das Wissen des Analytikers/der Analytikerin, seine/ihre Expertise, sondern es muss vom Subjekt kommen. Und tatsächlich macht Lacan diesen Punkt sehr explizit: »Der neue Signifikant wird durch die Positionierung des Subjekts im Genießen des Sprechens produziert.«[85] Das ist natürlich eine andere Art zu sagen, dass er »ausgehend von dem Aufblühen des Signifikanten produziert wird«,[86] d.h. seinem polysemischen Geplapper, seinen Mehrdeutigkeiten entspringt.

Genießen ist daher das Mittel der Produktion des Signifikanten, der es schließlich tötet; dieser Signifikant stellt sich selbst zwischen dem (signifizierenden) Genießen und dem Loch/der Kluft, an deren Stelle er erscheint, »Platz nimmt/stattfindet«.

Dies ist ein wichtiges konzeptuelles Merkmal, das Lacan von Deleuze unterscheidet: Der Überschuss (»der erratische/ungebundene Exzess«) ist nicht selbst die wirkliche Szene der Emanzipation, sondern das Mittel zur Produktion dessen, was diese »Emanzipation« schließlich verwirklicht; die tektonische Verschiebung findet nicht auf der Ebene des Überschusses statt, sondern dank des neu produzierten *Signifikanten*. Der Signifikant des »Lochs«, an dessen Stelle das Genießen erscheint, wiederholt dieses »Loch« in verschiedenen Verkleidungen oder signifizierenden Formationen. Der neue

85 Ebd., S. 165.
86 Ebd.

Signifikant hängt von der individuellen und kontingenten Geschichte des Subjekts ab, doch er ist nicht einfach Teil dieser Geschichte. Er ist das, was die Reiteration und Wiederholung dieser Geschichte in der Analyse als Wort produziert, das arbeitet. Woran arbeitet es? Daran, etwas in unserer Beziehung zur signifikanten Ordnung, die unser Sein (in)formiert, zu verschieben. Bereits in seinem Aufsatz »Die Drängen des Buchstabens im Unbewussten« aus 1957 – und der Titel stimmt sehr mit dem überein, was wir hier entwickeln – schreibt Lacan:

> Denn wenn man, so wenig das auch sein mag, an die Beziehung des Menschen zum Signifikanten rührt – hier die Konversion der Verfahren der Exegese –, ändert man den Lauf seiner Geschichte, indem man die Vertäuung seines Seins modifiziert.[87]

Das komplexere Schema lässt sich so ausdrücken: Die Platzierung des Subjekts auf der Ebene des Genießens beim Sprechen ermöglicht die Produktion des neuen Signifikanten, aus dessen Perspektive es nun möglich ist, eine Trennung im Kern des Eins-Plus, der in der Wiederholung involviert ist, zu bewirken. Dieser neue Signifikant ist das wirkliche Ereignis und löst eine neue Subjektivierung aus.

Der neue Signifikant ist der Algorithmus, der den Trieb desorientiert, indem er ihn von den festgelegten Bahnen seiner Befriedigung abschneidet. Der Trieb ist in sich selbst ziemlich wahllos, indifferent gegenüber dem, was er auf dem Weg zu seinem einzigen Zicl befriedigt, das in der »kreisläufigen Rückkehr«[88] oder, nach Deleuzes Interpretation, in seiner eigenen Wiederholung be-

---

[87] Lacan 2016, S. 624.
[88] Lacan 2015a, S. 188.

steht. Dies ist die »affirmative« Kraft der Wiederholung (Wiederholung um der Wiederholung willen) im Verhältnis zum Trieb: nicht etwas, das scheitert, sondern Wiederholung als der einzige »Antrieb« des Triebs. Der Trieb ist immer befriedigt. Doch in seiner Indifferenz wirkt er stets unterstützend für die wie auch immer verschlungenen Wege und außergewöhnlichen Objekte, die unser Genießen *im Zeichen der Verdrängung* auswählen mag. In diesem präzisen Sinn ist der Todestrieb sowohl Komplize der Verdrängung als auch völlig indifferent ihr gegenüber. Dies bedeutet, dass man nicht darauf zählen kann, dass er die »richtige« Auswahl trifft (was die nietzscheanische/deleuzianische Perspektive suggeriert). Es gibt überhaupt keine Garantie, dass der sich selbst überlassene Todestrieb, die richtigen (also die falschen) Dinge fortschleudern wird, wie Deleuze behauptet. Man braucht etwas anderes, oder eher: Nur ein neuer Signifikant (und die neue *Subjektivierung*, die er auslöst) kann die Trennung inmitten des Triebs bewirken und aufrechterhalten. Keine *Kraft* (ob zentrifugal oder anders) – einzig ein *Buchstabe* kann lösen, was nur in einer verknoteten Form existiert, um dann schließlich die Form selbst zu ändern.

SEIN, EREIGNIS UND IHRE KONSEQUENZEN: LACAN UND BADIOU

Genau an diesem Punkt, können wir sagen, kommt eine »lacanianische Politik« ins Spiel. Oder vielleicht genauer gesagt ist hier der Ort, an dem der Raum des Politischen sich öffnet. Dieser Raum ist wesentlich verbunden mit der Kluft/dem Riss des Unbewussten – nicht eines spezifischen Unbewussten, sondern des Unbewussten als Konzept einer Kluft, mit der die diskursive Realität hervortritt und mit der sie ringt. Politik im strengen Sinne beinhaltet immer eine Reaktivierung dieser Kluft. Es ist zumindest klar, dass die Politik der Psychoanalyse von Lacan auf diese Weise begriffen wird. Jedenfalls formuliert er seine Auseinandersetzung mit der Wende, die die Psychoanalyse seit Freud genommen hat, in dieser Weise:

> Die Wahrheit ist: Die Dimension des Unbewussten, die ich evoziere, *sollte vergessen werden*, und Freud sah das voraus. Über seine Botschaft schloss sich das Unbewusste wieder dank jenen rührigen Orthopädeuten, zu welchen die Analytiker der zweiten und dritten Generation verkommen waren, als sie ohne zögern durch eine umfassende Psychologisierung der analytischen Theorie jene Kluft wieder zunähten.[89]

Aber was sind die Implikationen des Gesagten außerhalb der Konfiguration der analytischen Kur? Manche nehmen an, dass das Konzept des »neuen Signifikanten« zu der Frage einer neuen Form von (politischer) Organisation führt, was sicherlich ein interessanter Ansatz ist, den es zu verfolgen lohnt. Man muss ihn »jenseits« von Lacan verfolgen, da eine Organisation der psychoanalytischen Gemeinschaft üblicherweise nicht als Lacans Anliegen begriffen wird.[90]

Es gibt auch einige interessante Verbindungen (wie auch Differenzen) zwischen Lacan und Badiou hinsichtlich dieser Fragen, die ihre eigenen politischen Implikationen haben. Ich werde sie kurz durchgehen. Zum einen

---

[89] Ebd., S. 29.

[90] Zum Beispiel schlägt dies Gabriel Tupinambá in einem Artikel vor, in dem er sich mit diesem Thema beschäftigt. Vgl. Gabriel Tupinambá, »Vers un Signifiant Nouveau: Our Task after Lacan«, in: *Repeating Žižek*, ed. Agon Hamza, Durham: Duke University Press, 2015.

ist ziemlich klar, dass Lacans Begriff des Realen viel mit Badious Begriff des Ereignisses gemeinsam hat – angefangen mit dem Verhältnis zwischen Sein und Ontologie. Wir haben bereits betont, wie zentral es für Lacan ist, die Begriffe des Seins und des Realen auseinanderzuhalten. Ich rekapituliere: Lacan begreift das Reale als den Punkt der inneren Unmöglichkeit/Widersprüchlichkeit des Seins, weshalb er daran festhält, dass das Reale die Gräte im Hals jeder Ontologie ist: Um von einem »Sein-als-Sein« zu sprechen, muss man etwas im Sein amputieren, was nicht Sein ist. Das heißt, das Reale ist das, was die Ontologie abschneiden muss, um in der Lage zu sein, über ein »Sein-als-Sein« zu sprechen. Und dies ist fast exakt die Weise, in der Badiou das Ereignis situiert: Ontologie »verbietet« das Ereignis. »Das Axiom der Fundierung be-grenzt das Sein durch das Verbot des Ereignisses.«[91] Das Ereignis gehört zu dem, »Was-nicht-das-Sein-als-Sein ist«.[92] Darüber hinaus steht das Ereignis bei Badiou, wie das lacansche Reale, nicht in Beziehung zu einer reinen empirischen Natur, sondern beruht auf einer Begriffskonstruktion.[93] Sodann gibt es den Begriff des »Ultra-Eins«, der zentral in dieser Konstruktion ist und eine konzeptuelle Unterscheidung des Ereignisses von seiner Stätte impliziert, »indem es sich selbst zwischen sich und die Leere stellt«.[94] Charakterisiert Lacan nicht fast genauso den »neuen Signifikanten« in seiner Singularität – das »eines allein«, das sich zwischen die Leere/das Loch und das, was an seinem Platz passiert, stellt? Auch gibt es dort die Bedeutsamkeit eines »inter-

---

[91] Alain Badiou, *Das Sein und das Ereignis*, übersetzt von Gernot Kamecke, Zürich/Berlin: diaphanes 2005, S. 218.

[92] Ebd., S. 211.

[93] Ebd., S. 205.

[94] Ebd., S. 209.

pretierenden Eingriffs«,[95] der allein ausdrücken kann, »dass das Ereignis in der Situation präsentiert *wird*«.[96] Diese Ähnlichkeiten sind keineswegs oberflächlich; es gibt eine stabile (und geteilte) Logik, die sie unterstützt und die Badiou mit Lacan verbindet. Zugleich gibt es so etwas wie eine inaugurale Diskrepanz [*décalage*], eine Verschiebung der Begriffe, die für die folgenden Differenzen zwischen Lacan und Badiou verantwortlich ist.

Um es einfach auszudrücken: Für Badiou folgt das Verbot des Ereignisses »aus einem Gesetz des Diskurses vom Sein-als-Sein«.[97] Für Lacan ist das Gesetz des Diskurses des Seins-als-Sein selbst die Folge einer Unmöglichkeit (Kluft), mit der dieser auftritt. Man könnte sagen, dass für Lacan alles Sein diskursiv ist, doch zugleich ist das Diskursive nicht alles. Und genau deshalb ist Sein (als diskursives) untrennbar von seiner eigenen »Unmöglichkeit«. Mit anderen Worten, das, worum es hier geht, ist zuerst eine Unmöglichkeit, die zum Sein gehört und nicht (nur) zum Ereignis.

Lacans Behauptung hier ist tatsächlich stärker als diejenige Badious: Es ist für ihn nicht nur einfach so, dass der Diskurs vom Sein-als-Sein notwendig etwas verbietet; das Sein als solches ist von seiner eigenen Unmöglichkeit nicht zu trennen, weil es kein Sein außerhalb des Diskurses gibt, doch der Diskurs selbst ist koextensiv mit seiner Kluft. Ich erinnere:

> Der Diskurs beginnt von der Tatsache, dass es eine Kluft gibt. [...] Nichts hindert uns daran, zu sagen, dass die Kluft sich produziert, weil der Diskurs beginnt. Das Er-

---

[95] Ebd., S. 208.
[96] Ebd.
[97] Ebd., S. 218.

gebnis ist dabei völlig gleichgültig. Was sicher ist, ist dass der Diskurs in der Kluft impliziert ist.[98]

Badious Ontologie dagegen basiert auf der These, nach der Sein-als-Sein nichts als pure inkonsistente Mannigfaltigkeit ist – keine Mannigfaltigkeit der Einen, sondern eine Mannigfaltigkeit, die immer eine Mannigfaltigkeit der Mannigfaltigkeit (der Mannigfaltigkeit ...) ist, sodass schließlich der Punkt, an dem dies aufhört, nicht »Eins« sein kann, sondern nur eine Leere. Das Diskursive ist nur eine Präsentation dieser Mannigfaltigkeit, verbunden mit einer »Zählung-als-Eins«. Für Badiou ist die »Zählung-als-Eins« die Bedingung jeder denkbaren Situation oder jedes denkbaren Dings: Während die reine Vielheit inkonsistent ist und ein reiner »Überschuss jenseits seiner selbst«, benötigt alles Konsistente eine Struktur, eine Zählung-als-Eins, sodass jede präsentierte oder präsentierbare Vielheit konsistent ist. In dieser Hinsicht ist die Zählung-als-Eins (und mit ihr der Begriff Eins) perfekt kompatibel mit dem Begriff der reinen Mannigfaltigkeit. Dennoch findet der Exzess jenseits seiner selbst, der das Sein des Seins als reiner Vielheit ist, auch auf der Ebene der Zählung-als-Eins statt, das heißt auf der Ebene der Präsentation innerhalb einer Menge oder innerhalb dessen, was Badiou »Situation« (ein anderes Wort für »Menge«) nennt: Er findet statt als Überschuss der Teile einer gegebenen Vielheit oder Anzahl seiner Elemente.[99] Dieser Exzess, den Badiou *l'excès errant*, den »unsteten Überschuss« nennt, ist einer der zentralen Begriffe seiner

---

[98] Lacan 2006b, S. 107.

[99] Wenn wir etwa eine Vielheit von fünf Elementen haben, übersteigt die mögliche Kombination dieser Elemente, also die Anzahl der »Teile« bei weitem die Anzahl der Elemente.

Ontologie, da er das Unstete des Überschusses für das Wirkliche des Seins hält.[100]

All das führt uns zu dem, was ich für den Kern der Differenz zwischen Lacan und Badiou halte, und es betrifft den Status des Exzesses oder Überschusses.

Für Badiou ist der unzählbare Exzess der Vielheit jenseits seiner selbst, der der Repräsentation entkommt, nichts weniger als *das Reale des Seins*, das »Sein des Seins«. Badiou begreift den »unsteten Überschuss« als strikt koextensiv mit der Vielheit; Sein-als-Sein ist die inkonsistente Vielheit (der Vielheit), die als solche reiner Überschuss jenseits seiner selbst ist. Dieser Überschuss ist zugleich eine unmittelbare Implikation der Vielheit. Obwohl Badiou betont, dass diese Vielheit letztendlich eine Vielheit der »Leere« ist (und nicht einiger einzelner Elemente), zählt die Leere nicht als *Negativität* im strengen Sinne; sie suggeriert nur eine Entsubstantialisierung des Seins. Wir haben also Mannigfaltigkeiten, die Vielheit als Positives in der Abwesenheit einer primären Substanz – und es scheint, als komme Badiou in dieser Hinsicht Deleuze überraschend nahe. Lacan insistiert im Gegensatz dazu auf einem anderen Thema, das wie folgt formuliert werden könnte: Der *»unstete Überschuss« ist keine Implikation der Vielheit (Mannigfaltigkeit), sondern des Eins-Weniger, des Minus Eins*. Der flüchtige, unzählbare, doch irreduzible Überschuss ist die andere Seite – nicht des Einen, sondern des »*Minus Eins*« als der ursprünglichen Grundlage jedes (zählbaren) Einen. Der Exzess existiert, blüht an dem strukturellen Platz des *Minus Eins*, und hier wuchert er als sein irreduzibles materielles Plus.

[100] Alain Badiou, *Manifest für die Philosophie*, übersetzt von Eric Hörl und Jadja Wolf, Wien/Berlin: Turia + Kant, 2010, S. 71.

Dies ist der Grund, warum für Lacan der umherirrende Überschuss nicht das *Reale* des Seins sein kann, sondern sein *Symptom.* Und anders als ein Symptom, das existiert, obwohl ihm eine adäquate Repräsentation fehlt, ist das Reale des Seins nicht etwas, das existiert aber nicht zählt, sondern etwas, das nicht auf der Ebene des Seins existiert, das aber wir (aus seinen Symptomen) rekonstruieren, als ihr Reales formalisieren können. Für Lacan kann das Reale des Seins nur der Buchstabe der konstitutiven Blockierung des Seins sein. In diesem Kontext sollte man vielleicht nicht zu schnell dem aufklärerischen Reiz des politisch sehr bedeutsamen Beispiels erliegen, das Badiou liefert: die *Sans-papiers* als zeitgenössische politische Instanz des umherirrenden Überschusses. Für Badiou ist dies ein Beispiel des Seins, das offensichtlich existiert, doch keinen symbolischen Status hat, weshalb es auf der Ebene des Staates und seiner Form der Repräsentation behandelt werden kann, als ob es nicht existierte. Es ist ein unrepräsentierter (unzählbarer) Überschuss des Vielheitsstaates jenseits seiner selbst. Der Unterschied zu Lacan besteht in diesem Fall natürlich nicht darin, dass für Lacan etwas wie die *Sans-papiers* nicht als kritisches Problem zählen würde; sie besteht in der Formulierung dessen, was genau hier das Problem ist (worin es liegt) und betrifft die Trennung zwischen dem Symptom und dem Realen. Um es kurz zu machen: Ein Symptom ist eine Formation des Seins, wohingegen das Reale seine Blockade ist (Nicht-Sein), die diese Formation wiederholt. Das Reale präsentiert/repräsentiert sich nicht selbst, sondern diktiert und leitet – als inhärente Blockade, »Minus« des Seins – die Prozesse der (Re-)Präsentation. In diesem Sinne sind die *Sans-papiers* (als Figur des umherirrenden Überschusses) nicht das Reale des Seins, sondern sozusagen »Verluste« des Realen des

Seins. Sie sind ein Symptom der materiellen Verkörperung einer fundamentalen Blockade (eines gegebenen Ganzen), einer Blockade, die nicht irgendwo draußen und unabhängig von der Verkörperung existiert, doch auch nicht direkt mir ihr identisch ist. Deshalb ist für Lacan die Identifikation mit einem Symptom möglich, es gibt keine mögliche Identifikation mit dem Realen – wo es genau genommen nichts gibt, womit man sich identifizieren kann. Diese Art, die Dinge zu konzeptualisieren, widersteht nicht nur, sondern *blockiert* auch effizient jede Möglichkeit der (politischen, künstlerischen oder liebesbezogenen) Romantisierung des Realen, was genaugenommen auf dem Grund dessen liegt, was Badiou als die anti-philosophische »*suture*« der Philosophie begreift, ihrem Sich-Überlassen einer ihrer Bedingungen. Es gibt nichts Schönes, Sublimes oder Authentisches am Realen. Nichts wird im Realen offenbart. Das Reale ist der Ort der »systemischen Gewalt«, die existiert und sich selbst in Form des »ungebundenen Exzesses« wiederholt. Die Betonung auf dem Konzept des Realen, wie auch auf dem Imperativ, nach dem wir es formalisieren müssen, ist nicht Lacans Weg, es zu zelebrieren, es sind Mittel, um die (diskursiven) Strukturen zu lokalisieren und zu formulieren.

Im Schlussteil von *Das Sein und das Ereignis* schlägt Badiou vor, dass die einzige wichtige Differenz zwischen ihm und Lacan in der »Lokalisierung der Leere«[101] bestehe. Während er, Badiou, den Eigennamen der Leere als das Sein-als-Sein bestimmt, sei er für Lacan das Subjekt. Dies (was Badiou als wesentliche cartesianische Geste bezeichnet) belasse das Subjekt in einer »exzentrierten Abhängigkeit von der Sprache«,[102] was genau das

[101] Badiou 2005, S. 482.
[102] Ebd.

ist, was er zu vermeiden suche. Gegen das Konzept des Subjekts als einem Effekt der Sprache (oder des Signifikanten) und daher identisch mit »dem einförmigen Netzwerk der Erfahrung« geht Badiou von einer »Seltenheit des Subjekts« aus, »dessen Vorkommen vom Ereignis abhängig macht, vom Eingriff und von den generischen Bahnen der Treue«.[103]

Ist dies tatsächlich der Kern der Differenz zwischen Lacan und Badiou? Wie unsere vorherige Diskussion impliziert, besteht die Differenz nicht einfach darin, welchen Eigennamen der eine oder der andere für die Leere wählt, sondern im Status der Negativität: Badiou hat kein starkes Konzept von Negativität auf der Ebene des Seins. Das Sein stellt sich als purer Überschuss seiner selbst dar. Für Lacan auf der anderen Seite ist der reine Überschuss des Seins schon ein Resultat eines Minus-Eins, der Kluft, die zusammen mit dem Diskurs erscheint. Also wenn Lacan sagt, dass das Subjekt »ein Effekt ist, der durch das Funktionieren des Signifikanten vorausgesetzt wird«, bedeutet dies nicht einfach, dass das Subjekt ein Effekt der Sprache ist. Es bedeutet, dass Subjekt der Eigenname dessen ist, was in der Sprache nicht ist, der Kluft in ihr. Das Subjekt (des Unbewussten) ist nicht einfach der Name einer Leer-Menge, es ist der Name der *Kluft*, die zum Diskurs gehört, ebenso wie der Name des *Effekts,* der stattfindet, *weil* es eine Kluft im Diskurs gibt. In diesem präzisen Sinn können wir sagen, dass für Lacan das Subjekt sowohl mit »dem einförmigen Netzwerk der Erfahrung« identifizierbar ist (welches gewöhnlich durch das Funktionieren des Signifikanten vorausgesetzt wird) als auch *selten,* indem es nur von Zeit zu Zeit auftaucht. Psychoanalytische Beispiele des Letzteren

[103] Ebd., S. 482.

– also plötzliches und *überraschendes*, unerwartetes Hervortreten des Subjekts – rangieren von Versprechern, Träumen, Witzen bis hin zu zerbrochenen Liebesbegegnungen. Es ist wichtig zu beachten, dass das Hervortreten des Subjekts nicht einfach ein Effekt der Sprache ist, sondern ihres Zusammenbruchs, ihrer Diskontinuität. Deshalb insistiert Lacan – und dies ist zentral:

> Dem Faden des analytischen Diskurses zu folgen, tendiert zu nichts Geringerem als das, was als solches den Fehl, die Diskontinuität produziert, erneut zu brechen, zu verbiegen, mit einer eigenen Verkrümmung – und einer Verkrümmung, die nicht einmal behauptet werden könnte als die von Kraftlinien – zu markieren. Unser Rekurs ist in *lalangue* das, was sie bricht.[104]

Der geringe (doch auch folgenreiche) Unterschied zwischen Badiou und Lacan könnte wie folgt formuliert werden: Für Badiou ist reines Sein inkonsistent, aber sozusagen vollkommen da. Das Sein trägt nicht die Bürde einer Unmöglichkeit. Diese betrifft nur, oder hat ihren Ursprung, in seiner (Re-)Präsentation und führt zur Theorie des Ereignisses und seiner ontologischen Unmöglichkeit oder seines Verbots. Was hingegen aus Lacans Konzeptualisierungen folgt, ist, dass die beiden im Zusammenhang stehen: Ein Ereignis ist möglich (kann sich ereignen) aufgrund der dem Sein inhärenten Unmöglichkeit.

Diese Differenz erklärt auch, warum es Badiou nie in den Sinn kommt, seinen Begriff des »umherirrenden Überschusses« in Beziehung zum psychoanalytischen Begriff des »ungebundenen Überschusses«, also dem Genießen als immer überschüssigem Genießen oder Erregung

---

[104] Lacan 2015b, S. 49 [Übersetzung leicht modifiziert].

zu setzen. Es fällt tatsächlich auf, wie Badiou, der sonst ein sehr genauer Leser Freuds und Lacans ist, den Begriff des Genießens meist in einem nicht- oder vorpsychoanalytischen Sinn liest – als eine individuelle hedonistische Idiosynkrasie, frei von der Möglichkeit, irgendeine Ebene von Wahrheit in sich zu tragen. Das heißt, er hält es für pikant, aber zugleich vollkommen irrelevant. Für Lacan dagegen ist das Genießen zwar ermüdend monoton, doch in keiner Weise irrelevant: Es stellt sich genau an dem Punkt ein, wo etwas im Diskursiven fehlt und die diskursive Struktur mit ihrer Wiederholung verkrümmt. Deshalb muss der Analytiker/die Analytikerin sehr genau zuhören, weil von Zeit zu Zeit dieses Erzählen ein Wort an dem richtigen Platz verortet – einen Platz in der Konstruktion eines »neuen Signifikanten«.

Dies mag überraschen, aber mit den oben erwähnten Ausführungen wiederholt Lacan einige seiner früheren Behauptungen, wie folgende aus dem *Seminar II*: »Das Begehren ist eine Beziehung des Seins zum Mangel. Dieser Mangel ist Mangel an Sein/Seinsmangel/*manque d'être* im eigentlichen Sinne. Es ist nicht der Mangel an diesem oder jenem, sondern Mangel an Sein, wodurch das Sein existiert.«[105] Und etwas weiter: »Wäre das Sein nur das, was es ist, dann gäbe es nicht einmal den Platz, um von ihm zu reden. Das Sein kommt zum Existieren gerade in Abhängigkeit von diesem Mangel.«[106] Die Idee, dass das Sein aus dem »Mangel an Sein« generiert wird, ist bereits da. Doch dies sind frühe Überlegungen und Lacan kehrt zu ihnen in seinen späteren Seminaren nicht einfach zurück, sondern bestätigt sie innerhalb eines

---

[105] Jacques Lacan, *Das Ich in der Theorie Freuds und in der Technik der Psychoanalyse, Das Seminar, Buch II*, übersetzt von Hans-Joachim Metzger, Weinheim: Quadriga, 1991, S. 49.
[106] Ebd., S. 284.

komplexeren, elaborierteren konzeptuellen Gebäudes. So formuliert er die neue Richtung: »Woran wir uns gewöhnen müssen, ist, jenem Sein, das fliehen würde, das *par-être* zu substituieren also das Sein *para*, das Sein-daneben.«[107]

Das »Sein, das fliehen würde« ist das, was Lacan eine »Metonymie des Seins« nennt – das flüchtige Sein, das gleitet, der *défilé* der Signifikanten entschlüpft, ein Sein, das nur in Form seines Mangels existiert (und der die Ursache des Begehrens ist). Der Begriff des »Daneben-Seins« (*par-être*) stammt auf der anderen Seite vom Blick auf die Metonymie des Seins aus einer anderen Perspektive, nämlich genau aus der der Wiederholung.

Wir können sagen, dass für Lacan in seinem späten Werk das Sein als solches vor allem eine (verschiebende) Wiederholung des Unmöglichen (der »Kluft«) ist, eine Wiederholung dessen, was nicht ist. Sein ist nicht das, was abhebt, dem Zugriff der Signifikanten entschlüpft, sondern etwas, das stattdessen die »unmögliche« Diskontinuität im Kern des Seins wiederholt. (Wir könnten vielleicht sagen – wenn wir zurück zu Freud und seinen Metaphern gehen –, dass das Sein eine einen Umweg nehmende Wiederholung des Nicht-Seins im Kern des Seins ist.)

Bei Lacans »Neben-Ontologie« geht es um Folgendes: Das Sein begleitet (daher der Ausdruck »Daneben-Sein«, *par-être*) seine eigene Unmöglichkeit und nicht (wie bei Badiou) die Unmöglichkeit des Ereignisses. Das heißt: Die Unmöglichkeit, die das Sein hervorbringt (durch eine verschobene Wiederholung), ist die gleiche Wiederholung, um die es beim Ereignis geht (oder durch das Ereignis »mobilisiert« wird). Oder mit anderen Worten, ein Ereignis steht in Beziehung zu dem Punkt der

[107] Lacan 2015b, S. 49.

Unmöglichkeit des Seins (seiner Unmöglichkeit des Seins-als-Sein). Gerade aufgrund dieser Unmöglichkeit, die sich wiederholt, ist das Sein eine Domäne, in der Dinge passieren *können,* es hat Potential für Ereignisse. Und dies ist selbstverständlich ein wichtiger Unterschied zu Badiou, für den die Unterbrechung des Seins durch ein Ereignis von einem absoluten »Anderswo« herkommt.

Was wäre dann eine lacanianische Definition des Ereignisses? Ein Ereignis passiert, wenn etwas »zessiert, sich nicht zu schreiben«, wie Lacan im *Seminar XX* schreibt. Aber wie? Nicht, indem das Unmögliche möglich wird, sondern indem es eine *Disjunktion zwischen dem Notwendigen und dem Unmöglichen* durchführt. Wenn der gewöhnliche Weg (die Wiederholung) des Seins tatsächlich eine Verbindung zwischen dem Unmöglichen und dem Notwendigen ist (es »nicht zessiert, sich nicht zu schreiben«), passiert ein Ereignis, wenn es zessiert, sich nicht zu schreiben. Was in einem Ereignis passiert, ist daher eine Disjunktion, die das Sein in seiner Kontingenz (statt in seiner Neutralität) bejaht. Lacan bringt diese Definition in Bezug auf die Liebe auf, oder eher auf die Liebesbegegnung. Letztere kann zur Folge haben, dass das sexuelle Verhältnis »zessiert, sich nicht zu schreiben.« Das Sein schwindet nicht mehr, sondern fällt mit dem »Du«, das ich liebe, zusammen. »Du bist es!«, »Du bist das Sein, das mir immer gefehlt hat!«

Nachdem er dies herausgestellt hat, schließt Lacan ziemlich pessimistisch: Jenseits der (zeitlichen) Suspension der Nicht-Beziehung hat die Liebesbegegnung keine Mittel, diese Suspension in ihrer Kontingenz aufrechtzuerhalten, und versucht daher, ihre Notwendigkeit zu erzwingen. »Jede Liebe, indem sie subsistiert, nur aus dem *zessiert, sich nicht zu schreiben*, neigt dazu, Negation übergehen zu machen zum *zessiert nicht, sich zu schrei-*

ben, zessiert nicht, wird nicht zessieren.«[108] Dies ist die Bewegung von der Kontingenz zur Notwendigkeit, die »die Bestimmung und auch das Drama der Liebe ausmacht«.[109] Meine (un)bescheidene Behauptung – die ich an anderer Stelle entwickelt habe – ist, dass »Drama« hier das bedeutsame Wort ist und dass die Komödie der Liebe, oder die Liebe als Komödie, einer anderen Logik folgt. Die Komödie der Liebe ist ein viel anspruchsvolleres Genre als die Tragödie oder das Drama der Liebe. (Und vielleicht könnte man dasselbe über politische Ereignisse sagen, nämlich, dass eine bestimmte revolutionäre »Vorliebe für das Drama« ein Problem darstellen könnte.)

Lacans pessimistischer Schluss in dem oben genannten Zitat hängt natürlich mit dem Konzept zusammen, das Badiou an genau an dieser Stelle einführt – mit der Frage »Was passiert nach dem Ereignis?« – nämlich, das Konzept der Treue (nicht nur unserem Partner/unserer Partnerin gegenüber, sondern auch zum Ereignis unserer Liebesbegegnung). Treue – und nicht nur das Ereignis selbst – ist das, was schließlich den Unterschied ausmacht.

Lacans Zurückhaltung an dieser Stelle könnte seinem allgemeinen »Pessimismus« zugeschrieben werden oder zumindest auf etwas zurückgeführt werden, das in seinen politischen Anschauungen wurzelt. Doch die wirklich emanzipatorischen Implikationen der lacanschen Theorie sind keinesfalls auf diese politischen Haltungen beschränkt. Deswegen bin ich versucht, folgenden Vorschlag zu machen: Was, wenn wir den Begriff des »neuen Signifikanten« einführen als genau das, was in diesem Fall etwas auf der Grundlage der Liebe mög-

---

[108] Ebd., S. 158.
[109] Ebd.

lich machen würde, ohne die Kontingenz des (ihres) Seins zu verschleiern?

In einer Liebe (oder einer Liebesbegegnung) geht es nicht nur einfach darum, dass alles am richtigen Ort ankommt. Eine Liebesbegegnung ist nicht einfach ein kontingentes Zusammentreffen von zwei verschiedenen Pathologien, von zwei Individuen, die glücklich genug sind, dem zu begegnen, was »für sie funktioniert«. Stattdessen ist es die Liebe, die *es funktionieren lässt.* Liebe *tut* etwas für uns. Sie bewirkt, dass wir uns – oder erlaubt, dass die Ursache unseres Begehrens sich – auf unsere Liebhaber und Liebhaberinnen einlassen oder mit ihnen übereinstimmen. Der Affekt dazu ist *Überraschung* – nur diese Überraschung, nicht einfach die Verliebtheit, ist ein Zeichen wirklicher Liebe. Es ist das Zeichen des Subjekts, der subjektiven Figur der Liebe. Sie sagt nicht einfach »Du bist es!«, sondern stattdessen: »Was für eine Überraschung, dass du es bist!« Oder, mit einer einfacheren Formel der Art und Weise, in der die Liebe operiert: »*Wie überraschend, dass du du bist!*«

Um dies etwas konkreter zu entwickeln, könnte es hilfreich sein, ein wenig abzuschweifen und zu schauen, was Clément Rosset in seinem Buch *Le Régime des passions* über die Liebe sagt. Indem er mit der Doppelbedeutung des französischen Worts *régime* spielt – System (der Regierung) und Diät –, entwickelt Rosset seine Kritik an dem Begriff der Passion, die er als ein morbides Sehnen nach einem irrealen (derealisierten, nichtexistenten, oder unerreichbaren) Objekt begreift. (Selbst wenn es eine konkrete Person gibt, wie in Racines *Phaedra,* ist diese Person als reale Person irrelevant). Es ist die Liebe zu einem Objekt, dessen Annäherung und Genießen unendlich aufgeschoben werden. Nach Rosset ist diese amouröse Passion (die passender die »Passion des Begehrens«

genannt werden könnte) das Gegenteil von Liebe; sie ist wie eine Kriegsmaschine, die der Paralyse und der Untersagung dient. Dennoch wählt Phaedra »ein Objekt des Genießens, das sie sich verbietet (ich würde sagen, sie wählt ihn aus, *um ihn nicht zu genießen*) und zieht dann ein masochistisches Genießen aus ihrem Schmerz.«[110] Dies ist die andere Seite der »Passionsdiät«: Sie beinhaltet ein Genießen, nicht an dem Objekt des Genießens, sondern an der leidenschaftlichen Diät selbst. (Deshalb weist Rosset Saint-Simons berühmte Formel »Nichts Großartiges passiert ohne Leidenschaft« zurück und ersetzt sie mit »Nichts Mittelmäßiges passiert ohne Leidenschaft.«) Rosset entdeckt eine ähnliche Struktur der Passion (welche ein unstillbares Sehnen nach und Faszination für ein irreales und obskures Objekt ist) in der Habgier und der Passion der Sammler: Die realen Objekte dieser Passionen zählen nicht wirklich. Der Geizhals genießt niemals seinen Schatz (oder dessen Wert): »Der Geizhals ist fasziniert von der Aura der Nicht-Realität, in der er sein Geld schwimmen lässt, aber nicht von dem Geld selbst.«[111] Was daher nach Rosset die Passion definiert, ist weniger die Suche nach etwas, sondern das Streben nach einem Objekt, das sich durch zwei fundamentale Bedingungen auszeichnet: dass es obskur und undefinierbar ist und sich zugleich außerhalb jeglichen nützlichen Bereichs befindet (das heißt sowohl unerreichbar als auch unnütz ist). Und je stärker dies der Fall ist, desto größer ist die Passion in ihrer morbiden selbstperpetuierenden Logik. Genau darum verbindet Rosset die Logik der Passion mit dem zentralen Thema seiner philosophischen Arbeit,

[110] Clément Rosset, *Le Régime des passions*, Paris: Minuit, 2001, S. 16.
[111] Ebd., S. 17.

nämlich dem »Realen und seinem Double.« Um es kurz zusammenzufassen: Passion markiert den Zugriff der Fantasie des Doubles auf die Wahrnehmung des Realen, die Faszination für die Abwesenheit ausgelöst durch die unerwünschte Präsenz eines Realen, das uns nicht befriedigt (oder nicht mehr befriedigt), sozusagen die Wahl des Irrealen auf Kosten des Realen. Man könnte hier hinzufügen, dass die »revolutionäre Passion« oft genauso funktioniert: als Passion für die »Revolution« selbst, statt für eine geduldige Errichtung einer anderen Welt.

Hier liegt jedoch etwas, über das Rosset zu schnell in seiner Theorie der Passion hinweggeht, wie auch in seiner Theorie des Doubles, das nur eine illusionäre Verdoppelung des Realen ist. In der Opposition zwischen dem realen Objekt und dem perversen Genießen (in seinem Aufschub) ist reale Liebe nicht einfach auf der Seite des »realen Objekts« (als vollkommen mit sich übereinstimmend). Zudem sollte man darauf insistieren, dass es immer einen Grad an Derealisierung oder Ablösung in jeder realen Liebe gibt und dass dies die Grundlage der Begegnung und Beziehung mit jeder konkreten, »realen« Person bildet. Paradoxerweise wird dies von Rosset selbst scharfsinnig beobachtet, ohne dass er die unmittelbaren Konsequenzen dieser Beobachtung für seine Theorie akzeptieren würde:

> Reale Liebe verlangt nach der Realität der geliebten Person. Zudem ist die Koinzidenz, dank der ein geliebtes Objekt zugleich ein existierendes Objekt ist, ziemlich kurios, ein unerschöpfliches Objekt der Verwunderung für Liebende ... : was zählt, ist nicht länger »du bist hier«, sondern die Tatsache, dass »du du *bist*.«[112]

[112] Ebd., S. 28.

Das ist genau der Punkt, an dem wir in der obigen Diskussion angekommen sind. Wirkliche Liebe wundert sich notwendig über die Koinzidenz des geliebten (begehrten) Objekts mit einem existierenden Objekt. Und diese Verwunderung ist der Affekt der wirklichen Liebe.

In den Begriffen von Rossets Argumentation impliziert dies, dass es etwas in der Ordnung der überraschenden Koinzidenz gibt, das sich auch in der wirklichen Liebe ereignet und daher eine minimale Differenz oder Spaltung voraussetzt – diese Spaltung ereignet sich nicht nur in der illusorischen Verzerrung (Verdoppelung des Realen, wie er behauptet). Und tatsächlich ist das Wunder hier nicht weniger komisch als das, was in einem der Witze in Freuds »Der Witz und seine Beziehung zum Unbewussten« auftritt: »Er wunderte sich, dass den Katzen gerade an der Stelle zwei Löcher in den Pelz geschnitten wären, wo sie die Augen hätten.«[113]

Damit der reale Liebhaber/die reale Liebhaberin nichts als die *Koinzidenz* mit sich selbst ist, wie Rosset selbst behauptet, muss es auch eine Spaltung geben, die eine minimale Differenz beinhaltet. Es ist genau diese minimale Differenz, aufgrund derer nicht Rimbauds Aussage *Je suis un autre*, »ich bin ein anderer«, Sinn macht, sondern *tu es toi*, »du bist du (selbst)«, was die Bedingung (und Form) der realen Liebe ist. Es ist nicht einfach so, dass reale Liebe die Realität der geliebten Person verlangt, sondern es geht auch, und hauptsächlich, um diese *Koinzidenz des Gleichen* als die Kehreite seiner Nicht-Koinzidenz, die die amouröse Begegnung im engen Sinne des Wortes sichtbar macht. Die Spaltung und

---

[113] Sigmund Freud, »Der Witz und seine Beziehung zum Unbewussten«, in: Ders.: *Studienausgabe, Bd. 4*. Frankfurt a.M.: Fischer, 1970 [1905], S. 89.

die Koinzidenz ereignen sich zeitgleich. Oder: Die Spaltung erscheint als Koinzidenz; sie sind, genau genommen, ein und dasselbe.

Anders ausgedrückt stimmen wir mit Rosset überein, dass »reale Liebe« keine Liebe ist, die wir als erhaben bezeichnen könnten, eine Liebe, in der wir komplett verblendet sind oder »blind« durch eine abstrakte Dimension des geliebten Objekts, sodass wir seine konkrete Existenz (und seinen irgendwie lächerlichen, banalen Anblick) nicht länger sehen oder ertragen können. Diese Art der »sublimen Liebe« benötigt und generiert tatsächlich eine radikale Unerreichbarkeit des anderen (die gewöhnlich die Form ewiger Vorabentscheidungen über die Wahl eines unerreichbaren Objekts annimmt, oder die Form einer unterbrochenen Beziehung, die uns ermöglicht, die angemessene Distanz zu dem Unerreichbaren wiedereinzuführen, und daher das Objekt nach jedem »Gebrauch« wieder »resublimiert«). Doch reale Liebe ist nicht etwas, was das Objekt »so, wie es ist« einfach annimmt, im Sinne einer Homogenität und (ununterbrochenen) Kontinuität seiner realen Präsenz. Nur in dem Moment, in dem wir uns verlieben, »koinzidiert« ein geliebtes Objekt mit einem existierenden Objekt, und diese Koinzidenz markiert einen Bruch in der Kontinuität unserer Realität (und derjenigen unseres/n Liebhabers/in). Diese paradoxe – oder wirklich *komische* – Koinzidenz ist genau das, was uns (und unsere/n Lieberhaber/in) von der Kontinuität unserer Präsenz in der Realität abtrennt, und sie tut es, indem sie uns in diese *(wieder)hineinstellt*, als ob es das erste Mal wäre.

Ein Gespräch in *A Night at the Opera* der Marx Brothers spricht dies unmittelbar aus. Nachdem Groucho (Driftwood) eine Weile neben einer anderen Frau gesessen hat, kommt er an Mrs. Claypools Tisch (sie hat die ganze Zeit auf ihn gewartet) und der folgende Dialog beginnt:

> Driftwood (Groucho): Diese Frau? Weißt du, warum ich mit ihr dort gesessen habe?
> Mrs. Claypool (Margaret Dumont): Nein.
> Driftwood: Weil sie mich an dich erinnert hat.
> Mrs. Claypool: Wirklich?
> Driftwood: Natürlich! Deshalb sitze ich hier mit dir. Weil du mich an dich erinnerst. Deine Augen, dein Hals, deine Lippen, alles an dir erinnert mich an dich, nur du selbst nicht. Wie kannst du das erklären?

Komische Subjekte befinden sich in der besten Position, genuine Formeln der Liebe zu produzieren. Tatsächlich, wenn man es sich recht überlegt, gibt es keine bessere Antwort auf die unmögliche Frage: »Warum liebst du mich?« als: »Weil du mich an dich erinnerst«.

Wie können wir dies in Beziehung zur vorherigen Diskussion stellen? Eine Art, den Begriff des »neuen Signifikanten« zu verstehen, wäre ja, ihn als Signifikanten zu begreifen, der in der Lage ist, die minimale Differenz (Kontingenz) zu benennen, aufgrund deren mein/e Liebhaber/in mich an ihn/sie selbst erinnert. Anders ausgedrückt, ihn als genau das zu verstehen, was die Verschiebung der Negation, auf die Lacan hinweist, verhindert, die Verschiebung von »zessiert, nicht geschrieben zu werden« zu »nicht zessiert, nicht geschrieben zu werden«. Was in dieser Verschiebung passiert, ist, dass die Unmöglichkeit verschwindet und einfach durch Notwendigkeit ersetzt wird; das Verschwinden der Unmöglichkeit ist aber keine Lösung, sondern eine Verdrängung oder Verwerfung, und somit das Schließen der Kluft, die ihre »ereignishafte« Lösung zuallererst möglich machte. In der Liebe passiert das Unmögliche und von hier aus müssen wir es fortsetzen und mit dem arbeiten, was passiert ist, statt anzunehmen, dass von jetzt an das Unmögliche einfach durch das Mögliche und Notwendige ersetzt wurde oder werden sollte.

Da wir nun sehr weit in das Terrain der konkreten Beispiele vorgedrungen sind, können wir von hier aus einen Schritt weitergehen und ein konkretes Beispiel für einen »neuen Signifikanten« anhand eines Falls amouröser Umstände vorschlagen – mit dem offensichtlichen Risiko des Beispiels, das uns als ziemlich banal hinsichtlich unserer sublimen Erwartungen, was dieser *neue* Signifikant sein könnte, erscheint. Wir sollten das Risiko eingehen. Was wäre also ein Beispiel eines Signifikanten, der in der Lage ist, die minimale Differenz (Kontingenz) zu benennen und aufrechtzuerhalten, aufgrund deren mein/e Lieberhaber/in mich an ihn/sie erinnert? Das Beispiel eines Signifikanten, der verhindert, dass die Kluft des Unmöglichen einfach aus der Szene verschwindet (und ins Reale zurückkehrt)? Könnten wir nicht behaupten, dass ein mögliches Beispiel die Art und Weise wäre, wie ein Spitzname manchmal in Liebesbeziehungen funktioniert? Und damit meine ich nicht einen »süßen Namen«, den jemand aus einer Liste von Namen auswählen kann, ich meine einen Namen, der wirklich etwas in der Beziehung benennt; ein Name, der den Signifikanten der (Dis-)Junktion zwischen Liebesobjekt und existierendem Objekt in einer konkreten Liebesbeziehung bereitstellt. Ein Name, der es schafft, den *Raum* für Konstruktion an dem prekären *Punkt* des Ereignisses zu generieren und aufrechtzuerhalten. Solche (Spitz-)Namen (offensichtlich funktionieren nicht alle liebevollen Spitznamen auf diese Weise, und es kann auch etwas anderes als einen Spitznamen geben, der diese Funktion erfüllt) haben üblicherweise einen komischen Funken und dieser Funken schafft eine Distanz, indem er das Pathos von der Liebe als *Schicksal* abzieht.

Namen, Worte – haben wir davon nicht schon genug?

Wir begannen mit Sex (in seiner »Unmöglichkeit«) und endeten mit der Liebe in ihrer ereignishaften Dimension – die uns nicht sehr weit führt, wenn sie keinen Verbündeten in einer Art signifikanter Intervention findet. Hier möchte ich aufhören. Es gibt natürlich allgemeinere Schlussfolgerungen, die man von hier aus entwickeln könnte, aber ich werde mich auf eine kurze Bemerkung beschränken. Wir schreiben die Wurzel des Übels unserer Zeit oft dem beschleunigten Fluss von (»nur«) Worten – der Spekulation – zu; dem Mangel an Bezug zu wirklichen Dingen, realem Leben, realen Erfahrungen und wirklichen Gefühlen. Doch das Problem ist vielleicht ein anderes: Wir haben das Reale nicht verloren (das wir niemals »hatten«), verlieren aber die *Fähigkeit zu benennen*, die reale Effekte haben kann, weil sie den richtigen Punkt »trifft«, nämlich die (Dis-)Junktion zwischen dem Notwendigen und dem Realen (Unmöglichen). In all dem Überfluss von immer mehr Worten fehlen uns die Worte, die funktionieren. (Nicht das, was die Linguistik »performativ« nennt, sondern Worte, die die Ökonomie des Seins betreffen, weil sie aus der Arbeit dieser Ökonomie kommen.) Die Wende zum Realen (zum Beispiel zu »realen Erfahrungen«) ist Teil der ideologischen Kriegsführung, die uns vom einzigen Weg abbringt, auf dem wir mit dem Realen in Berührung kommen können, was tatsächlich genau ein richtiges Wort wäre (und nicht einfach mehr Worte). Das richtige Wort ist nicht das Gleiche wie ein korrektes Wort, und es geht ganz sicher nicht darum, ob jemand »richtig liegt« (oder nicht); es ist nicht einfach ein Wort, das die faktische Wahrheit dessen, was ist, übermittelt. Es geht auch nicht um »Effizienz«. Es geht um Worte, die etwas in unserer Realität zum ersten Mal benennen und dadurch dieses Etwas zu einem Objekt dieser Welt und des Denkens machen. Es mag zwar Worte oder Beschreibungen der Realität gegeben haben, und es wird sie auch immer gegeben haben. Dann aber kommt ein Wort, das uns Zugang zu dieser Realität aus einer ganz anderen Perspektive verschafft. Es ist keine korrekte Beschreibung der Realität; es führt eine neue Realität ein. Als Marx schrieb, dass »die Geschichte der bislang existierenden Gesellschaft eine Geschichte des Klassenkampfes ist«, war dies keine Beschreibung der sozialen Geschichte, die akkurater war als andere davor. Das Konzept des Klassenkampfes ist ein Beispiel für einen »neuen Signifikanten«, der eine bislang unsichtbare Dimension der sozialen Realität enthüllt und uns Werkzeuge gibt, diese zu denken. Er tut dies, weil er den Punkt benennt, an dem die Unmöglichkeit sozialer Gerechtigkeit von der Notwendigkeit, diese Unmöglichkeit zu wiederholen, losgelöst wird.

Schluss: Von Adams Nabel zum Nabel des Traums

Nach diesem Exkurs in die möglichen philosophischen (und politischen) Implikationen des psychoanalytischen Konzepts der Sexualität schließe ich mit ihrer scheinbar gewagtesten Implikation. Sie lautet, dass Sexualität (als verbunden mit dem Unbewussten) der Punkt eines Kurzschlusses zwischen Ontologie und Epistemologie ist: Aufgrund dessen, was der signifikanten Struktur des Seins fehlt (aus ihr »herausgefallen« ist), steht das Unbewusste – als eine Form des Wissens – in Beziehung zur Unmöglichkeit, in der Sexualität enthalten zu sein oder von ihr »übertragen« zu werden.

In der Theorie, die besagt, dass es einen singulären Kurzschluss zwischen der ontologischen und der epistemologischen Dimension gibt, liegt natürlich eine ziemlich starke »philosophische« Behauptung. Doch Freud selbst schlug etwas Ähnliches in Bezug auf die Verbindung zwischen Sexualität und Wissen vor: Wenn Sexualität ein Wissenstrieb ist, dann nicht nur deshalb, weil wir neugierig in Bezug auf alles sind, was Sex betrifft, oder weil wir den Mangel an Sex mit einer Passion für das Wissen sublimieren. Denn der Mangel, um den es geht, ist nicht ein vermeintlicher Mangel an Sex, sondern *ein Mangel im Kern des Sexes*, oder genauer, er betrifft Sex als strukturelle Unvollkommenheit des Seins.

Eine von Freuds wichtigsten Theorien macht es sich zur Aufgabe, Sexualität als den Bereich zu bestimmen, von dem aus sich das Streben (Begehren) nach Wissen entfaltet. Die freudsche Genealogie der Passion zum Wissen ist insgesamt komplex und faszinierend, seine grundsätzlichen Umrisse lassen sich wie folgt beschreiben:[1] Es gibt keinen ursprünglichen Wissenstrieb. Er kommt an Punkten existentieller Probleme zum Vorschein, wenn zum Beispiel ein Kind sich von der Tatsache (oder Möglichkeit) bedroht fühlt, dass sich ein Geschwister ankündigt. Sexualität wird von früh an ein offensichtlicher Akteur innerhalb aller Fragen des *Seins* von sich selbst und anderen (»Wie kommen wir zum Sein?«) und tritt als Negativität in Form des unbefriedigenden Aspekts aller möglichen positiven Antworten auf. Denn während Sexualität offensichtlich im Werden des Seins involviert ist, bietet sie keinen Halt, keine Verankerung in der Erklärung des Seins (als Sein). Zudem wird Sexualität für das forschende Kind oftmals mit Geschichten und Mythen, Scham und Verlegenheit verbunden, manchmal sogar mit Ekel und Strafe.

Bevor wir erleichtert aufatmen und sagen, gut, da geht es um unsere hübschen kleinen Familiengeschichten und -strukturen, ist es zentral zu berücksichtigen, dass die wahre Frage erst hier beginnt. Es ist nicht so, dass diese »Familienstrukturen« das Reale der Sexualität erklären könnten, sondern umgekehrt, dass etwas in ihr die Kluft, die diese Strukturen antreibt, erklären kann. Die Verlegenheit, mit der Sexualität (von Erwachsenen) belegt wird, deren Anstrengungen, sie zu verbergen, sollten nicht als selbsterklärend gelten, das heißt mit dem kulturellen Bann von Sexualität erklärt werden, sondern gerade umgekehrt. Ich möchte bekräftigen, dass die Ursache der Peinlichkeit der Sexualität nicht in dem liegt,

---

1 Vgl. zum Beispiel Sigmund Freud, »Über infantile Sexualtheorien«, in: Ders., *Studienausgabe, Bd. V*, Frankfurt. a.M.: Fischer, 1972 [1908].

was da ist, sondern im Gegenteil in dem, was nicht da ist und als solches zur Ordnung des Wissens gehört (gehören würde). Die Märchen, mit denen wir Kindern die Sexualität erklären, gibt es nicht so sehr, um eine realistische Erklärung zu maskieren oder zu verdrehen, sondern um die Tatsache zu maskieren, dass es keine realistische Erklärung gibt und dass selbst der ausführlichsten wissenschaftlichen Erklärung an dem Signifikanten mangelt, der dem Sexuellen als Sexuellem gerecht werden würde. Bei diesem Mangel geht es nicht um ein fehlendes Stück an Wissen über das Sexuelle (als eine volle Entität); worum es geht, ist, dass Sexualität(strieb) und Wissen um eine fundamentale Negativität herum strukturiert sind, die beide am Punkt des Unbewussten miteinander vereint sind. Das Unbewusste ist das Konzept einer inhärenten Verbindung zwischen Sexualität und Wissen in ihrer Negativität.

Die Schlussfolgerung, die wir aus all dem ziehen können, ist folgende: Wenn immer es zu einer sozialen, kulturellen oder religiösen Verschleierung des Sexuellen kommt, können wir sicher sein, dass niemals nur das verdeckt wird, was da ist (zum Beispiel Geschlechtsorgane), sondern *auch* (und vielleicht hauptsächlich), etwas, das nicht da ist; verschleiert wird eine fundamentale Ambiguität, die von Anbeginn an zur metaphysischen Ordnung gehört. Mit anderen Worten: Je mehr wir versuchen, das Sexuelle als Sexuelles zu denken (das heißt, je mehr wir versuchen, es so zu denken, »wie es ist«, ohne jegliche Zensur und Schönfärberei), desto schneller befinden wir uns im Element der reinen und profunden Metaphysik. Deshalb gibt es kein »neutrales« Sprechen über Sexualität – selbst wenn wir vorgeben, nichts zu verstecken und nur über Fakten zu sprechen, kommt etwas hinzu oder verschwindet ...

Eine anschauliche und direkte Illustration hiervon finden wir in der Form eines Problems, mit dem frühe Künstler konfrontiert waren, wenn sie Adam und Eva malten, ein Problem, das mit den Fragen unserer vorherigen Diskussion zum Realismus zu tun hat. Das Problem, das sich den Künstlern stellte, war folgendes: Sollten sie die ersten Menschen mit oder ohne einen Nabel portraitieren? Adam entstand aus Spucke und Lehm, Eva aus Adams Rippe. Sie wurden nicht von einer Frau geboren, wie konnten sie also einen Nabel haben? Doch ohne ihn sahen sie seltsam aus: Sie waren ja die ersten Menschen, und sie sollten wie (andere) Menschen aussehen. Aber als Menschen wurden sie nach Gottes Ebenbild geschaffen und Gott müsste dann auch einen Nabel haben, was neue konzeptuelle Probleme schuf ... (Dies illustriert das Dilemma, mit dem Gosse konfrontiert war, als er versuchte, das geologische Alter der Fossilien mit Gottes Kreation gemäß der Genesis zu versöhnen: Seine Antwort war, dass, wenn Gott Adam schuf, schuf er auch den Nabel, also seine »Abstammung« ...) Das Problem, mit dem die Künstler zu tun hatten, war also ziemlich real, und sie umgingen es mit vergrößerten Feigenblättern, die nicht nur die Geschlechtsorgane, sondern auch den unteren Bauch bedeckten.

Sind die vergrößerten Feigenblätter, die mehr als die Geschlechtsorgane verdecken, nicht eine perfekte Illustration für das Argument, das ich hier vorbringen möchte? Nämlich dass, indem man das »Sexuelle« verdeckt, auch immer – oder vielleicht primär – etwas anderes verdeckt wird, etwas, das nicht da ist und das dazu tendiert, tiefe metaphysische Fragen und Ambiguitäten aufzuwerfen. Es sollte nicht überraschen, dass genau dieser Zusatz der wichtigste Ort ist, an dem Mythen und Fantasien über Fortpflanzung und (unseren) Ursprung entstehen. Verschiedene theologische Theorien kreisen um das Thema von Adams Nabel – so zum Beispiel »prä-«, »mittel-« und »post-umbilistische« Theorien –, und sie stellen allesamt eine faszinierende Lektüre dar.

Das vergrößerte Feigenblatt verdeckt nicht nur das Sexuelle, sondern auch den Nabel als die erwählte Figur der Narbe, die der Zufall des Seins hinterlassen hat – der Zufall des Seins, der in der Sexuierung (und der sexuellen Reproduktion) involviert ist. Wenn Sexualität nur auf der ontischen Ebene zu existieren scheint und keine ontologische Erhabenheit besitzt, liegt der Grund dafür nicht darin, dass sie nicht mit der ontologischen Ebene korrespondiert, sondern vielmehr darin, dass sie einer Kluft innerhalb dieser ontologischen Ebene entspricht.

Und, da wir beim Nabel sind, ist es natürlich nicht verwunderlich, dass wir bei Freud (in der *Traumdeutung*) den berühmten wie kuriosen Ausdruck vom *Nabel des Traums* finden, der sich nicht auf das bezieht, was wir wissen können, sondern auf ein Loch im Netz des Wissens, das in der analytischen Interpretation ausgelegt werden kann.

> In den bestgedeuteten Träumen muss man oft eine Stelle im Dunkeln lassen, weil man bei der Deutung merkt, dass dort ein Knäuel von Traumgedanken anhebt, der sich nicht entwirren lassen will, aber auch zum Trauminhalt keine weiteren Beiträge geliefert hat. Dies ist dann der Nabel des Traums, die Stelle, an der er dem Unerkannten aufsitzt.[2]

Ich würde vorschlagen, dass wir den Begriff »unerkannt« nicht auf etwas beziehen sollten wie: »unerkannt für

---

2 Freud 1972 [1900], S. 503.

uns«, sondern in einem stärkeren Sinne auf die Kluft im Wissen, die mit der Kluft im Sein zusammenfällt. Wir wissen nicht, weil es da nichts zu wissen gibt. Doch dieses »nichts« ist dem Sein inhärent und konstituiert einen irreduziblen Riss; es trägt sich als eine eigentümliche (»negative«) Kerbe ein, es trägt sich als eine eigentümliche Form von Wissen ein: das Unbewusste.

Bibliographie

Alacoque, Margaret Mary (1995), *The Autobiography of Saint Margaret Mary*, Charlotte: TAN Books.

Althusser, Louis (1993), »Sur Marx et Freud«, in: Ders., *Écrits sur la psychanalyse*, Paris: STOCK/IMEC.

Badiou, Alain (2003), »The Scene of the Two«, in: *Lacanian Ink*, Nr. 21.

Badiou, Alain (2005), *Das Sein und das Ereignis*, übersetzt von Gernot Kamecke, Zürich/Berlin: diaphanes.

Badiou, Alain (2010), *Manifest für die Philosophie*, übersetzt von Eric Hörl und Jadja Wolf, Wien/Berlin: Turia + Kant.

Badiou, Alain / Cassin, Barbara (2012), *Es gibt keinen Geschlechtsverkehr*, übersetzt von Judith Kasper, Zürich/Berlin: diaphanes.

Brassier, Ray (2007), *Nihil Unbound*, New York: Palgrave Macmillan.

Bryant, Levi R. (2011), *The Democracy of Objects*, Ann Arbor: Open Humanities Press.

Butler, Judith (1991), *Das Unbehagen der Geschlechter*, übersetzt von Kathrina Menke, Frankfurt a.M.: Suhrkamp.

Lorenzo Chiesa (2010), »Hyperstructuralism's Necessity of Contingency«, in: *S: Journal oft he Jan van Eyck Circle for Lacanian Ideology Critique* 3, S. 159-177.

Lorenzo Chiesa (2016), *The Not-Two: Logic and God in Lacan*, Cambridge, MA: MIT.

Copjec, Joan (2004), *Lies mein Begehren. Lacan gegen die Historisten*, übersetzt von Hans-Dieter Gondek und Roger Hofmann, München: P. Kirchheim.

Copjec, Joan (2012), »The Sexual Compact«, in: *Angelaki*, 17 (2).

Gilles Deleuze (1992), *Differenz und Wiederholung*, übersetzt von Joseph Vogl, München: Wilhelm Fink.

Gilles Deleuze (1993), *Logik des Sinns*, übersetzt von Bernhard Dieckmann, Frankfurt a.M.: Suhrkamp.

Dolar, Mladen (1990), *Fenomenologija duha I.* Ljubljana: Društvo za teoretsko psihoanalizo.

Dolar, Mladen (2007), »Freud und das Politische«, in: *Texte. Psychoanalyse. Kulturkritik*, Nr. 4, Wien: Passagen.

Dolar, Mladen (2010), »One Splits into Two«, in: *Die Figur der Zwei/The Figure of Two. Das Magazin des Instituts für Theorie,* Nr. 14/15.

Freud, Sigmund (1972 [1900]), *Die Traumdeutung*, in: Ders., *Studienausgabe, Bd. 2*, Frankfurt a.M.: S. Fischer.

Freud, Sigmund (1972 [1905]), »Drei Abhandlungen zur Sexualtheorie«, in: Ders., *Studienausgabe, Bd. 5*, Frankfurt a.M.: S. Fischer.

Sigmund Freud (1975 [1905]), »Die Verdrängung«, in: Ders., *Studienausgabe, Bd. 3*, Frankfurt a.M.: S. Fischer.

Freud, Sigmund (1970 [1905]), »Der Witz und seine Beziehung zum Unbewussten«, in: Ders.: *Studienausgabe, Bd. 4,* Frankfurt a.M.: S. Fischer.

Freud, Sigmund (1972 [1908]), »Über infantile Sexualtheorien«, in: Ders., *Studienausgabe, Bd. 5*, Frankfurt. a.M.: S. Fischer.

Freud, Sigmund (1975 [1920]), »Jenseits des Lustprinzips«, in: Ders., *Studienausgabe, Bd. 3*, Frankfurt a.M.: S. Fischer.

Gould, Stephen Jay (1985), »Adam's Navel«, in: Ders., *The Flamingo's Smile: Reflections in Natural History*, Harmandsworth, UK: Penguin.

Hardin, Garrett (1982), *Naked Emperors: Essays of a Taboo-Stalker,* Los Altos, CA: William Kaufman.

Hegel, Georg Friedrich Wilhelm (1986), *Die Phänomenologie des Geistes,* Werke, Bd. 3., Frankfurt a.M.: Suhrkamp.

Lacan, Jacques (1973), »L'étourdit«, in: *Scilicet,* Nr. 4.

Lacan, Jacques (1976), »Conférences et entretiens dans des universités nord-américaines«, in: *Scilicet,* Nr. 6-7.

Lacan, Jacques (1988), »Television«, übersetzt von Jutta Prasse u. Hinrich Lühmann, in: Ders., *Radiophonie/Television,* Weinheim: Quadriga.

Lacan, Jacques (1991), *Das Ich in der Theorie Freuds und in der Technik der Psychoanalyse, Das Seminar, Buch II,* übersetzt von Hans-Joachim Metzger, Weinheim: Quadriga.

Lacan, Jacques (1997), *Die Kehrseite der Psychoanalyse, Das Seminar, Buch XVII*, übersetzt von Gerhard Schmitz, unveröffentlicht.

Lacan, Jacques (2006a), *Le séminaire, livre XVI. D'un autre à l'Autre*, texte établi par Jacques-Alain Miller, Paris: Éditions du Seuil.

Lacan, Jacques (2006b), *Le séminaire, livre XVIII. D'un discours qui ne serait pas du semblant,* texte établi par Jacques-Alain Miller, Paris: Éditions du Seuil.

Lacan, Jacques (2011), *Le séminaire de Jacques Lacan, livre XIX. ...* ou *pire,* texte établi par Jacques-Alain Miller, Paris, Éditions du Seuil.

Lacan, Jacques (2015a), *Die vier Grundbegriffe der Psychoanalyse, Das Seminar, Buch XI,* übers. von Norbert Haas, Wien/Berlin: Turia + Kant.

Lacan, Jacques (2015b), *Encore, Das Seminar, Buch XX,* übers. von Norbert Haas, Vreni Haas, Hans-Joachim Metzger, Wien/ Berlin: Turia + Kant.

Lacan, Jacques (2015c), *Schriften II,* übersetzt von Hans-Dieter Gondek, Wien/Berlin: Turia + Kant.

Lacan, Jacques (2016), *Schriften I,* übersetzt von Hans-Dieter Gondek, Wien/Berlin: Turia + Kant.

Laplanche, Jean (1999), »La psychanalyse comme anti-herméneutique«, in: Ders., *Entre seduction et inspiration,* Paris: Presses Universitaires de France.

Laplanche, Jean (2017), *Sexual. Eine im Freud'schen Sinne erweiterte Sexualtheorie,* übersetzt von Udo Hock, Anna Koellreuter, Bettina Lindorfer, Peter Passett, Jean-Daniel Savant, Bernd Schwibs und Eike Wolff, Gießen: Psychosozial Verlag.

Le Gaufey, Guy (2006), *Le Pastout de Lacan: Consistence logique, consequences cliniques,* Paris: EPEL.

Malabou, Catherine (2007), *Les nouveaux blessés,* Paris: Bayard.

Marx, Karl (1987 [1872]), *Das Kapital. Kritik der politischen Ökonomie, Bd. 1,* in: Karl Marx und Friedrich Engels, *Gesamtausgabe,* Bd. 5, Berlin: Dietz.

Meillassoux, Quentin (2008), *Nach der Endlichkeit,* übersetzt von Roland Frommel, Zürich/Berlin: diaphanes.

Milner, Jean-Claude (2013), *Das helle Werk,* übersetzt von Regina Karl und Anouk Luhn, »Neue Subjektile«, Wien/Berlin: Turia + Kant.

Nietzsche, Friedrich (2017), *Die fröhliche Wissenschaft,* Hamburg: Nikol.

Platonov, Andrej (2016), »Der Antisexus«, in: *osteuropa,* 8 – 10, S. 297-305.

Riviere, Joan (2012), »Weiblichkeit als Maskerade«, übersetzt von Ursula Ried, in: Liliane Weissberg (Hg.), *Weiblichkeit als Maskerade,* Frankfurt a.M.: Fischer.

Rosset, Clément (2001), *Le Régime des passions*, Paris: Minuit.
Schuster, Aaron (2013), »Sex and Anti-Sex«, in: *Cabinet Magazine*, Nr. 51.
Smith, Adam (2009), *Der Wohlstand der Nationen*, Köln: Anakonda.
Tupinimbá, Gabriel (2015), »Vers un Signifiant Nouveau: Our Task after Lacan«, in: *Repeating Žižek*, ed. Agon Hamza, Durham: Duke University Press.
Žižek, Slavoj (1989), *The Sublime Object of Ideology*, London: Verso.
Žižek, Slavoj (2005), *Organlose Körper. Bausteine für eine Begegnung zwischen Deleuze und Lacan*, übersetzt von Nikolaus G. Schneider, Frankfurt a.M: Suhrkamp.
Žižek, Slavoj (2009), *Auf verlorenem Posten*, übersetzt von Frank Born, Frankfurt a.M.: Suhrkamp.
Žižek, Slavoj (2010), *Living in the End of Times*, London: Verso.
Žižek, Slavoj (2016), *Weniger als Nichts. Hegel und der Schatten des dialektischen Materialismus*, übersetzt von Frank Born, Frankfurt a.M.: Suhrkamp.
Zupančič, Alenka (2009), *Warum Psychoanalyse?. Drei Interventionen*, Zürich/Berlin: diaphanes.
Zupančič, Alenka (2016), »Biopolitics, Sexuality and the Unconscious«, *Paragraph* 29 (I).

S/X

Alenka Zupančič, *Was ist Sex? Psychoanalyse und Ontologie*
Anmerkung der Herausgeber_innen der *Neuen Subjektile*

Psychoanalyse nimmt auseinander. Sie trennt, allerdings ohne Reinheit oder Klarheit zu erzeugen und ohne auf gesicherte Grundlage oder letzte Gewissheit abzuzielen, was in Begriff und Existenzform von größter Verworrenheit ist und mit der Chiffre »SEX« belegt wird: Sexualität, Sexuelles, Sexuales, Sex, Geschlecht, Geschlechtlichkeit, Differenz, ja auch Liebe, Eros – all das in ungezählten Sprachen, zahllosen Ausdrücken, namenlosen Ausrufen, unbestimmten Aufschreien, unerhörten Anschlägen, in stimmlosen Stöhnen, mit Friktionen und Verrenkungen, durch Abscheidungen und Einschmelzungen am Körper des Logos, der diesem fehlt.

Psychoanalyse nimmt SEX auseinander. Was an Moral, Ästhetik, Politik, auch an Glaube, Wissen, Ethik und Poetik verworren darin steckt, darum gewickelt und daraus gezogen wird – sie seziert jede einzelne dieser Anmaßungen und unterzieht diese zugleich einer Transformation durch dasjenige, was sie zu beherrschen suchten, *sexiert* sie, *sit venia verbi*, selbst. Indem sie Sexualität wie kaum eine sonst außermoralisch fasst, entblößt Psychoanalyse den Moralismus als Perversion, als Fetischisierung der Richtlatte zum Schutze der Mutter und einem zum Vater gewandten Blick. Was in der Ästhetik stets zu viel des Anthropomorphismus und des Glaubens an den Schein sowie an Ähnlichkeit haftet, entblößt sie, indem sie Logik und Sinnlichkeit auf unerhörte Weise miteinander konjugiert, bis auf das Ding, das die Leere ist, die jene mit dem Glauben an eine Substanz zu verschleiern streben. Mit ihrem Materialismus als Spaltung in dem, was durch die Teilung in Natur und Kultur verdeckt wird, erinnert sie mit Unbehagen an den Genuss, der sich zugleich mit Gleichheit und Gerechtigkeit als den Idealen der Politik vollzieht: an die Politik als Fortsetzung des Krieges zu seiner Vorbereitung mit anderen Mitteln. Den Glauben platziert sie schlicht gegenüber der Vergänglichkeit. Im Wissen konfrontiert sie den Positivismus, den gehemmten Empirismus sowie das Versprechen von neuen oder auch nur vorläufigen Erkenntnissen mit den spezifischen Negativitätsformen, den Paradoxa, Exzessen und Unbestimmtheiten des Lebendigen und Toten. Und sie fordert eine andere, eine anders *als* transzendentale Wendung, eine, die mit den Trieben als »Wissen im Realen« (Lacan) *rechnet*, ohne zu vergessen, dass Mathematik und Technik selbst diesen gehorchen und gehören. In der Handlung dieser Wendung zeichnet sie den Bezug zu einer Ethik, die sich selbst nicht verfassen kann, da in ihr dem Handeln durch den Akt, der Einheit des Körpers durch die Inkonsistenz des Erotischen und der Verantwortung durch ein Fragen widersprochen wird, das sich sein Subjekt stets noch suchen muss. Dies Widersprechen wird ihr im Tanz mit dem Poetischen selbst zu einer zu selbst- und machtsüchtigen Form, und so konjugiert und dekliniert sie Sprache anders, zieht in ihr zusammen und setzt aus ihr frei, konstruiert und deklamiert Sprechen und Schreiben, auch Lesen und Hören, mit erogenem Zonenkörper, zerrspricht sich, um darin stets dem Spiel von Liebe und Hass sowie – jenseits davon – deren so monströsen wie absurden Aberwitz überstürzt zu folgen. SEX – außermoralisch, sinnlich-logisch zerschriebenes Leerdings, gewaltkorrumpierend, mit erotischen Akten das Denken zersetzend und setzend, den Glauben abwegig verführend, kaum *schprechend* – und dafür umso mehr.

Eine Philosophie könnte all das auch trennen, und diejenige von Alenka Zupančič tut es. Sie tut es in der Meisterschaft der Begriffe – aber auch des Witzes. Und wo diese übereinanderzuliegen kommen, öffnet sich der unheimliche Raum, dem wir verschrieben sind. »Das Sexuelle ist kein Prinzip, das angemessen be- und umschrieben werden könnte, es ist die Unmöglichkeit seiner eigenen Umschreibung oder Eingrenzung« (Zupančič). Von dieser Unmöglichkeit, die als Schrift stets ausgegrenzt wird, versuchen wir unentwegt, etwas in den Druck und so, wie man sagt, zu lesen zu geben. Unter »SEX« schimmert als Subjektil eine wilde Algebra, die nicht nur eine Parodie derjenigen physisch-physiologischen Literalnotation bildet, die im 19. Jahrhundert zum Blühen kam, in dieser Blüte Freud streifte (»Ubw«, »Qη« etc.), in der Nachreife von Lacan gepflückt wurde (»◇«,»*a*« usw.) und heute in Form von Maschinenalgorithmen ein unsichtbares aber umso wirkmächtigeres Nachleben führt: auch sind es Buchstabierungen des Bedeutungsverlusts an der Quelle des »Triebs« – selbst Chiffre seiner drängenden Abwesenheit – und in der Typographie analytischer Begriffe, wie Nicolas Abraham, ein Autor, der uns durch Familiengeschichten einstweilen vorenthalten bleibt, es nannte. Wenn Heidegger, am Ende von *Identität und Differenz*, das »kleine Wort ›ist‹« als Behälter für »das ganze Geschick des Seins« ansieht, dann wird eine psychoanalytisch-philosophische Leserin genau an dieser Stelle ihr Kreuzchen gemacht haben.

NEUE SUBJEKTILE

Herausgegeben von Marcus Coelen, Felix Ensslin, Johannes Kleinbeck, Claire Nioche und Oliver Precht

www.turia.at/neue_subjektile

Slavoj Žižek
Der Exzess der Leere
Ökonomisch-philosophische Notizen zu Sexualität und Kapital
Aus dem Englischen von Christiane Heidrich und Mathias Kropfitsch
ISBN 978-3-85132-963-6, 431 S., € 39,–

Alenka Zupančič
Was ist Sex? Psychoanalyse und Ontologie
Aus dem Englischen von Christoph Soekler und Michaela Wünsch
ISBN 978-3-85132-962-9, 290 S., € 29,–

Sylvain Lazarus
Anthropologie des Namens
Aus dem Französischen von Moritz Herrmann und Clément Dréano
ISBN 978-3-85132-939-1, 282 S., € 36,–

Emmanuel Levinas
Husserls Theorie der Anschauung
Aus dem Französischen von Philippe P. Haensler und Sebastien Fanzun
ISBN 978-3-85132-947-6, 240 S., € 29,–

Philippe Lacoue-Labarthe / Jean-Luc Nancy
Vom Buchstaben. Zu Lacans Aufhebung der Philosophie
Aus dem Französischen von Ulrike Bondzio-Müller und Esther von der Osten
ISBN 978-3-85132-902-5, 230 S., € 26,–

Joel Rufino dos Santos

Zumbi

Eine Gesellschaftsutopie im Brasilien des 17. Jahrhunderts

Aus dem brasilianischen Portugiesisch von Lilly Busch

ISBN 978-3-85132-921-6, 164 S., € 20,–

Suely Rolnik

Zombie Anthropophagie. Zur neoliberalen Subjektivität

Aus dem brasilianischen Portugiesisch von Oliver Precht

ISBN 978-3-85132-923-0, 110 S., € 12,–

Mario Santiago Papasquiaro

Ratschläge von 1 Marx-Schüler an 1 Heidegger-Fanatiker

Aus dem mexikanischen Spanisch von Nora Zapf

ISBN 978-3-85132-898-1, 52 S., € 12,–

Jacques Derrida

Was tun – mit der Frage »Was tun«?

Aus dem Französischen von Oliver Precht und Johannes Kleinbeck

ISBN 978-3-85132-894-3, 134 S., € 16,–

Iris Hanika / Edith Seifert

Die Wette auf das Unbewusste

oder Was Sie schon immer über Psychoanalyse wissen wollten

ISBN 978-3-85132-897-4, 203 S., € 24,–

Michael G. Levine

Atomzertrümmerung

Zu einem Gedicht von Paul Celan

ISBN 978-3-85132-895-0, 93 S., € 14,–

Didier Eribon

Grundlagen eines kritischen Denkens

Aus dem Französischen von Oliver Precht

ISBN 978-3-85132-896-7, 240 S., € 26,–

Jean-Luc Nancy

Von einer Gemeinschaft, die sich nicht verwirklicht

Aus dem Französischen von Esther von der Osten

ISBN 978-3-85132-878-3, 191 S., € 24,–

Oswald de Andrade

Die Krise der messianischen Philosophie

Aus dem brasilianischen Portugiesisch von Oliver Precht und Marcus Coelen

ISBN 978-3-85132-835-6, 159 S., € 20,–

Geneviève Morel

Das Gesetz der Mutter

Versuch über das sexuelle Sinthom

Aus dem Französischen von Anna-Lisa Dieter

ISBN 978-3-85132-820-2, 428 S., € 39,–

Eduardo Viveiros de Castro

Die Unbeständigkeit der wilden Seele

Aus dem brasilianischen Portugiesisch von Oliver Precht

ISBN 978-3-85132-836-3, 459 S., € 42,–

Jamieson Webster

Leben und Tod der Psychoanalyse

Vom unbewussten Wunsch und seiner Sublimierung

Aus dem Amerikanischen von Ulrike Bondzio-Müller

ISBN 978-3-85132-848-6, 208 S., € 26,–

Michèle Cohen-Halimi und Francis Cohen

Der Fall Trawny

Zu Heideggers Schwarzen Heften

Aus dem Französischen übersetzt und mit einem Nachwort versehen von Oliver Precht

ISBN 978-3-85132-850-9, 90 S., € 14,–

Jean-Luc Nancy

Trunkenheit

Aus dem Französischen von Esther von der Osten

ISBN 978-3-85132-847-9, 69 S., € 10,–

Christopher Fynsk

Der Anspruch der Sprache

Ein Plädoyer für die Humanities

Aus dem Amerikanischen von Katharina Martl und Johannes Kleinbeck

ISBN 978-3-85132-845-5,183 S., € 22,–

Oswald de Andrade

Manifeste

»Anthropophages Manifest« »Manifest der Pau-Brasil-Dichtung«

Portugiesisch–Deutsch

Aus dem brasilianischen Portugiesisch von Oliver Precht
Texte von Haroldo de Campos, Benedito Nunes und Oliver Precht

ISBN 978-3-85132-819-6, 185 S., € 22,–

Fernando Pessoa

Der Seemann

Ein statisches Drama

Portugiesisch–Deutsch

Aus dem Portugiesischen von Oliver Precht und Nora Zapf,
mit einem Nachwort von Marcus Coelen

ISBN 978-3-85132-816-5, 112 S., € 16,–

Philippe Lacoue-Labarthe / Jean-Luc Nancy

Das Literarisch-Absolute

Texte und Theorie der Jenaer Frühromantik

Aus dem Französischen von Johannes Kleinbeck

ISBN 978-3-85132-810-3, 525 S., € 43,–

François Regnault

Lacan'sche Ästhetik

Vier Vorlesungen

Aus dem Französischen von Christoph Sökler

ISBN 978-3-85132-772-4, 155 S., € 20,–

Paul Virilio

Die Küste, letzte Grenze

Ein Gespräch mit Jean-Louis Violeau

Aus dem Französischen von Marcus Coelen

ISBN 978-3-85132-771-7, 51 S., € 8,–

Eric L. Santner

Was vom König übrigblieb

Die zwei Körper des Volkes und die Endspiele der Souveränität

Aus dem Amerikanischen von Luisa Banki

ISBN 978-3-85132-761-8, 349 S., € 38,–

Philippe Lacoue-Labarthe

Der wahre Schein

Aus dem Französischen von Marcus Coelen

ISBN 978-3-85132-757-1, 105 S., € 14,–

Hermann Cohen

Das Prinzip der Infinitesimal-Methode und seine Geschichte

Ein Kapitel zur Grundlegung der Erkenntniskritik

Mit einer Einleitung von Astrid Deuber-Mankowsky
Editorische Bearbeitung durch Johannes Kleinbeck

ISBN 978-3-85132-730-4, 292 S., € 36,–

Jean-Claude Milner

Die nicht zu unterscheidenden Namen

Aus dem Französischen von Marcus Coelen

ISBN 978-3-85132-729-8, 162 S., € 18,–

Jean-Claude Milner

Das helle Werk

Lacan, die Wissenschaft, die Philosophie

Aus dem Französischen von Regina Karl und Anouk Luhn

ISBN 978-3-85132-728-1, 223 S., € 22,–